풍경의 감각

풍경의 감각

이나라Lee Nara · 티에리 베제쿠르Thierry Bezecourt 지음
류은소라 옮김

파리
서울
두 도시
이야기

일러두기

1. Part2에 담긴 글 대부분은 《한겨레21》에 2015년 봄부터 2016년 봄까지 연재한 이나라의 '풍경의 감각'의 원고를 수정하고 보완한 것이다.

우리는 각자의 책상에 앉아 이 책에 담긴 글을 썼다. 우리 두 사람은 10여 년 전 파리에서 만났고, 이후 오랫동안 파리 혹은 서울의 아파트에서 함께 살고 있다. 처음 만났을 때 한 사람은 서른 살의 나이에 프랑스에 도착한 후, 파리의 대학에서 영화와 영상미학에 대한 박사 논문을 준비하던 한국인 유학생이었다. 다른 한 사람은 낮에는 파리 센강 좌안 라탱 지구에 있는 공공 기관에서 근무하고, 업무가 끝난 저녁 시간이면 일주일에 세 번 정도 옛 영화나 예술 영화, 가끔은 블록버스터 영화를 보기 위해 극장에 가는 프랑스인이었다. 태어난 곳과 성장한 곳, 언어가 다른 우리 두 사람은 몇 해가 지나 아내와 남편이 되었다. 처음 만났을 때 우리는 매번 영화 이야기로 소일하지는 않았다. 우리는 서로 잘 알지 못하는 것들에 대해 이야기하고 싶어 했다. 서로에 대해 발견하거나, 함께 발견하는 일의 기쁨을 누리고 싶어 했다. 우리는 함께 파리의 수많은 극장이나 미술관을 누볐고, 함께 장을 보거나 병원에 갔다. 함께 버스나 지하철을 탔으며, 많은 골목을 따라 걸었다. 숱한 광장의 분수대와 공공 샘물, 정류장, 휴지통을 바라보며

이야기를 나누었다. 남자는 여자 친구였던 지금의 아내와 함께 2007
년 처음으로 3주간 서울을 방문했다. 이들은 이후 거의 매해 서울, 경
기도, 한국의 곳곳, 단연 파리와 다른 논리로 구성된 많은 공간 역시
함께 혹은 홀로 탐색했다. 아내는 박사 학위과정을 마친 2013년 이후
한국과 프랑스를 오가며 강의를 하거나 글을 쓴다. 남편은 2014년 다
니던 회사를 1년 동안 휴직하고 아내의 나라에 머물기도 했다. 서울과
파리, 그 밖 세계 이곳저곳에서 지나치거나 머물렀던 크고 작은 장소
와 길, 그리고 이 장소들에 관한 책과 영화, 그림이 우리에게 사유의
자료가 될 인상과 흔적들을 제공했다. 우리의 글은 우선 이 삶의 장소
들, 시간의 흔적과 함께 장소가 된 공간들, 우리의 경험과 감각, 여정
의 기록이다.

우리는 비록 한국처럼 대규모 단지 속 건물로 조성된 것은 아니더
라도 파리에서는 드문 30층이 넘는 주거용 고층 타워에 산다. 파리를
한 번이라도 방문했던 이들은 그리 높지 않은 건물들이 빼곡한 파리
의 도심을 기억할 것이고 20층보다 더 높은 층수의 아파트에 사는 일
이 얼마나 드문 경우인지 금방 눈치챌 것이다. 익히 알려진 대로 아파
트 단지라는 주거의 형태는 한국과 프랑스 두 사회에서 전적으로 다
른 상징적 의미를 지니고 있다. 한국, 특히 서울 강남이나 분당 등 서
울 외곽의 대단지 아파트는 많은 한국인에게 소유하고 싶은 욕망의
대상이다. 그래서 한국인들은 대단지의 아파트에 사는 일을 사회적

성공의 지표로 여기지만 프랑스인들은 아파트 단지, 특히 파리와 같은 대도시 외곽의 아파트 단지(주로 '시테^cité'라고 불리는 곳)를 경제적 빈곤과 사회적 배제의 지형으로 여긴다. 다른 문화권에서 자란 우리에게 아파트와 같은 사물과 장소들은 서로의 문화를 이해하기 위해 해독해야 할 자료가 되었다. 각자의 문화를 이해하고, 이를 서로에게 이해시키는 것으로 우리의 숙제는 끝나지 않았다. 도시계획의 철학과 역사, 실행 상황을 따져보면 서울과 파리만큼 다른 도시가 세상에 또 있을까 싶다. 높지 않은 건물과 건물은 한결같이 줄을 맞추고, 외벽과 외벽이 맞닿아 있는 파리, 건물 전면의 마감재나 발코니, 지붕의 모양까지 통일되어 있다는 인상을 심어주는 19세기 오스만 스타일의 건축물이 즐비한 파리에서 우리는 쉽게 서울이란 도시의 질서와 서울이란 생기 있는 도시의 매력을 잊어버린다. 우리는 서울과 파리, 동양과 서양, 현대적인 도시와 과거의 도시, 전통의 소멸과 전통의 지배, 질서와 무질서 등의 이분법에 따라 우리의 경험을 편리하고 재빠르게 해독하는 함정에 빠지지 않아야 했다.

우리는 다행히 시간이 필요하다는 것을 이해하고 있었다. 서로의 문화를 단번에 이해할 수 있을 것이라고 믿지 않았다. 서두를 필요가 없었다. 우리의 산책과 탐색, 독서와 대화는 스스로를 이해하는 일이면서, 상대를 이해하는 일이었고, 자신의 문화와 상대의 문화를 이해하는 일이었다. 이는 무엇보다 함께 나눌 수 있는 즐거움이 무엇인지를 알아가는 일이었다. 우리는 우리가 살고 있는 장소의 안과 밖을 탐색하며 서로의 삶을 이해하기 위한 여행을 시작한 셈이다. 남편은 방향 감각이 좋았다. 한 번 들른 곳의 풍경을 잘 잊지 않는 아내는 대신 방향 감각이 좋지 않았다. 아내는 남편이 태양과 그림자의 방향을 보고 동서남북 방위를 알아내거나 시간을 추측하는 것을 매번 신기하게 여겼다.

책 속에서 이미 보았던 것을 찾으러 곧장 나아가서, 찾던 물건이나 장소를 확인하기 위해 서두르는 여행자들도 있다. 남편은 첫 번째 한국 방문길에 들렀던 불국사에서 공책을 손에 쥐고 이리저리 바쁘게 움직이는 아이들과 마주쳤다. 아이들은 미리 나눠받은 인쇄물에 적힌 국보 몇 호, 보물 몇 호 리스트의 문화재를 찾아서 이리저리 빠르게 움직이고 있었다. 아이들은 사진 정보와 비슷한 외관, 표지판에 적힌 이름과 번호를 확인하면, 공책 위 네모 칸에 보았다는 표시를 하고서 문화재를 미처 꼼꼼하게 쳐다볼 시간도 없이 또 다른 문화재를 찾아 움직였다. 우리는 분명 이 아이들처럼 재바르지 못하다. 우리는 아마 천천히 걸어다니는 산보객, 플라뇌르^{flâneur}일 것이다. 대성당을 보러 가는 길에는 대성당을 둘러싼 도시 역시 우리의 시선을 잡아끈다. 사찰뿐 아니라 사찰에 다다르는 길목 역시 찬찬히 바라보는 것이 우리에겐 중요하다. 산보객은 어떤 여행이 되었건 다른 이들의 여행과 구별되는 자신들의 여행을 한다. 여행 가이드 책자에 적힌 것 이외의 것들이 있을 테니까, 우리가 기필코 보려고 하는 것과 다른 사람이 다시 보고자 하는 것이 꼭 같은 것일 리는 없으니까. 한 도시를 가로지르는 두 사람은 각각 다른 도시를 경험할 테니까. 두 사람은 각각의 이유로 도시를 가로질렀을 테니까.

하지만 플라뇌르의 산책이 꼭 우연한 산책이어야 하는 것은 아니다. 플라뇌르의 산책은 안내책자를 절대로 보지 않거나 자신만의 환상만을 쫓는 것을 뜻하지 않는다. 우리는 우리의 감각과 감성이 역사와 문화의 자산이 제공하는 자양분을 공급받아야 한다는 것을 알고 있다. 그래서 우리는 여행을 떠나기에 앞서 목적지에 대한 독서를 시작한다. 독서를 시작하면 우리는 독서가 제공하는 열망에 따라 들뜬다. 우리는 우리가 당도할 도시에서 그 도시의 역사를 상기하는 흔적을 찾아보고 싶어진다. 가령, 도시 중심의 커다란 광장에서 이 도시를 만들고 키워낸 사회의 표식들을 발견해보길 기대한다. 프랑스에서 나고 자란 이방인이 하회마을의 가옥들이 어떤 논리에 따라 마을의 풍경 속에 기입되어 있는지, 이 마을의 풍경은 어떤 논리로 세계의 풍경 속에 기입되어 있는지를 먼저 책 속에서 배우지 않았다면, 하회마을에서 그저 낡은 가옥 몇 채 이외에 아무것도 보지 못하지 않았을까? 여행에서 돌아온 후 우리는 다시 책을 들춰본다. 이제 책이 우리의 기억을 재조직하기 시작한다. 가끔 종이와 글자들은 우리가 놓쳐버린 것들을 묘사하면서 우리에게 새 기억을 제공하기까지 한다.

ᅌ

독서는 늘 여러 겹의 활동이다. 관광안내책자는 열거하고 위계를 정하는 데 능하다. 소설은 선택하고 분기하게 한다. 역사책은 어떤 일이 일어났는지 이야기하고 사건을 재창조한다. 에세이는 돌벽 뒤에 살고 있는 인간들의 육체에 스민 박자를 느끼게 한다. 예술서적은 인간 뒤편의 작품들을 우리 눈앞으로 끄집어낸다. 저마다 다른 책들은 저마다 다른 도시에 대한 상상을 불러일으킬 것이다. 우리는 서로의 장소를 탐색했고, 각자 또 함께 탐색했다.

아마도 경제활동을 위해 울타리를 치거나 담을 쌓아 마련하는 소유지로서의 영토, 더 나아가 지대나 임대료를 매기는 부동산에 대한 투자 정보를 획득할 요량으로 이 책을 펼칠 독자는 드물지 않을까 싶다. 어디를 보나 답답한 서울 거리와 풍경에 대한 속 시원한 비판, 자신들의 미감에 따라 엄격한 기준을 세우고 도시의 외관을 정비한 파리에 대한 찬가를 읽기 위해 이 책을 펼칠 독자도 전부가 아닐 것이다. 파리는 엄격한 도시계획법규의 통제에 따라 건축을 제한하는 도시이지만, 이 법규가 도시 파리의 질서를 결정하는 것은 아니다. 파리에서 살거나 일하는 이들이 길, 광장, 공원, 가게를 사용하고 창조하는 방법에 따라 파리는 새로운 생명을 얻는다. 이곳에 살고, 이곳을 가꾸는 이들이 이곳의 공간을 거주의 터전으로, '장소성'을 가진 장소로 탈바꿈시킨다. 우리는 이 책에서 서울, 파리 혹은 유럽의 장소들에 대해 이야기했다. 이 이야기는 동시에 장소에 결부된 서울과 파리의 역사와 문화에 대한 이야기일 뿐 아니라 장소를 자신의 존재와 결부시키는 사람들의 삶에 대한 이야기이기도 하다. 우리는 누구라도 금방 알아볼 만큼 이질적인 외관을 지닌 채, 우리 앞에 거리를 두고 단지 제기능에 충실한 채 우리와 무심하게 존재하고 있는 도시 '공간'에 대해 이야기하기보다 우리들의 눈과 발의 감각 속에서 계속 발견되고 재발견되는 장소들, 우리와 대화하는 '장소'들에 대해 적었다. 우리가 걸어 들어가 우리의 시간의 경험이 쌓여 있는 풍경, 광장과 다리, 절, 사찰, 결혼식장, 식당, 카페, 병원, 시장, 화분이 놓인 발코니와 해변에 대해 이야기하려 했다. 독서, 산책, 탐색, 여행의 결과인 우리의 이야기는 한 권 책의 형태를 갖추게 되었다. 우리는 애초 개인적인 시선을 담아 글을 썼다. 남편 티에리 베제쿠르의 글을 1부에 모으고 아내 이나라의 글을 2부에 모았다. 우리의 책이 자기 자신의 도시를 읽고 탐색하기 희망하는 누구인가가 펼칠 무수한 책 중 한 권이 될 수 있다면 더할 수 없이 반가울 것이다.

덧붙여, 제3의공간 출판사 여러분에게 감사를 전한다.

2017년 여름, 파리에서
이나라, 티에리 베제쿠르.

11

Part1 × 파리의 눈으로 본 서울

_티에리 베제쿠르

Part2 / 도시라는 공동체

_이나라

×

파리의 눈으로 본 서울

_티에리 베제쿠르

양화대교 건너기

아버지는 택시 드라이버
어디냐고 여쭤보면 항상
"양화대교"
_자이언티, '양화대교'

자이언티(Zion T.)의 노래에서 택시 운전기사인 아버지는 마침 양화대교를 건너고 있다. 나는 양화대교가 이 노랫말에 우연하게 등장한 것이 아닐지 모른다고 생각하곤 했다. 양화대교 북단, 입체 교차시설로 들어서는 진입로 바로 직전 지점의 도로변에 택시나 버스가 정차해 있는 것을 자주 보게 된

포은 정몽주 동상.

다. 휴식을 취하거나, 담배를 태우거나, 엄연히 세워져 있는 금지 표지판에도 불구하고 나무 아래에서 급한 볼일을 보려는 운전기사들이 고속도로로 둘러싸여 있기에 거의 접근 불가능한 이곳에 택시를 세워두면, 위험을 무릅쓰고 택시를 타러 오는 손님은 아무도 없다. 주춧돌 위의 낯선 존재, 이곳에 세워진 포은 동상에 관심을 기울이는 이는 더더구나 찾아볼 수 없다. 고려 말의 충신 포은 정몽주 선생은 여기서 뭘 하고 있는 걸까? 이방원이 정몽주를 숙청하고 조선 왕조의 시작을 알린 것은 서울의 양화대교가 아닌 개성의 선죽교에서 벌어진 일이었거늘.

'양화대교의 연인들'

영하 14도를 기록한 1월의 어느 날 나는 바로 이 자리에 섰다. 양화대교를 걸어서 건너려는 심산이었다. 지독한 겨울바람이 쉴 새 없이 얼굴에 몰아쳐왔는데, 마치 예전 빨래터의 아낙네들이 이불보를 패대기 치며 방망이질하듯 매서웠다. 살을 에는 듯한 추위에 두 귀가 떨어져나갈 듯했다. 한강 다리를 걸어서 건넌다는 것은 터무니없는 짓이라는 생각이 들었다. 한강의 다리들은 아주 길고 소음이 심해서 파리의 다리들이 풍기는 낭만적인 분위기를 느낄 수 없다. 아폴리네르는 미라보 다리 아래 흐르는 센 강을 예찬했고, 영화 〈파리에서의 마지막 탱고〉에서 말런 브랜도와 마리아 슈나이더는 비르하켐 다리에서 만난다. 하지만 서울의 한강 다리들은 '인간적' 차원을 넘어선다. 서강대교에서는 괴물이 출몰한다(영화 〈괴물〉). 실제 투신해 스스로 목숨을 끊는 사람이 많은 곳으로 알려져 있는 마포대교는 영화 〈어벤져스〉의 촬영 현장으로 슈퍼 히어로들을 담아내며 명성이 더욱 자자해졌다. 레오 카락스 감독은 퐁네프 다리 위에서 사랑하는 이들을 만나게 하고, 영화 제목도 '퐁네프(다리)의 연인들'로 달았다. 한국의 영화감독이 양화대교의 택시 운전기사들이 아닌 양화대교의 연인들을 영화에 담아낼 수 있을까?

근대 시기에 다리는 무엇보다 우선적으로 경제 근대화를 수반했다. 경제 성장은 크고 작은 통로를 따라 이루어지고, 이러한 통로들 가운데 가장 눈에 보이는 것 중 하나가 바로 다리다. 양화대교는 해방 이후 최초로 한국인에 의해 건설된 한강 다리다. 한국 경제는 1965년에 도약하기 시작했고, 이후 거의 해마다 하나씩 새로운 한강 다리가 추가된다. 한강은 센 강에 비해 다섯 배에서 열 배 정도 폭이 넓지만, 두 강의 다리 수는 비슷하다. 퐁네프 다리는 '새로운 다리Pont-Neuf'라는 뜻이지만 사실 파리에서 가장 오래된 다리다. 센 강의 이쪽 강변에서 저쪽 강변까지 연결하는 최초의 다리였던 것이다. 파리에서 퐁네프 다리 축조는 근대화의 상징이었다. 1579년에 앙리 3세가 퐁네프의 초석을 얹었고, 뒤를 이은 앙리 4세 때 완공되었으며, 다리 한복판에는 앙리 4세의 동상이 세워져 있다. 상징은 약점을 지니기 마련이다. 1994년 10월 21일에 성수대교가 무너졌을 때, 구조물만 무너진 것이 아니다. 문제가 된 급성장 시스템 전체가 무너졌던 것이다.

　고지도는 산맥과 강줄기를 보여주지만, 현대 지도는 고속도로를 보여준다. 이러한 고속도로의 승리, 즉 인간과 인간의 이동의 승리는 다름 아닌 터널과 다리에 의해 가능해졌다. 터널과 다리를 통해 산과 강을 넘나드는 도로가 완성되고, 이로써 산과 강은 바라보는 대상으로 바뀐다.

당산철교의 전망, 퐁네프 다리의 전망

한강 다리들이 '인간적' 차원을 넘어선다면, 이는 한강의 강폭이 넓어서 큰 교량으로 양안을 연결해야 하고, 그렇게 하기 위해서는 다리를 높이 올려 지어야 하기 때문이다. 한강 다리를 건널 때 우리는 인간의 시야 대신 새의 시야를 확보한다. 자동차 운전자들은 이러한 풍경에 접근할 수 없다. 교통 체증 속에 갇혀서, 또는 도로 한복판을 주행하느라 한강을 보지 못한다. 건물들이 사라진 트인 시야만이 자동차 운전자들로 하여금 그들이 강물 위를 달리고 있음을 짐작케 해줄 뿐이다. 하지만 양화대교를 걸어서 건널 때 혹은 이른 아침 당산철교에서 지하철을 탈 때, 나는 서울에 떠오르는 태양을 본다. 여의도의 고층 건물들이 한강에 모습을 드러내고, 관악산의 단속적인 능선이 하늘에 뚜렷해질 즈음이면, 건너편에는 한강 고속도로와 남산 서울타워 사이 복잡하게 들어선 아파트 단지가 오밀조밀 밀집되어 있다. 다리는 단지 건너는 통로가 아니라, '강물 위의 발코니 산책로'다.[*] 이 다리 위 대도시의 강렬한 인상은 서울에 막 도착한 이방인을 사로잡는다.

과거에는 다리가 전망을 바라보기 위한 장소는 아니었다. 마포나루 방책方冊에 적힌 기록이 보여주듯이 예전에는 한강을 배로 건너다녔다. 중세 유럽의 다리 위에는 심지어 집과 건물들이 들어서 있었다. 이러한 중세의 다리를 이탈리아 피렌체의 베키오^{Vecchio} 다리에서 여전히 볼 수 있는데, 개인적으로는 베키오 다리를 지나면서 강을 건너고 있다는 인상을 선혀 받지 못했다. 파리의 퐁네프 다리는 다리 위에 건물을 짓지 않은 최초의 다리이기도 하다. 당시 파리 사람들은 처음으로 센 강 한복판에서 파리가 어떤 모습을 하고 있는지를 볼 수 있게 되었다. 이로 인해 퐁네프 다리는 파리에서 가장 인기 있는 장소로 부상했다. 환전상들이 퐁네프 다리에 몰려들었고, 징집하사관들은 군인 모집을 위해 퐁네프 다리를 찾았다. 오늘날 퐁네프 다리는 전 세계 관광객들과 여전히 퐁네프를 사랑하는 파리지앵들이 찾는 곳으로, 센 강 한편의 시테 섬과 노트르담을, 다른 한편의 루브르와 밤이면 정각이 될 때마다 빛을 반짝이는 에펠탑을 바라보는 장소가 되었다. 퐁네프 다리를 찾은 이들은 이곳에서 다채로운 시각적 인상과 파리의 가지각색 아름다움을 고스란히 담은 채 한눈에 도시를 바라보는 전망에 매료된다.

퐁네프 다리(위)와 노트르담 다리(아래)

양화대교

투명해지는 다리

다리는, 자연이 강에게 길을 내어준 곳에 생겨난 질서를 거부하고 인간의 길을 내려는 것이기에 무례함이다. 인간은 자연이 설치해놓은 장벽을 무리 없이 건너고자 한다. 하지만 다리는 재치 있게 대처한다. 댐이라면 유역을 가로막아 버리겠지만, 다리는 성큼 걸치는 것으로 충분하다. 따라서 강은 강물과 물고기들을 계속 실어나를 수 있다. 노르망디 해안에는 만 한가운데에 몽생미셸^{Mont Saint-Michel}이 우뚝 솟아 있는데, 간조 때에야 비로소 섬과 육지가 연결된다. 1878년 이후 관광객들이 몽생미셸까지 걸어서 들어갈 수 있도록 하는 방파제 덕분에 만은 둘로 나뉘어 있었다. 2014년에 방파제가 제거되고 대신 다리가 놓이게 된다. 이로써 몽생미셸과 이를 찾는 사람들의 관계를 유지하면서 동시에 바닷물이 만을 자유롭게 드나들 수 있게 되었다. 야생 동물을 위한 다리가 놓이기도 했다. 야생 동물들이 고속도로 위를 사고 없이 지나다닐 수 있도록 하기 위함이다. 자연의 연속성을 보전하기 위해 인위적으로 개입하는 경우다. 다리는 풍경에 관여하고, 인공적 수평 실루엣은 다리 이면에 드넓게 펼쳐져 있는 숲, 강, 산의 풍경을 둘로 나누게 된다. 하지만 다리는 최대한 덜 폭력적인 방식으로 이를 행한다. 라인 강의 기능을 훼손시키지 않으며 그저 그 위에 놓여 있는 오래된 나무다리와 라인 강의 수력발전소를 대비시키며, 하이데거는 한때는 횔덜린의 찬사의 대상이었던 라인 강이 근대 기술의 요구에 복종당한 나머지 전기를 생산하는 도구에 지나지 않게 되었다고 탄식

했다.°

인간의 지능과 기발함이 다리에 반영되면 될수록 다리는 점점 더 가볍고 섬세해지는 경향을 띤다. 세기가 지날수록 어김없이 다리는 점점 더 투명해진다. 아치는 넓어지고 교각은 가늘어진다. 돌은 철로, 철은 고성능 콘크리트로 대체된다. 물 공급망의 일부로 지어져 식수를 실어나르기 위한 용도로 사용되었던 웅장한 건축물인 가르 다리Pont du Gard—2,000년이 지난 오늘날에도 여전히 건재하다—를 짓기 위해 로마인에게 5만 톤의 돌이 필요했다면, 19세기 말부터는 금속 다리가 등장해 다리 위, 아래, 구조물 사이사이를 통해서도 주변 풍경을 바라볼 수 있게 되었다. 오늘날에는 물리적으로 불가능해 보이는 다리들도 등장하고 있다. 물리 법칙마저도 벗어난 듯, 마치 강물 위를 가르며 떨어지는 형태를 그대로 포착해 아치로 구현해놓기라도 한 듯.

강물 위를 날렵하게 드리우는 다리에 비해, 다리의 입구 쪽에 다다를 때 세밀함은 사라져버린다. 양화대교 북단 입구에는 거대한 시멘트 기둥과 전속력으로 달리는 자동차들, 다차선 고속도로 위의 혼잡한 차량들이 끊임없이 순환하는 방대한 교차로가 방음벽으로 도시와 차단되어 있을 뿐이다. 도심 비즈니스 구역의 고층 유리 빌딩들이 거대한 기초공사 위에 올려진 것과 마찬가지로, 강 위에 놓인 다리의 날렵함과 유동성은 엄청난 공학적 노력이 그 진가를 발휘하지 못했더라면 존재하지 못했을 것이다.

인간만이 길을 낸다

유로화 지폐의 뒷면에는 유럽연합 국가들 사이의 관계를 상징하는 다리가 그려져 있고, 앞면에는 문이나 창문이 그려져 있어 개방성과 협력 정신을 표현하고 있다. 전쟁이 터지면 가장 먼저 문을 봉쇄하고 다리를 부수는 것은 우연이 아니다. 연결은 인간의 본질적인 행위이다. 게오르그 짐멜Georg Simmel의 말처럼, 동물은 한 장소에서 다른 장소로 이동하지만, 인간만이 두 지점을 연결하는 길을 낸다. ▪

또한 짐멜은 문과 다리는 연결하는 동시에 분리시키기도 한다는 사실을 덧붙인다. 오래된 한국 다리들을 건널 때 내가 느끼는 점이 바로 그것이다. 오늘날 청계천에는 징검다리로도 충분히 건널 수 있을 정도의 작은 개울물 위에 아름다운 돌다리들이 놓여 있다. 이 돌다리들은 두 세계 사이의 연결과 분리를 동시에 담아내려는 표지들이다. 세속 공간과 일반인의 세계가 한쪽에, 신성한 공간과 왕의 세계가 다른 한쪽에 있다. 때로 이 두 세계를 구분하고 각종 서열을 나타내기 위해

5유로 지폐 뒷면. 고전주의 양식의 다리가 그려져 있다.

일련의 연속적인 다리들이 필요하기도 하다. 다리가 아예 없다면 개울물을 펄쩍 뛰어넘을 수 있을 터이지만, 다리라는 물질적 존재 탓에 우리는 이쪽과 저쪽이 나뉘어 있다는 사실을 깨닫는다. 또 다른 어떤 경우에는 다리 덕분에 강 이편에서 저편으로 넘어갈 수 있겠지만. 다리는, 문이 그러하듯 인간의 연결하고 분리시키는 능력의 기호다.

◆ 건축가 마크 밈람Marc Mimram의 표현이다.

○ Heidegger : *La question de la tech-nique*, dans *Essais et Conférences*, Gallimard, 1954, p. 22(마르틴 하이데거, 《강연과 논문》, 신상희·이기상·박찬국 옮김, 이학사, 2008 참조).

■ Georg Simmel, *La Tragédie de la culture et autres essais*, Paris, Rivages, 1988, cité par Nicole Lapierre, *De Georg Simmel à Siegfried Kracauer*, dans *Communica-tions*, 70, 2000, Seuils, passages. pp. 45-52(게오르그 짐멜, 《짐멜의 모더니티 읽기》, 김덕영·윤미애 옮김, 새물결, 2005 참조).

카페 사용설명법

우리는 커피숍에서 일하기로 했다. 마포구의 한 주택가다.

커피숍은 전면 유리창으로 되어 있어 외부에서도 안이 들여다보인다. 내부 벽면에는 이탈리아 베네치아의 산마르코 광장 사진이 커다랗게 걸려 있고, 에펠탑을 배경으로 하는 작은 파리 풍경 그림, 빙하와 산 이미지도 보인다. 엄연히 틀린 프랑스식 이름의 커피숍 간판(철자에 중대한 오류가 있다), 나무 테이블, 쿠션이 놓인 의자, 책으로 가득 찬 선반, 작은 화분들, 몇 개의 장난감들과 작은 런던 탑 모형. 아기자기한 실내 장식품들은 서로 아무 연관이 없다.

커피숍 주인의 취향을 드러내든, 이것저것 사모은 것이든, 이 소품들은 도심의 분주한 일상을 잠재우는 평온한 분위기를 연출하며, 서울 도심 한복판에서 상상의 세계로 향하는 통로를 열어준다. 재즈풍의 잔잔한 음악이 어딘지 모를 곳에서 조용하게 흘러나온다.

일상 밖의 편리함, 한국의 커피숍

이렇게 커피숍은 도심 한복판에 자리 잡고 있으면서, 동시에 저 너머 어딘가에 존재한다. 커피숍에 들어가는 것은 따라서 지친 일상으로부터 완전히 탈출해 새로운 세계를 만나는 일이다. 만화의 세계, 베네치아로의 여행, 소파의 안락함, 여행의 꿈을 되찾는 새로운 세계로 들어가는 계기를 마련한다. 커피숍은 우리를 유혹하고, 우리는 그 안으로 들어간다. 커피숍에서 하는 일은 더 이상 우리를 구속하는 갑갑한 작업이 아닐 것이며, 소파에 편하게 앉아 책장을 넘기듯 그렇게 일은 쉽게 진행될 것이라고 우리는 으레 짐작한다.

서울에서 커피숍이 아니면 어디서 일을 할 수 있을까? 물론 도서관이 있다. 현대 서울의 또 다른 보물. 하지만 커피숍은 도처에 있다. 노트북과 와이파이는 우리가 원하는 지역에서 언제 어디서든 일을 할 수 있도록 해준다. 집 근처에도, 방문하려는 미술관 옆에도, 저녁 약속이 있는 동네에도, 기차 시간을 기다리는 기차역 부근에도, 셔츠를 사러 가는 가게 옆에도, 집에 오는 길에 장을 보는 마트 옆에도, 저녁

서울 마포구의 한 커피숍 내부.

에 바람을 쐬러 나가는 강변 근방에도 커피숍이 있다.

한국의 커피숍은 아메리카노를 비롯해—프랑스에서 '아메리카노'
는 오렌지 껍질을 주성분으로 하는 칵테일의 이름이다—다양한 차와
음료, 몇 가지 종류의 케이크를 판매한다. 와이파이도 무료로 쓸 수
있다. 간혹 와이파이 비밀번호를 물어보지 않고도 찾아내는 경우가
있는데, 이때는 비밀번호가 '00000000'이거나 '12345678'인 경우다.
노트북을 무료로 충전할 수도 있다. 스마트폰 충전기가 없을 때에는
심지어 점원에게 충전기를 빌릴 수도 있다.

이런 점이 바로 서울에서의 삶을 편하게 만든다. 서울에서는 어디
를 가든 만나게 될 것을 대부분 예상할 수 있다. 모든 커피숍은 일정

수준의 보장된 서비스를 제공하고, 뜻밖에 '한 걸음 더' 나아간 기분 좋은 서비스를 받기도 한다. 재미있는 책들을 제공하거나(나는 자주 들르는 동네 커피숍에서 '마녀'라는 제목의 한국 만화책 시리즈 3권을 차차 탐독해나 갔다), 독특한 실내 장식을 갖추었거나(서울의 커피숍들은 인터넷에 오르는 '테마 카페 Top 10' 안에 들기 위해 다툰다), 다양한 원산지에서 공수해오는 '핸드드립' 커피로 커피 애호가들에게 엄선된 커피의 맛과 향을 제공하거나, 이탈리아나 프랑스식 고급 과자를 선보이기도 한다.

우리는 노트북 전원을 콘센트에 연결하고 책을 펼쳤다. 모든 것이 순조롭게 진행되는 한, 도시에서 커피숍으로의 경계를 넘어, 집 안에서나 길거리에서 우리의 정신을 흐리는 먼지들, 성가신 잡생각들을 모두 떨쳐버리고, 스스로에게 부여한 작업량을 완수할 수 있을 것이다. 읽고, 쓰고, 수정하고, 다시 쓰고. 인터넷에 올리기로 한 텍스트에 집중해야 한다. 원한다면 오후 내내 여기서 시간을 보낼 수 있다는 사실도 우리는 알고 있다. 나중에 다른 음료 한 잔을 더 시킬 수도 있겠지만, 그건 우리가 원해서일 뿐 공간에 머물기 위한 값을 지불해야 하기 때문은 아닐 것이다. 파리의 카페에서라면 전혀 다른 상황과 맞닥뜨리게 되리라. 우선 테이블이 너무 작아서 노트북을 올려놓기조차 어려울 것이다. 와이파이는 고사하고, 노트북 전원을 꽂을 콘센트를 찾기도 쉽지 않을 것이며 테이블 사이가 매우 가까워서 옆 사람들의 대화가 우리의 집중을 방해할 것이다.

커피 한 잔의 고객

그런데도 파리의 카페는 전 세계적으로 유명하다. 여기 이 커피숍에도 벽에 걸린 작은 그림 액자에 파리의 카페가 등장하고 있다. 18세기 파리의 카페들은 자유로운 생각들이 만나고, 부딪히고, 강화되고, 확산되는 공간이었고, 이렇게 모인 생각들이 프랑스대혁명을 낳았다. 전형적인 프랑스 카페(파리에도 물론 스타벅스나 한국의 커피숍과 비슷한 프랜차이즈 커피 체인점이 있기는 하다)는 서울에서처럼 안락한 장소가 아니다. 도시를 떠나 환상의 세계와 만나는 장소는 더더구나 아니다. 물론 하루 일과 도중 혹은 파리를 구경하다가 지친 다리를 쉬어 가기 위해 잠시 커피 한 잔의 여유를 즐길 수 있는 곳이기는 하지만, 파리의 카페들은 분주하고 생동감 넘치는 현장이다. 활기찬 종업원들이 민첩하게 돌아다니며 큰 목소리로 주방에 주문을 전달한다.

서울의 커피숍과 파리의 카페에서 일하는 종업원들의 몸동작 또한 다르다. 한쪽에서는 친절하게 몸을 구부리고, 다른 쪽에서는 당당한 자세가 자못 꼿꼿하기까지 하다. 한국 커피숍의 종업원들은 말할 때나 음료를 전해줄 때 두 손을 공손히 모으고, 몸은 약간 구부려 손님의 높이에 맞추며, 고개는 숙이고, 문장은 최대한 높임말을 강조하는 음절들을 붙이며 부드럽게 끝맺는다. 결코 위압적인 법이 없다. 이에 반해, 프랑스 카페 종업원들은 손님 앞에 꼿꼿하게 선 채로 위에서 손님을 당당히 내려다보며, 동작은 조심스럽지 않고, 문장은 빠르게 딱 떨어진다. 필요 이상의 말은 한마디도 하지 않고, 손님이 음식을 고르는 데 시간을 너무 끈다 싶으면 기다리지 않고 가버린다. 프랑스 사람들은 이러한 카페 종업원들의 싸늘한 태도를 예사롭게 받아들이며, 만일 그가 조금이라도 친절을 베풀면 예기치 않은 서비스에 기분 좋게 놀랄 것이다.

이러한 차이는 주문한 음식이 나올 때도 드러난다. 파리의 카페에서는 크루아상 빵이 냅킨 위에 놓인다. 버터를 넣어 구운 빵이라 기름기가 있기 때문이다. 만약 음료를 하나만 주문한다면 냅킨은 제공되지 않는다. 프랑스에서 모든 음식은 손님이 직접 포크와 나이프로 잘라 먹도록 통째로 나온다. 반면 한국에서는 먹기 쉽게 작은 조각으로 잘려져 나온다. 한국 커피숍에서 샌드위치를 시키면, 십중팔구 먹기 좋은 크기로 잘린 샌드위치가 나올 것이다. 이번에는 오렌지가 껍질이 거의 발라진 채로 4등분 되어 나왔다. 접시 위에 가지런히 놓여 있는 데다 먹기에도 편하다. 한국에서의 삶은 고객으로서는 편하다. 소비할 돈과 즐길 시간을 가진 자, 고객에게는 천국이다.

프랑스 카페의 수수께끼

파리의 카페들에서 실내 인테리어는 먼 나라를 상기시키려 들지 않는다. 물론 간혹 고급스런 카페들은 섬세한 목공예, 금장식, 호화로운 아르누보 샹들리에 장식으로 우리를 화려한 과거로 데려가기도 한다. 또는 프랑스의 독특한 지방색을 드러낼 수도 있다. 파리에서 가장 아름다운 레스토랑 중 하나인 '파란 열차Le Train Bleu'는 파리 리옹역 2층에 자리하고 있다. 영화 〈엄마와 창녀La Maman et la Putain〉 속 장피에르 레오Jean-Pierre Léaud의 대사처럼 레스토랑에 앉아 '오른쪽으로 기차와 시골, 왼쪽으로 도시'를 볼 수 있다.

사실 파리에서 카페에 가는 것은 주로 프랑스인들에게는 하루 일과의 의례, 즉 아침에 커피를 마시거나 저녁 무렵 아페리티프Apéritif로 화이트 와인 한 잔을 마시기 위해서다. 그리고 프랑스 카페에는 한국 커피숍들에서는 찾아보기 힘든 기능이 있다. 바로 모르는 사람들과 말을 섞을 수 있는 장소라는 점이다. 또한 지나가는 행인들을 바라볼 수 있는 장소이기도 하다. 외국인들은 이 두 번째 기능에 대해 잘 알고 있다. 파리의 카페 테라스 의자들이 대부분 길을 바라보도록 놓여 있기 때문이다. 카페에 함께 간 동행과는 마주보며 앉는 것이 아니라 나란히 앉아 길을 향하게 된다. 길을 마주한 채, 길과 나 사이에는 다른 테이블밖에 없다. 이런 배치는 우선 실용적인 이유에서 기인한다. 즉 좁은 인도에서 조금이라도 공간을 더 확보하고자 하는 것이다. 하지만 테라스의 의자 배치는 의도했든 아니든, 사람들이 카페를 찾는 또다른 의미를 부여한다. 사람들은 단지 자신과 함께 온 동행과 대화를 나누기 위해서만 카페에 들르는 것이 아니며, 거리를 바라보기 위해, 주문한 음료나 스테이크 접시가 놓여 있는 테이블을 스치고 지나가는 행인들을 바라보기 위해서도 카페에 들른다.

한편 첫 번째 기능은 파리를 찾는 외국인들에게는 수수께끼 같을

파리 카페의 테라스.

수도 있다. '카운터에서의 대화'라는 지극히 프랑스적인 맥락에 외국인들이 접근하기가 쉽지 않을 테니 말이다. 카운터 안쪽은 종업원들이 지배하는 공간이다. 카운터에 음료를 올려놓기 쉽도록 바닥이 약간 올라와 있는데, 이 카운터 안쪽에 서 있는 이는 보통 카페 사장이다. 카운터 앞쪽에서 손님들은 커피나 맥주, 와인을 마시는데, 역시 서서 마시거나 혹은 대부분 팔걸이와 등받이가 없이 앉기 불편하게 올라와 있는 바스툴 의자에 걸터앉아 마신다. 때로는 카운터에서 오믈렛을 먹는 사람도 있다. 이렇게 카운터를 사이에 두고, 날씨부터 정치적 현안에 이르기까지 손님과 종업원 사이에 대화가 시작된다. 요즘은 아마도 테러에 관해 많이들 대화를 주고받을 테다. 사람들은 카

카페 사용설명법

운터에 오래 머물지 않는다. 인생사를 장황하게 펼치거나 골치 아픈 이야기를 치밀한 논거를 구성해 발제하는 자리는 아니기 때문이다. 카운터에서 오가는 대화는 오히려 이와 반대로 즉각적이고 때로는 터무니없다. 주저하지 않고 말을 내뱉는 사람들의 정확하지도 않고 다듬지도 않은 생각들이 카운터 이쪽과 저쪽을 거침없이 오갈 뿐이다. 그리하여 몇몇 파리의 작가들은 카페 카운터를 자주 찾는다. 카운터에서 이들은 미디어의 필터와 사회적 통제 탓에 다른 곳에서는 잘 들을 수 없는 재치와 유머를 맛보기도 하고 때로는 터무니없는 주장을 듣기도 한다. 이렇게 하여 카페에서 들은 이야기를 수록한 모음집 《카페 토막 뉴스》가 큰 성공을 거두기도 했다. 이 모음집은 연극 대본으로도 사용되어 화제를 모았다. 몇 구절을 예로 들자면 다음과 같다. "기계가 일하는 사람들을 대체했으니, 언젠가는 일하지 않는 사람들도 대체하겠네." "카페 테라스는 바캉스인데, 카운터는 일복 터졌군."(카페 카운터에는 보통 바쁜 직장인들이 일하러 가기 전이나 점심 휴식 시간에 급하게 들르기 때문이다.)

우리만의 공간

서울의 커피숍에 일하러 들른 오늘 오후, 나는 종업원과 생각을 나누기를 기대하지는 않는다. 종업원의 무표정한 얼굴에는 상냥한 마스크가 씌워져 있다. 흐트러짐 없이 예의를 갖추고 있는 종업원에게서 자

✕

몇몇 파리의 작가들은 카페 카운터를 자주 찾
는다. 카운터에서 이들은 미디어의 필터와 사
회적 통제 탓에 다른 곳에서는 잘 들을 수 없는
재치와 유머를 맛보기도 하고 때로는 터무니없
는 주장을 듣기도 한다.

신의 역할을 수행하는 것 외에 다른 것을 기대하기는 힘들다. 반면 파리 카페 사장이라면 주저 없이 자신의 생각을 던질 것이고, 내가 자신의 의견에 동의하지 않으면 자리를 벗어나버리며 나를 무안하게 할지도 모른다. 자신의 의견을 피력하느라 내가 시킨 주문은 까마득히 뒷전이고 내가 짜증이 나든 말든 안중에 없을 것이다. 만약 서울에서 커피숍 점원이 내가 주문한 커피를 주는 것 외에 다른 태도를 보인다면, 아마도 당혹스러울 것이다. 그러니 우리는 사람들에게 말을 걸거나 사람들을 바라보기 위해 서울의 커피숍에 가는 것은 아니다. 우리는 커피숍에서 우리끼리 시간을 보낸다. 그럴 수 있도록 커피숍은 우리를 편하게 해주고, 우리는 그 안에서 우리만의 아늑한 대화 상자를 연다. 우리는 창문 너머로 아이들을 산책시키는 젊은 엄마들과 방과 후 노는 아이들을 바라보지만, 이 장면들은 외부에 머물 뿐이다. 테이블을 스치고 지나가는 행인들의 옷차림이 쉽사리 우리를 방해하곤 하는 파리 카페 테라스의 불편함은 이곳에 없다. 아무도 우리를 방해하지 않을 것이다. 하지만 파리 커피숍에서는 언제든 우리를 방해하고 놀라게 할 위험이 불시에 찾아올 수 있다는 사실을 기꺼이 받아들여야 한다.

벌써 커피숍에 들어온 지 세 시간째다. 파리의 카페에서라면 우리의 존재를 정당화하기 위해 다른 음료를 주문할 시간이라고 진작부터 종업원이 신호를 보내왔을 것이다. 대놓고 벽에 '매 시간 새 음료를 주문해야 합니다'고 쓰여 있는 카페들도 있으니 말이다.

어쨌든 갈 시간이 되었다. 파리에서처럼, 종업원을 불러 계산서를 가져다달라고 부탁할 필요도, 그가 계산서를 가져다주기를 기다릴 필요도, 혹여 지폐로 계산할 때 거스름돈을 받기 위해 또 그를 기다려야 할 필요도 없다. 우리는 주문과 동시에 이미 지불했고, 따라서 우리가 일어서고 싶은 시점에 언제든 커피숍을 나설 수 있다. 식당에서라면, 기다리지 않고 계산하고 나갈 수 있도록 출구 카운터에 언제나 자리를 지키는 사람이 있다는 것을 우리는 알고 있다. 내가 한국을 처음 여행했을 때 나를 놀라게 한 경험 중 하나가 이것이었다. 식사를 마치고 계산대 앞에 다가가 "얼마입니까?"라고 자신 있게 한국어 실력을 발휘할 참이었다. 그런데 내가 준비한 문장을 입 밖에 꺼내기도 전에 계산대 점원은, 내가 지갑에서 만 원짜리 지폐를 꺼내는 것을 미리 알아차리고는 잽싸게 내 손에 거스름돈을 쥐어주었다.

오늘은 제대로 일했다. 커피숍은 내가 원하던 바로 그 집중할 수 있는 분위기를 제공해주었다. 태양이 동네에 비스듬히 기울어지기 시작한다. 우리는 커피숍을 나서며 다시 도시로 돌아갈 것이고, 집에서 해 먹는 한 끼 식사보다 더 비싸지 않은 비용으로 저녁 식사를 해결할 수 있는 식당을 찾아들어갈 것이다. 이런 생각에 벌써 기분이 흡족해지며 마지막 문장에 뿌듯하게 마침표를 찍는다.

웨딩 콜라주

한국에 체류하는 외국인은 김치의 맛이나 홍대의 클럽 문화, 타향살이의 고달픔에 대해 자주 이야기한다. 결혼식과 같은 가족 행사에 참석하는 경우는 좀 더 드물 것이다. 2010년대 초반 결혼식에 참석할 드문 기회를 얻었다.

한국식 웨딩의 파노라마

한국에서 법적인 혼인은 간단한 신고 절차만 거치면 효력을 갖는다. 결혼 당사자가 서명만 하면 성사된다고 볼 수 있다. 따라서 법적인 혼인 신고에는 하객을 초대하지 않고, 다른 날 다른 장소에서 치르는 결혼식에 초대한다. 결혼식은 보통 웨딩홀이라 불리는 결혼식을 위해 마련된 공간에서 이루어지고, 결혼식 행사 전반은 웨딩홀 측에서 준비하고 진행한다. 강남의 중심가에 위치한 웨딩홀은 품격 있는 외관을 선보인다. 하지만 디즈니 성이나 바로크 궁전과 같이 화려한 양식의 웨딩홀도 서울에서 흔히 발견할 수 있을 것이다.

우선 강한 인상을 남긴 것은 웨딩홀 건물의 높이였다. 건물 안에 들어선 후 나는 건물의 절반에 해당하는 공간이 하객을 위한 주차장으로 이용되고 있음을 알게 되었다. 무엇보다 건물이 서양식 기호들과 문자들로 채워져 있는 것이 눈에 띄었다. 승강기의 안내 표지는 라틴 문자가 우선적으로 쓰여 있고, 그 밑에 한글 표시가 작게 되어 있었다. 게다가 웨딩홀 인터넷 사이트 광고 팸플릿에는 서양인 커플이 등장한다. 그럼에도 주요 고객은 분명 한국 사람들임에 틀림없다. 키워드들은 간단한 영어로 쓰여 있지만, 본문 광고 내용은 한글로 적혀 있으니 말이다.

결혼식 자체도 서양식 요소들을 포함하고 있어, 나는 미국 영화에서 차용해왔으리라 짐작해본다. 여전히 한국식을 따르는 절차도 있다. 부모가 자녀의 혼인을 결정하는 시대는 더 이상 아니지만, 부모에 대한 자식으로서의 예의를 표현하는 격식은 결혼식에서 중요한 절차인 듯했다.

결혼식 진행 속도는 상당히 빠르다.

한국 결혼식에는 수백 명의 하객이 모이기에 대규모의 식사 공간이 필요하다.

1) 흰 드레스를 입은 신부가 몇몇 지인과 신부 방에서 대기한다—오후 2시 40분.

2) 모든 하객이 예식장 홀에 모인 가운데 신랑 신부 측 부모가 각자의 하객을 맞이하고, 이때 하객들은 선물을 전달한다. 프랑스식 예식보다 훨씬 간단한데, 축의금 봉투를 건네기만 하면 되기 때문이다—오후 2시 50분.

예식장 홀은 멋진 강남 파노라마 전망을 제공한다.

3) 'St. Grace Chapel'이라 이름 붙은 예식장으로 이제 들어간다. 예식장은 내부가 작은 성당처럼 꾸며져 있지만, 실제로는 종교와 아무런 상관이 없다. 결혼식 주례자가 예식장 가운데, 성당으로 치면 신부님 자리에 선다—오후 3시 20분.

4) 결혼식 마지막에 신부가 부케를 던진다. 신부는 사진기사가 준비되기를 기다렸다가 식전에 미리 말해둔 친구에게 부케를 던진다—오후 3시 35분.

5) 그러고 나면 식사 시간이다. 예식장 아래층에 식사 공간이 마련되어 있다. 레스토랑은 250명 이상을 수용할 수 있는 규모인데, 한국 결혼식에 보통 수백 명의 하객이 모이기에 이 정도 규모의 식사 공간이 필요하다. 웨딩홀 인터넷 사이트에는 600명까

지 수용할 수 있다고 예고하고 있는 것으로 보아 레스토랑 내부 공간은 확장이 가능한 것 같다. 식사는 서양식 코스 요리가 나온다. 정해진 축하 공연 순서에 맞춰 비즈니스 식사 자리에서와 같은 리듬으로 식사가 제공된다. 신랑 신부는 더 화려한 예복을 갖추어 입고 등장한다. 음향 효과가 다양한 분위기를 연출하며 시공간의 여행을 선사한다. 이 웨딩홀은 영화 테마를 전문으로 한다—오후 4시.

6) 마지막에 신랑 신부가 호화로운 전통 한복을 입고 양가 부모에게 절을 올린다. 전통 혼례의 중요한 절차를 따른 것이다—오후 4시 40분.

결혼식은 이렇게 끝났다. 결혼식에 소요된 시간은 두 시간 남짓이다. 다른 몇 차례의 결혼식이 같은 날 같은 곳에서 예정되어 있었고, 다른 날에도 같은 장소에서 같은 방식으로 진행될 것이다.

이 예식은 사극이나 역사 영화에서 보았던 한국 전통혼례보다 내게 외려 더 생소한 느낌을 선사했다. 한국식과 서양식(혹은 현대적) 형태가 섞여 있었기 때문이다. 유럽의 결혼식에 등장하는 요소들도 눈에 띄지만, 각색되거나 압축되어 그 의미가 퇴색되었거나, 새로이 부여된 의미가 무엇인지 알아보기가 힘들었다. 적어도 전통 혼례라면, 책을 통해서라도 의복이나 의식이 어떤 의미를 갖는지 설명을 찾아볼 수 있을 텐데 말이다.

결혼은 사적 개인의 공적 행위다

프랑스에서 결혼식은 시민의 의례이면서 종교의 의례이기도 하다. 서로 다른 의미를 띠는 두 가지의 결혼식이지만 둘 모두 의례 이후에는 긴 피로연이 이어진다. 예전에는 교회에서 신부가 주관하는 예식을 치르며 신 앞에서 결혼했다. 하지만 프랑스대혁명 이후 결혼식은 공화국과 국가 앞에서 역시 치러진다. 기독교 전통과 공화제 전통, 이 두 유산을 이어받아 세워진 나라에서 결혼은 공식적 성격과 신성한 의미를 동시에 띠는 제도이자, 결혼 당사자 두 사람의 의지와 의사에 따라 맺어지는 계약이다.

늘 공적 권위를 요청하는 결혼식은 신의 이름으로 교회가 주재했고, 오늘날에는 국가, 즉 프랑스 전체의 이름으로 시장(구청 등을 포함하는 기초단체장을 모두 포괄해 시장이라 부른다)이 주재한다. 그리하여 신랑 신부는 먼저 시청(기초단체의 청사)에서 결혼식을 올리고, 이후 그들이 원한다면 교회에서도 결혼식을 올리게 된다. 하지만 이 두 절차는 서로 비슷하게 진행된다. 프랑스대혁명 이후, 공화국 정부의 위상을 고려해 결혼식 절차에 종교적 의식의 신성한 격식들을 차용해왔기 때문이다. 교회에서 신부가 신랑과 신부에게 성경의 구절을 읽어주듯이, 시청에서 시장은 결혼 당사자들이 서로 상대방에게 지켜야 할 의무를 설명하는 민법 항목들을 읽는다. 시장은 성당에서 신부가 그러하듯, 결혼이 그 어느 누구에 의해서도 강요된 것이 아닌 결혼 당사자들 스스로의 의지에 의한 것임을 확인하는 절차로서 결혼 당사자들의 동의를 확인한다.

이는 결혼이 공적 행위이자 사적 계약이기 때문이다. 결혼식은 사전에 시청 벽에 공고되고, 사람들은 이 공고문을 읽으며 결혼이 예정된 이들의 이름과 주소를 확인할 수 있다. 결혼식은 시청에서 가장 아름다운 방에서 진행되는데, 모든 이가 결혼식에 참석할 수 있도록 문을 열어둔다. 마지막 순간에 결혼의 무효를 주장하러 올 이에게 문은 열려 있다. 결혼이 두 당사자 사이의 계약에 속하기에, 공동 재산의 관리나 분배 등 혼인의 조건은 자유롭게 결정할 수 있다.

결혼은 따라서 공식적으로는 결혼 당사자, 그리고 정부 혹은 신神과 관련된 행위다. 이 두 축의 사이에서 가족은 제3자의 입장에 머문다. 민법에 "부부는 가족의 정신적, 물질적 책임을 공동으로 지며, 자녀의 교육과 양육의 책임을 다한다"라고 명시된 것처럼, 결혼을 하는 것은 가족이 아니라 당사자 본인이며, 당사자의 가족을 구성하는 것이 결혼이기에 그렇다.

독립적으로 결정할 수 있을 정도로 재정적 수단을 이미 갖춘 신랑 신부는 여타의 의무에 제한되지 않고 원하는 대로 결혼식을 준비할 수 있을 것이다. 한국과 달리 결혼식에 이래저래 관계를 맺고 지내는 사람을 몇백 명이나 초대하는 경우는 거의 없다. 가족, 친구, 가까운 동료 등 몇십 명, 많아야 100여 명 정도가 모인다. 누구를 초대할지는 신랑 신부나 그들 가족의 결혼 비용에 따라 달려 있기도 하다. 하객은 미리 신랑 신부가 심사숙고해 작성한 선물 목록 가운데 하나를 골라

선물을 마련해온다. 한국에서처럼 축의금을 예식장에서 직접 전달하지는 않는다. 마을의 규모가 작을수록 결혼식은 성대하게 치러진다. 이웃을 모두 초대하고, 자리도 넓은 곳으로 마련하기 때문이다. 그러나 몇 년간 함께 살면서 이미 아이도 있는 부부라면 간단한 혼례조차 치르지 않고 혼인신고를 하기도 한다.

결혼식 자체는 한국의 웨딩홀에서 진행되는 것보다 훨씬 덜 정형화된 방식으로 치러진다. 가장 중요한 요소는 아마도 피로연 식사일 것이다. 피로연은 밤새 이어진다. 맘껏 즐기는 식사 시간이 끝나지 않을 것처럼 계속된다. 보통은 저녁 9시에 시작해서(아페리티프는 2~3시간 전에 이미 시작된다) 새벽 2시경에 끝나곤 한다. 음식은 시간 간격을 두고 천천히 나온다. 그 사이 노래 부르고 즐기면서 무엇보다 제한 없이 계속 먹을 수 있도록 소화하는 시간을 벌기 위해서다. 분위기가 무르익을 무렵, 같은 방의 한쪽 혹은 옆방에서 무도회가 시작된다. 남녀노소 할 것 없이 어우러지고 저마다 모든 세대의 취향을 고려해 지난 50여 년간 유행한 귀에 익은 곡들이 흘러나오며 사람들은 새벽까지 춤춘다.

프랑스식 결혼은 아마도 한국인들에게는 볼거리가 덜하고 수수하게 보일지 모른다. 신랑 신부는 결혼식 날 하루 종일 같은 예복을 입고 피로연이 마무리될 때 겉옷을 벗는다. 축하 공연 행사는 거의 없고, 농담을 던지는 삼촌이나 노래 부르는 사촌 등 무엇보다 각자 자발적으로 나서는 이들의 참여로 진행된다. 결혼식 피로연에 온 사람들을 잘 모르는 하객들에게는 한없이 길게 느껴질 테다. 다수의 절차를 빠르게 진행하는 한국의 결혼식장에서는 지루할 틈이 없다. 그럼에도 한국과 프랑스의 결혼식 모두 신랑 신부를 그날의 주인공으로 만든다는 점에서는 다르지 않다. 아마도 거미줄처럼 얽힌 사회 속 자신들의 자리로 돌아가기 전 신랑과 신부는 생애 처음으로 모든 사람의 주목을 이끄는 영광의 스타가 되는 순간을 경험할 것이다. 아마도 그렇기에 사람들은 자신의 결혼식 날이 '내 생에 가장 아름다운 날'이라 주저 없이 말하는 것일 테다.

한 해의 추수를 감사드리며 조상에게 차례를 지내고 성묘하는 명절인 추석을 맞아 온 가족이 함께 성묘 길에 나선다. 우리는 각자 차량에 올라타고, 서울을 벗어나 성묘하러 가는 엄청난 차량의 행렬에 끼어 고속도로 입구의 교통체증에 동참해야 한다. 고속도로를 성공적으로 벗어나면 이내 비틀비틀 이어지는 좁은 국도가 이어진다. 간간히 들어서 있는 창고 건물들 사이사이를 지나 '신세계공원묘지'가 보이기 시작한다. 입구에 들어서서 묘역 내 처음 보이는 무덤들을 지나 오르다가 길이 끝나는 주차장에 차를 대고, 이제부터는 꼬불꼬불 비탈길을 걸어서 올라가야 한다. 아이들은 신나서 앞장서 뛰어오르고, 어르신들은 쉬엄쉬엄 길을 올라 조부모님 묘 앞에 도착했다. 온 가족이 다시 한자리에 모였다. 뜨거운 햇볕을 가리기 위해 말뚝을 박고 천막을 친다. 이렇게 하여 방대한 공동묘지 한가운데 조그만 가족의 공간이 마련되었다.

죽은 자들의 집에 세계화는 없다

나는 전경을 바라본다. 모든 나라에는 저마다 고유한 묘지 풍습이 있으니, 건축의 세계화는 산 자들의 주거지하고만 관련되어 있다는 생각이 든다. 서울 도심의 비즈니스 구역은 미국이나 유럽의 비즈니스 구역과 유사하지만, 프랑스의 묘지, 한국의 묘지, 미국이나 이탈리아의 묘지는 근본적으로 확실히 구별된다. 프랑스의 공동묘지는 대부분 평지에 마련되어 있고, 정확한 직각 배치로 조성된다. 나무들은 대로변에서와 같이 통로를 가지런히 정비하는 목적으로 심어져 있다. 무덤은 사각으로 누운 무덤석과 수직으로 선 묘비석으로 되어 있다. 각 가정마다, 동일하거나 거의 비슷한 규모의 협소한 공간이 배정된다. 프랑스 사람들은 살아 있는 동안에는 나무와 담장으로 둘러싸여 이웃과의 직접 대면을 피하고 나만의 아늑한 비밀 정원을 간직한 단독주택에 살기를 바란다. 하지만 죽음 이후에는 불평불만 없이 그저 다른 수만 개의 무덤 가운데 하나에 속해 마치 마트에 가지런히 진열된 상품처럼 할당된 조그만 사각 무덤에 만족해야 한다. 여윳돈이 있다면 기껏해야 자신의 무덤 위에 조그만 기념비를 하나 세울 것이다.

　사실 프랑스의 공동묘지는 프랑스 도시의 축소판이라 할 것이다. 반듯하게 각진 도시 계획, 전통적인 건축 재료인 돌, 따닥따닥 붙어 있어 높은 밀집도, 자연과는 동떨어진 공간, 인위적이고 절대적으로 공간을 점유하고 있는 도시를 공동묘지가 그대로 재현하고 있다. 건축가들의 나라라고 해도 손색없는 이탈리아에는 공동묘지가 기념비들로 장식되어 있다. 토스카나나 옴브리아의 골짜기 안쪽을 관찰해보면, 마을을 벗어나는 입구에 작은 돌집들이 높은 담벼락에 둘러싸여 있다. 이는 죽은 자들의 도시로, 산 자들의 도시를 그대로 축소해 재현하고 있다.

　이와는 달리, 한국의 묘지는 주변의 자연과 연속성을 지닌 장소로 보인다. 일본 식민 지배 이전, 경제 발전 이전에는 마을 한복판에 시신을 묻기도 했었다고 아내는 내게 설명한다. 하지만 오늘날에는 공동묘지가 도시에서 떨어진 산기슭에 자리 잡고 있다. 때론 이 산 저 산에 흩어져 있는 무덤을 발견할 때도 있다. 기차나 자동차로 한국을 가로지르다 보면, 공동묘지가 아닌 산비탈 여기저기 놓여 있는 무덤들이 보인다. 등산을 하다보면 부지불식간에 무덤 바로 옆을 지나고 있음을 알게 되는 경우도 종종 있다. 이런 풍경은 프랑스에서는 상상하기 어렵다. 프랑스에서는 수백 수천의 묘지 가운데 행정 당국이 지정해준 공동묘지 자리에만 시신을 모실 수 있기 때문이다. 한국에서는 무덤 자체도 산의 형상을 닮은 곡선의 형태를 띠고, 유럽의 무덤에 비해 훨씬 넓은 자리를 차지한다. 산 자들의 집을 지을 땅이 부족하다고 하는 한국이지만 한국은 프랑스보다 10배나 넓은 면적을 죽은 자들을 위한 공간에 바치는 나라다.[◆] 이전 권력자들이나 왕들의 무덤도 묘비석의 높이에 차이를 두기보다는 무덤의 면적으로 차별화했다. 무덤 지붕은 돌로 덮이지 않고 풀로만 덮인다. 자손으로서 추석에 행할 의무 하나가 바로 조상의 무덤을 벌초하는 작업이다. 왕들의 무덤 또한 추석 즈음에 벌초한다. 여름 내내 무성하게 자란 잡초를 제거하고 묘를 살펴서 손질한다.

묘지의 정위치

묘지에서 정면에 위치한 산이 도봉산이라고 등산 애호가인 삼촌이 내게 말씀해주신다. 오른쪽에는 북한산 줄기가 보인다. 그 장관에 탄성이 절로 나온다.

나는 몇 권의 책에서 풍수의 기본 원리에 대해 읽은 적이 있다. 산이 병풍처럼 두른 곳에 마을이 들어선다. 앞에는 강이 흐르고 뒤에는 산이 서 있는 완사면에 산 자들의 집을 짓고, 죽은 자들은 산기슭에 묻는다. 1세기 전 미국인 선교사의 말처럼, "죽은 자들이 머무는 곳은 살아 있는 자들의 주거지보다 더 전망 좋은 곳에 위치하고, 주변 경관에서도 더 확연히 눈에 들어온다."[○] 따라서 중요한 것은 바로 무덤의

이탈리아 옴브리아 주 페루자 현에 위치한 데루타
의 공동묘지(위)는 산 자들의 도시를 축소해놓은 모
양이다. 반면 경주의 봉분(아래)은 유럽의 무덤에
비해 훨씬 넓은 자리를 차지하고 있다.

위치다. 하지만 풍수는 기술적으로 복잡하고, 무덤을 잘 못 쓴 경우 실질적인 해결 방안을 위해서는 풍수지리에 조예가 깊은 전문가의 도움이 필요하다.

이곳은 풍수지리를 잘 따져서 기운이 좋은 곳인 듯하다. 북쪽으로는 중앙 산을 등지고 있고, 동과 서로는 다른 봉우리들이 뻗어 있다. 뒤로도 다른 봉우리와 골짜기가 이어져 있어, 기의 흐름이 묘지에 와서 모아지기에 적합한 풍수지리적 조건을 갖추고 있다.

서양인이 이 기운을 감지하기에는 어려움이 있겠지만, 그래도 사방으로 펼쳐진 풍경 전체가 한눈에 들어오는 만족감은 충분히 느낄 수 있으리라. 가운데가 안쪽으로 움푹 들어간 분지 형태이기에, 묘역 내 어디에 있건 전망 전체가 시야에 들어온다. 산으로 둘러싸여 있어 거의 눈에 다 안 보일 정도로 광활한 이 공간에 둘레석이 쳐진 일련의 묘지들이 계단식 원형 극장처럼 이어져 있다.

서양에서도 무덤의 위치가 중요하게 여겨졌던 때가 있다. 사람들은 성인의 성유골이 모셔져 있는 곳에 최대한 가까이 묻히기를 바랐다. 프랑스 왕들은 생드니 대성당에 묻혔고, 귀족과 부르주아들은 그 지역의 교회 한가운데, 민중은 묘지 가장자리 담벼락 밑에 묻혔다.

오늘날 프랑스 사람들은 무덤의 외형에는 여전히 신경을 쓰지만, 전통적 제례 장소인 교회와의 접근성은 전혀 고려하지 않는다. 외려 공동묘지에 접근하기 수월한지 여부가 중요할 것이다. 전통적으로 공동묘지는 마을 한가운데 위치하는데, 묘지 가까이 사는 사람들이 불

파리의 몽파르나스 공동묘지.

편해하지는 않는다. 마을을 굽어내려다 보는 교회 옆에는 공동묘지가 바로 붙어 있고, 나의 어머니는 묘지 옆에서 자랐다. 이곳 묘지에는 이제 나의 조부모님이 모셔져 있다.

파리에서 공동묘지는 바람 쐬러 가는 서울의 뒷산이나 공원처럼 휴일 산책자들의 산책로가 된다. 프랑스 사람들은 부르주아 주택가에 위치한 몽파르나스 공동묘지에 잠들어 있는 유명한 가수나 예술가들의 무덤을 보러 가곤 한다. 페르 라셰즈 공동묘지는 수많은 유명 인사의 무덤이 안치되어 있는 아름다운 묘역으로, 전 세계 관광객들의 발길이 끊이지 않는 곳이다.

한국과 프랑스의 장례 의식

한편 묘지는 프랑스 장례 의식에서 가장 중요한 역할을 하는 장소다. 집에서 혹은 오늘날에는 장례식장에서 가족 및 친지 중심으로 추도 모임을 가진 후, 교회(가족이 종교적 의식을 치르기로 결정한 경우)와 특히 묘지에는 조문객의 행렬이 이어지며 운구와 하관식을 지켜본다.

묘지에서의 장례 의식은 삶과 죽음 사이의 관계를 보여주며 감정을 폭발하게 한다. 그래서인지 영화에도 자주 등장한다. 밀로스 포르만Miloš Forman의 영화 〈아마데우스〉가 개봉한 해 열두 살이었던 나는 고인의 장례를 지켜보는 이가 아무도 없이 빗속에 치러지는 모차르트의 하관 장면에서 강한 여운을 느꼈다. 모차르트의 천재성, 오늘날에는 누구나 다 알고 인정하는 클래식 음악의 거장의 삶과 극단적으로 대비를 이루며 철저한 고독 속에 치러지는 그의 장례식은 비장한 슬픔과 처절한 안타까움을 자아냈던 것으로 여전히 기억하고 있다. 고인과 작별하는 시간은 사실 그의 인생 전체를 되돌아보고 되짚어보는 시간일 것이다. 장례식에 참석한 사람들을 보며 생전 고인의 사회적 역할이 어떠했는지 이해할 수도 있다. 나이 드신 삼촌들 가운데 한 분의 장례식에, 모든 동네 사람들이 그의 죽음을 애도하기 위해 모였다. 평생 열심히 일해 한 가정을 세우신 삼촌이었다. 고위 공직에 있던 한 동료의 장례식은 이와 다른 분위기였다. 이 동료의 죽음은 우선 너무 이른 죽음이었다. 유쾌한 동료, 믿을 만한 조언자, 존경하는 상사였던 고인을 추모하는 마지막 추도 예배는 파리에서 가장 아름다운 교회에서 치러졌고, 발 디딜 틈이 없을 정도로 많은 조문객으로 교회가 한없이 작게만 보였다.

한국에서 나는 서울의 한 대형 병원 장례식장에 조문하러 간 적이 있다. 프랑스와는 반대로 가족, 친구, 동료가 모두 조문을 오는 곳은 오히려 장례식장이었고, 가족, 친지 몇 명만이 하관식을 함께 치르기 위해 장지에 간다는 것을 알게 되었다. 창문이 없는 두 개의 방에 빈소가 차려졌다. 이곳에서 상주는 조문객을 맞고, 조문객은 고인과 상주에게 절을 하고, 조문객들은 서로 모여 앉아 이야기를 나누며 고인의 인생 전체를 돌아보고, 이어 다른 주제로 넘어가며 밤새 인생사의 희로애락을 나눈다. 이 모든 이야기가 하관이 끝나고 묘지를 나오면

서 이루어지는 프랑스와 사뭇 다른 풍경이었다. 장례 의식은 세계화의 문화적 기호들을 거의 차용하지 않는다. 무덤의 외형과 묘역의 환경이 그러하듯이 말이다. 반면 내가 참석했던 한 결혼식에서는 휘황찬란한 실내 장식을 갖춘 웨딩홀에서, 전통 의복인 한복과 현대적 예복을 차례로 갖추어 입고 부모님께 절을 올리는 예식과 서양식으로 음식이 차려진 피로연을 각각 진행했었던 것과 달리 한국의 장례식은 향과 음식을 올린 제사상, 상주, 조문객의 문상을 중심으로 치러진다.

프랑스의 장례 의식에서 묘지 하관식에 일반 조문객들이 모두 참여하고, 묘지 정비에 정성을 들이며, 무덤이 삶의 공간과 비교적 가까이 위치하고 있음에도 불구하고, 프랑스인들은 한국인들에 비해 조상에게 바치는 시간이 훨씬 적다. 프랑스인들은 원칙적으로 부모나 조부모의 무덤에 일 년에 한 번 가을 만성절Toussaint에 찾아간다. 무덤에 국화 꽃다발을 놓고 시든 꽃을 치우며 별다른 의식 없이 잠깐 묵념의 시간을 갖는다. 게다가 이 전통마저도 점점 사라져간다.

하지만 이곳 신세계공원묘지에서는 일련의 순서에 따라 제례가 진행된다. 조부모님 두 분의 분묘 앞에 마련된 낮은 상석에 북어포, 고기전, 야채전, 생선전, 과일을 올린 간단한 제사상이 차려졌다. 나는 전날 가족들과 함께 송편도 빚었다. 햅쌀로 준비한 반죽을 동그랗게 만든 뒤, 마치 아이들이 고무찰흙으로 인형을 빚어 만들 듯이 가운데를 손으로 눌러 오목하게 만들고 소를 넣어 오므리면 송편이 완성된다.

묘지 앞 잔치

온 가족이 묘지 앞에 늘어서 두 번 절한다. 제주가 제사상 앞에 끓어 앉아 집사가 주는 술잔을 두 손으로 받고, 집사가 잔에 술을 부어주면 잔을 향불 위에서 두 번 돌린 다음 잔을 집사에게 준다. 집사가 무덤 위로 술을 비운 후 두 번 절한다. 모든 가족이 차례로 정해진 순서에 따라 제사상 앞에 앉아 마찬가지로 집사가 제사 술을 부어준 술잔을 향불 위에 두 번 돌리고 무덤 위에서 술을 비운 후 두 번 절한다. 그리 어렵지 않게 나는 본 대로 따라 한다. 술 이외의 제수를 조상님이 흠향하시도록, 젓가락을 음식 위에 올려놓고 잠시 기다렸다가 다시 온 가족이 일동 두 번 절한다. 이제 온 가족이 무덤 앞에서 제사 음식을 나누어 먹고 제사 술도 함께 따라 마신다.

성묘는 가족이 모여 벌이는 작은 잔치 행사가 되기도 한다. 기독교 의식에서도 음식을 나누어 먹는데, 바로 빵과 포도주다. 빵과 포도주는 예수의 몸과 피를 상징하며 예수의 죽음과 부활을 기억하고 기념한다는 의미를 지니나, 그 정확한 성격은 가톨릭과 개신교 사이에서 끊임없는 신학적 논쟁의 대상이다. 신자들은 성체성사에 참여하기 전에 깨끗하고 단정한 차림을 하고 잘못과 죄를 회개한다. 성체성사는 매우 엄숙하고 경건하게 진행된다. 또한 묘지를 찾을 때에도 목소리를 낮추어 조용조용 말한다. 한국에서는 이와 반대로, 제사 음식을 한데 담아 젓가락으로 집어먹으며 가족 간의 관계를 돈독하게 다지고 자유롭고 활발한 담소를 나눈다. 조상님 앞에서 제사가 먼저 진지하

61

게 치러졌으니, 이제 조상님 무덤 앞에서 함께 음식을 나눠 먹으며 자손들의 대화는 시끌벅적한 분위기 속에 이어진다.

마지막으로 한 번 더 절을 올리고 제사 술을 붓고 모든 절차를 마무리한다. 남은 음식은 싸서 챙겨가고, 쓰레기는 봉투에 눌러 담고, 천막을 거두고 말뚝을 정리한다. 온 가족이 다시 줄 서서 꼬불꼬불 비탈길을 내려가 각자의 차에 올라탄다. 서울로 떠날 시간이다. 고속도로와 교통체증을 경험하러 갈 시간이다. 이제 우리를 둘러싸는 것은 모두에게 속한 산이 아니라 각자의 집이라 할 아파트 단지 숲이다. 산 자들의 혼란스런 동요가 죽은 자들의 평화를 이어받는 셈이다.

◆ Hong Suk ki, *Les cimetières à Séoul et en Île-de-France. Étude comparative*, 1994. 저자는 '죽은 자들의 주택난'이라는 강한 어휘를 사용하며, '죽은 자들이 살아있는 사람들의 공간을 잠식하고 있는 것일까?'라는 문제는 거론한다. (*Le pro-blème des cimetières à Séoul et dans sa région*, Revue de Corée, vol.2 no 2, Unesco, 31 décembre 1997.

○ George Heber Jones, *Korea : the land, people and customs*, 1907.

석양이 드리워진 고속도로 옆으로 넓게 펼쳐진 서
울 도심에서 가장 먼저 눈에 들어온 것은 이어지는
언덕 사이로 대양의 물결과도 같은 아파트 단지였
다. 연이어 들어서 있는 아파트 단지들은 내 눈에
는 모두가 똑같아 보였다. 하지만 밤이 되자, 또 다
른 기호가 한국의 도심 풍경을 규정하기 시작했다.
그 주인공은 바로 교회 위 붉은 십자가였다. 거대한
도시가 반쯤 어둠 속으로 잠겨들자 셀 수 없이 많은
교회 십자가가 사방에서 붉은 불빛을 발산하기 시
작한다.

십자가들의 도시

나는 전통적으로 교회가 세워져 있는 중앙을 기점으로 도시가 조직되는 나라에서 왔다. 교회에는 대개 도시에서 가장 높은 건축물인 종탑이 세워져 있고, 마치 신이 피조물을 굽어 내려다보듯이 교회는 인간의 집을 내려다본다.

그런데 서울에서는 교회에 가려고 아파트 입구를 나서며 도시 중앙으로 갈 필요가 없다. 아파트 단지 내에 보일 듯 말 듯 작은 표지가 '세상의 교회'로 향하는 길을 인도하고 있다. 도로변의 큰 건물에는 교회별관이 들어서 있어 다양한 주민 활동의 무대가 된다. 일종의 어린이 도서관과도 같은 인상이랄까. 저 멀리에는 또 다른 교회가 붉은 원뿔 탑으로 자신의 존재를 널리 알리고 있다. 입구에는 예수 조각상이 세워져 있으나, 여러 상점과 1층을 공유하고 있다. 어디를 가든 교회는 커피숍이나 클리닉, 24시간 편의점처럼 동네별로 구석구석에 위치하고 있다.

반면, 절의 자취가 서울에는 많이 남아 있지 않아 이국적인 분위기를 찾는 외국인은 이에 실망하기도 한다. 화려한 색으로 곱게 단장한 단청, 긴 들보로 지탱되는 넓은 처마를 한 나무 건물은 서울 도심에서 찾아보기 힘들다. 절 탑이나 불상은 말할 것도 없다. 외국인에게 극동 아시아의 확연한 징표로 인식되는 불교 이미지들은 서울에서는 좀처럼 찾아볼 수 없다.

절을 보려면 도시를 벗어나 버스를 타든 자동차로든 산에 도착해 문을 하나 통과해야 한다. 그리고 산을 깊숙이 가로지르는 길을 한참 걸어 들어가다 완만한 비탈길을 올라야 한다. 또다시 하나의 문을 통과해 다리를 건너면 그제야 우리는 절을 발견하게 된다. 그리고 산사의 첫 번째 문인 '일주문一柱門'을 넘어 절 안으로 들어가게 된다. 몇 개의 계단을 올라 대웅전에 들어가기 전에 신발을 벗는다. 이곳에서 몸가짐을 어떻게 해야 할지 잘 모르기에, 다른 사람들을 따라 행동거지를 조심히 한다.

한국의 교회와 절은 모두 영적 기능을 담당하지만, 이 둘만큼 여러 가지 면에서 대조되는 장소도 없다. 이러한 대비는 다양한 측면에서 가능하다. 대형교회가 아닌 작은 교회는 여느 건물 안에 입주해 있는 경우가 많다. 여러 상점이나 사무실이 입주해 있는 건물의 한 층이 교회인 경우도 있고, 심지어 한 층 내에 다른 상점들 옆에 좁은 공간을 차지하고 있는 교회도 있다. 하지만 절은 외딴 곳에서, 나무와 바위들로만 둘러싸여 있다.

교회는 도시의 일원이고, 절은 산의 일원이다. 한국에서 도시가 어떻고 산이 어떤지를 감안한다면, 이로부터 모든 차이가 비롯됨을 알 수 있을 것이다.

한국의 도시는, 19세기 프랑스가 이상적으로 생각한 도시처럼 하나의 길에 동일한 양식의 건물들이 가지런히 모여 있는 곳이 아니다. 여러 차례 한국을 여행한 후 나는 한국에서는 건물과 건물을 이어붙여 건축하지 않는다는 것을 깨달았다. 한 도시 혹은 한 구역의 건물들이 맞닿아 공동의 벽을 이루는 것이 내게는 지극히 당연하고 상식적이기 때문에 건물들이 제각각 떨어져 있다는 것을 발견하고 나는 놀라지 않을 수 없었다. 1,000만 시민의 거대 도시, 세계에서 가장 높은 인구 밀도를 자랑하는 곳 중 하나인 이 도시에서는 어마어마한 땅값에도 불구하고 두 건물 사이에 점유되지 않은 공간, 유용성이라고는 없어 보이는 이 빈 공간을 어김없이 남겨둔다. 아마도 언젠가 건물을 허물고 다시 짓기 용이하도록 하기 위한 방편일지 모른다. 양식과 기능이 무관한 건물들은 따라서 공동의 구조물을 공유하지 않은 채 나란히 병렬된다. 서울 도심 한복판, 종로의 유리 빌딩들 뒷골목에서 우리는 작은 건물들에 들어서 있는 오래된 식당들을 발견한다. 영등포구에는 화려한 조명으로 빛나는 식당가와 최신식 상점들 사이에 큰 전통시장이 자리 잡고 있다. 이러한 뒤섞임은 건물 내부에도 적용되어, 교회는 부동산, 슈퍼, 태권도장과 같은 건물을 나눠 쓴다.

세속 공간 바깥의 절

교회는 따라서 여러 건물 가운데 하나이거나 여러 공간 가운데 하나다. 정연하게 조화를 이루기보다는 제각기 다른 기능과 양식이 혼재해 있는 도심 풍경 한가운데에서, 교회는 어떻게 해서라도 눈에 띄도록 교회 지붕 위에 뾰족이 올라선 십자가에 빨간불을 밝히며 엄연히 정신적 기능을 담당하는 존재임을 선명하게 드러내고 있다. 단번에

눈에 띄는 만큼, 교회는 문만 열고 들어서면 바로 접근할 수 있다. 길 위에서 교회 내부로, 우리는 옷가게에 들어가는 것만큼의 절차만 거치면 된다.

하지만 절은 교회와 반대로 최대한 자신을 숨기고 있다. 우리는 긴 여정을 거쳐야 비로소 절에 도달한다. 문, 다리 등 일련의 경계를 포함하도록 세심하게 고안된 길을 따라 우리는 세속의 공간에서 정신적 공간으로 진입한다. 석가모니 본존불을 모시는 대웅전에 이르기 전에 부처님 말씀에 귀를 기울일 정신적 준비를 하라고 긴 길을 닦아놓았나 보다. 절이 예외적으로 도심에 혹은 도시 가까이에 세워진 경우, 가능한 주변 건물들을 최대한 가리기 위해 많은 나무와 담장 벽이 둘러싸여 있다. 도시에서 멀지 않은 절이라면, 석가탄신일에는 길 전체에 연등이 놓여, 절에 이르는 그 세속의 공간까지도 정신적 공간으로 확장될 것이다.

절은 산에 속하고 따라서 숲에 속한다. 오늘날 한국에서 산과 숲은 불가분이다. 한국의 산은 산속에도 집이나 경작지가 많은 유럽의 경우와 달리 집이나 경작지를 거의 찾아볼 수 없다. 또 반대로 한국의 평지에는 숲이 우거진 경우가 드물다. 나무 기둥 위에 얹어진 처마 지붕, 절은 산—숲의 모습 그 자체이며, 산—숲의 형태와 재료, 색을 가지고 산—숲과 하나로 섞여 들어간다.

한국의 절은 마음을 평온하게 해준다. 한 걸음씩 한 걸음씩 발걸음을 떼면 일상의 근심과 걱정은 점점 멀어지고, 풍경은 시각을 풍요롭게 하며, 건축의 부드러운 형태는 심신을 고요하게 진정시킨다. 산 중턱에 자리 잡은 절은 산에 오르는 우리에게 도심의 편의시설이라 할 물과 음료, 화장실 이용의 기회를 제공해주기도 한다. 자연은 그러니 결코 인적이 닿지 않는 황량한 곳이 아닌 셈이다.

한국적 개신교

한국 교회들은 내게 외려 좀 더 수수께끼 같은 장소다. 기독교 문화 위에 세워진 문명권에서 왔음에도 내게는 한국 교회들이 절보다도 훨씬 낯설고 이국적으로 다가온다. 프랑스 교회는 일반인에게 거의 항상 열려 있다. 프랑스 도시에서는 흔치 않은 광경으로, 사람들이 자유롭게 들어가 거닐고 편히 앉을 수 있는 곳 가운데 하나다. 입구에서 티켓을 끊어야 한다고 요구하지도 않고, 특별한 방문 목적을 대라고 묻지도 않는다. 그리고 교회에서는 아무도 당신에게 관심을 보이지 않는다. 파리에서 가장 멋진 교회 중 하나인 생쉴피스 교회에 나는 종종 들르곤 한다. 그곳에서 우리는 관광 책자에 나온 대로 들라크루아의 벽화를 열심히 관찰하는 관광객, 교회 안에서 펼쳐지는 〈다빈치 코드〉의 한 장면을 상기하는 독자들, 예배당에서 무릎을 꿇고 기도하는 신자들, 사람이 많이 다니지 않는 한쪽 구석에 조용히 앉아 있는 노숙자들을 만난다. 각자가 교회에 들어온 이유가 있고, 아무도 당신에게 그 이유를 묻지 않는다. 프랑스 교회는 방문자를 편하게 내버려두는

생쉴피스 교회는 방문자가 편히 머무르다 가는 공공장소다.

파리에서 중심부 생쉴피스 교회 내부.

공공장소다. 대부분 정형화된 가톨릭 예배를 드리기 위해 세워졌기에, 교회들은 서로 비슷하고, 오는 사람들도 그곳에서 어떻게 행동해야 하는지 숙지하고 있다.

한국 교회들은 도심 한가운데 자리 잡고 있기는 하지만, 대부분 개신교 신자들에게 속한 공간이다. 그 규율들이 모호해서 교회에 들어가도 되는지, 방문이 신자들에게만 제한되는 것은 아닌지 여부를 모르는 외국인에게는 특히 접근이 쉽지 않다. 가톨릭교회인 명동성당만이 유일하게 행인이 읽을 수 있는 정보 표지판을 갖추고 있었다. 그리고 유사 고딕 양식의 이 건축물은 교회를 찾아오는 사람들이 내부로 쉽게 들어올 수 있도록 허락하고 있었다. 일반 교회들은 십자가, 종, 예수를 재현하는 스테인드글라스 등의 시각적 요소를 통해 기독교를 환기시키고는 있으나, 그러잖아도 다양한 양식과 기능이 혼재하는 도시에 신비스런 기호를 하나 더 추가하는 낯선 사물들이었다.

따라서 절에서 나는 가장 편안함을 느낀다. 절들은 모두 닮아 있다. 동일한 규율에 따라 지어져 있기에, 여기에는 대웅전, 저기에는 탑, 좀 더 떨어진 안쪽에는 산의 정령들을 모시는 제단을 발견하는 즐거움이 있다. 유럽의 가톨릭교회에도 입구에는 성수반, 안쪽에는 제단, 회랑에는 예배당이 어김없이 자리 잡고 있다. 절의 배치는 또한 불교의 개방성을 드러내기도 한다. 부처님 옆에 산의 정령을 모시는 샤머니즘적 전통을 받아들이거나 유교적 제식도 마다하지 않는 불교의 개방성 말이다. 호머 헐버트^{Homer B. Hulbert}가 말한 것처럼, "대부분의 한국

✕

한국 교회들은 도심 한가운데 자리 잡고 있기는 하지만, 대부분 개신교 신자들에게 속한 공간이다. 그 규율들이 모호해서 교회에 들어가도 되는지, 방문이 신자들에게만 제한되는 것은 아닌지 여부를 모르는 외국인에게는 특히 접근이 쉽지 않다.

도심 속 망원제일교회(위)와 속세에서 떨어져 위치한 전등사(아래).

인은 사회 내에서는 유교적이고, 철학적이고자 할 때는 불교적이며, 근심에 싸여 있을 때는 샤머니즘적이라 할 것이다".◆ 그렇다고 해서 절이 개신교 교회보다 훨씬 더 '한국적'이라는 의미는 아니다. 한국은 세계에서 아마도 유일하게 스스로 기독교를 받아들인 나라일 것이다. 기독교는 조선 시대에 중국에서 기독교를 접한 조선인들이 자발적으로 조선 땅에 들여온 종교다. 전 세계 모든 나라에서, 심지어 유럽에서도 기독교는 외국 선교사들이 전파한 종교라는 역사적 사실과 비교해보면 흥미로운 일이다.

◆ Homer B. Hulbert, *The Passing of Korea*, New York, Doubleday, Page & Company, 1906, p.403-404.

강남역 4번 출구 앞 편의점에서 두 번째 골목

오랫동안 유럽 사람들은 한국이 섬나라인 줄 알았다.

1600년경에 제작된 유럽의 세계지도들은 중국과 일본을 어느 정도 정확히 표현하고 있다. 해안선은 정확하게 묘사되어 있으며 도시 이름들도 표기되어 있다. 하지만 한반도는 도시도 강줄기도 없이 흰 여백으로 표현되거나 종종 바다 한가운데 고립되어 있는 것으로 그려져 있다. 유럽은 이보다 1세기나 앞서 아메리카 대륙의 존재를 알게 되었지만, 아시아 대륙에 연결된 한반도에 대해서는 제대로 알지 못했던 것이다.

"중세 지도에서 유럽을 볼 수 있어요!"

하지만 무엇보다 오늘날에도 여전히 한국은 비행기나 배편 이외에는 접근할 수 없는 섬나라로 간주되고 있지 않은가? 지리적으로 한국은 반도이지만 60년 이상 남한과 북한으로 갈라져 있다. 남한은 마치 조선 말기 쇄국정책을 펼치던 시기처럼 대륙을 향한 통로를 갖지 못한 채 고립되어 있다. 프랑스에서는 국경 너머 이웃 나라로 출퇴근하는 주민을 볼 수 있을 뿐 아니라, 서남부 지방에서는 술 몇 병을 좀 더 싼 가격에 구하러 스페인에 다녀오는 주민 역시 흔하게 볼 수 있다. 1990년대 이후 서유럽에서 국경은 기껏해야 지도 위에 표시된 경계선으로 간주되는 편이다. 국경을 통과할 때 통제도 없고, 멈춰 설 필요도 없다. 국경 너머에서도 동일한 화폐를 사용할 수 있다. 프랑스인이 벨기에에 간다면 언어조차 전혀 걸림돌이 되지 않는다. '외국'이라는 개념은 이처럼 점차 의미를 상실해가고 있다. 그런데 중세에도 이렇지 않았던가. 중세의 민중은 십자군에 참여하기 위해 대륙을 가로질렀고 중세의 학자들은 유럽 도처에서 가르치기 위해 대륙을 가로질렀다. 하지만 한쪽으로는 전 세계에서 가장 폐쇄적인 나라와 맞닿아 있고, 다른 삼면은 바다로 둘러싸여 있는 한국은 모든 국경에서 끊임없는 침략을 경험했다. 한반도는 역사상 늘 쉽게 넘어설 수 없는 국경선 안에 존재해온 것이다.

한국이 반도라는 사실을 알게 되면서, 유럽 지리학자들은 유럽에서 한국과 가장 유사한 지리적 조건을 가진 나라인 이탈리아와 비교하기

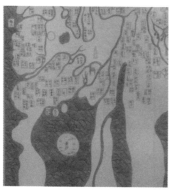

1402년에 제작된 세
계지도인 '혼일강리역
대국도지도'. 왼쪽 끝
을 살펴보면, 지중해
윤곽선도 알아볼 수
있다.

시작했다. 면적이 비슷한 두 나라 모두 북쪽의 거대 산맥에서 뻗어나온 산줄기가 영토의 뼈대를 이룬다. 하지만 비교는 여기서 그친다. 엘리제 르클뤼는 한반도가 유럽의 발칸 반도나 이베리아 반도 등 다른 지형 단위들과 그 규모를 견줄 수 있는 이탈리아 반도와는 대조적으로, 중국이라는 거대한 땅덩어리를 가진 나라를 이웃하고 있다는 사실을 지적한다.♦

　한국 국립중앙박물관에 전시된 고지도를 보고 있던 어느 날, 중고등학생으로 보이는 한 남학생이 내게 영어로 몇 마디 말을 걸어왔다. "한국인이 제작한 엄청난 지도예요. 중세에 작성되었는데도, 지도에서 유럽을 볼 수 있어요!" 학생의 말은 언뜻 민족주의적 색채를 띠고 있었다. 그러나 나는 지도를 좀 더 자세히 들여다본 끝에 1402년에 제작된 이 '혼일강리역대국도지도混一疆理歷代國都之圖'의 맨 왼쪽에 열린 입 모양의 지중해 윤곽이 표시되어 있는 것을 발견할 수 있었다. 지중해 안에는 이탈리아와 그리스가 자리를 잡고 있었다. 유럽인들이 아프리카 대륙을 일주하기 전, 그리고 태평양에 도달하기 훨씬 이전에 이미 한국에서는 유럽과 아프리카 대륙의 윤곽선에 대한 어느 정도의 인식이 있었던 것이다. 이 고지도는 무엇보다 중국과 한국이(혼일강리역대국도지도는 중국에서 들어온 지도를 바탕으로 제작되었다) 유럽만큼이나 세계지도 작성에 관심이 있었다는 사실을 보여준다. 1459년 이탈리아 수도회 수사 프라 마우로Fra Mauro에 의해 작성된 세계지도는 중세 유럽 지도학의 가장 위대한 기념물로 평가받고 있는 것으로, 이 지도는 유럽

에 대한 한국이나 중국의 관심에 견줄 동아시아에 대한 유럽의 인식
을 보여주고 있다.

권력의 지도

지도는 전통적으로 권력의 도구다. 영토를 지배하기 위해서는 영토를
관리해야 하고, 이를 위해서는 영토를 주파해야 한다. 그래서 지도가
필요하다. 조선시대에는 이렇게 왕권의 강화와 국가 통치의 필요성으
로 행정 구역의 이름을 수집하며 수많은 행정 지도가 제작되었다. 어
떤 지도들은 지리적 표지가 거의 없이, 행정 지명이 상세히 수록되어
있고 여백을 이용해 각 방면 등의 지명이 기재되어 있다. 대개 지도가
중앙정부나 지방에서 통치, 군사, 경제적인 목적에 의해 제작되었기
때문에 현실적인 측면이 강조되면서, 지리적 특성은 행정 지명 아래
가려 사라지곤 한다. 서울 길거리의 건물들이 한글 간판 아래 가려지
는 것처럼 말이다.°

　또 다른 지도들은 이와 반대로 한반도를 관통하며 지속적으로 이
어지는 산맥 체계에 따라 산줄기와 물줄기를 강조한다. 조선시대 지
방의 군현 지도들은 사방이 산으로 둘러싸인 도읍에서 성곽, 감영, 봉
수, 창고, 도로망 등이 산세의 어디에 위치하는지를 보여준다. 신라
말 9세기부터 풍수의 대가 도선 국사는 신라 왕국 전역을 돌아다니며
풍경을 그리고 거기에 기의 흐름, 산천의 지세를 표시하고, 사원이나

탑, 무덤의 자리를 정했다고 한다.

영토를 살아 있는 유기체로, 기와 생명력의 근원으로 보는 이러한 시각은 유럽에서 더 이상 찾아보기 힘들다. 이제는 비록 잊혔지만 오래전 유럽에도 이러한 시각이 존재했다. 고대인들은 인간을 소우주로 봤고, 레오나르도 다빈치도 이와 같은 시각에서 지구를 우주와 연계성을 가진 일부, 살아 있는 유기체에 비유했다. 그에 따르면, 인간이 살의 틀이 되는 뼈를 가진 것처럼 지구는 흙을 지탱해주는 산과 바위를 가지고 있고, 지구의 혈액은 강물을 공급한다. 호흡할 때 폐가 팽창과 수축을 반복하는 것처럼 지구도 우주의 호흡에 따라 6시간마다 조수 간만으로 나타나는 바다를 가지고 있다고 한다. 한국이나 중국의 '혼일강리도'와 같은 아름다운 고지도에서부터 19세기에 전통적 미감과 현대 지도의 정확함을 모두 갖추며 한반도 지도 제작의 걸작으로 알려진 김정호의 '대동여지도'까지 고지도들이 주는 인상과 일치하는 인상이 아닐 수 없다.

오늘날 한국의 주요 인터넷 사이트들은 구글맵보다 더 풍부하고 실용적인 고화질의 인터랙티브 지도를 제공한다. 물론 실소를 머금게 하는 일도 일어난다. 한국 지도상에는 수풀이 울창한 거대한 공원처럼 표시되어 있는 용산 미군부대의 조직과 배치 등 세부 사항을 해외 인터넷 지도상에서는 다 확인할 수 있다거나 하는 일 말이다.

고지도를 대신해 현대적인 지도들이 존재하지만 그럼에도 불구하고 나는 지도에 대한 한국인들의 태도가 조금 다르다는 것을 금방 알아차릴 수 있었다. 한국을 처음으로 방문하면서 나는 종이로 제작된 서울 지도를 꼭 사고 싶었다. 프랑스의 대형 서점들에는 지도 코너에서 쉽게 찾을 수 있기에 서울의 대형 서점에서 지도를 찾아보았지만 발견할 수 없었다. 나는 한국인들이 거의 지도를 사용하지 않고, 오히려 경로를 가리키는 정보들을 순차적으로 나열하며 길을 찾는다는 사실을 알게 되었다. '강남역 4번 출구 앞 편의점에서 두 번째 골목', 이런 식으로 말이다. 그리고 이 방식은 잘 통하는 것 같다. 도시가 끊임없이 변모를 겪어 이런 식의 묘사는 금방 무용지물이 될 것 같은데도 말이다. 주소 기준으로 표현하는 데 익숙한 유럽인이라면 이와 같은 방식을 이해하는 데 어려움을 느낄 것이 분명하다.

데카르트적 도로명주소 체계

유럽에서 통상적으로 널리 사용되는 주소지 일련번호 부여 방식은 건물을 도로명과 번지수로 정의한다. 사람들은 지도책의 색인목록에서 찾아가야 할 건물이 위치하는 도로가 지도상에 어디 위치하는지를 확인하며 길찾기를 시작한다. 주거지에 일련번호를 부여하는 주소체계는 합리적 정신이 기세를 떨쳤던 18세기에 점차적으로 확산되기 시작했다. 이후 1805년 나폴레옹에 의해 전면적으로 도입되었다. 일련번호를 부여하는 정책은 초반에 강한 저항에 부딪혔다. 지주들은 이 정책으로 새로운 세금이 도입되지는 않을지 우려했고, 귀족들은 자신의

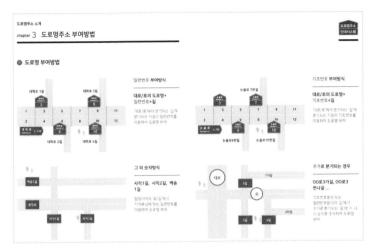

① 도로명 부여방법

도로명주소 안내 가이드 일부. 데카르트적 사고방식에 익숙한 내게 유용하고 편리해 보인다.

집에 평민들의 집과 동일한 방식으로 일련번호가 매겨지는 것을 거부
했다. 100년 후, 이와 마찬가지로 전화번호 체계가 사회 계급을 무시
하고 일괄적으로 부여되는 것에 반발하는 이들이 생긴다. 이 방식은
매우 체계적이다. 길을 사이에 두고 한쪽에는 짝수, 반대쪽에는 홀수
가 매겨진다. 센 강에서 가까운 지점부터 시작해서 멀리 떨어진 방향
으로 나아갈수록 번호는 커지고, 강에 평행해서 나 있는 길들의 경우
에는 강의 방향을 따라 커지도록 되어 있다. 모든 시스템이 그렇듯이
일련번호 시스템도 빈틈을 가지고 있다. 예를 들어, 렌^{Rennes} 가는 41
번지로 시작한다. 센 강에서 시작했어야 할 이 길의 시작 부분이 결국
건설되지 않았기 때문이다.

강남역 4번 출구 앞 편의점에서 두 번째 골목

2011년 서울시에 도입된 도로명주소 시스템 이전에는 골목의 집과 건물들이 항상 연속적인 것은 아닌 번호들로 식별되었다. 400번지 옆에 401번지나 402번지가 반드시 위치하는 것은 아니었기에, 처음 동네를 방문하는 사람이 번지수를 들고 집을 제대로 찾는다는 보장이 없었다. 지하철역처럼 잘 알려진 지점부터 시작해서 동네에 살고 있는 사람이 알려주는 지표들을 따라 골목골목을 찾아가는 수밖에 없었다.

하지만 오늘날 서울은 주목할 만한 도로명주소 체계를 구축하고 있다. 15세기에 세종대왕이 세계에서 가장 과학적인 문자인 한글을 창제하며 당시 조선의 현실에 전혀 부합하지 못했던 말과 글의 체계를 정비한 것처럼, 새로운 도로명주소 체계는 도로 구간마다 도로명을 부여해 도로 구분 기준으로 '대로', '로', '길'(월드컵로, 월드컵로 7길, 월드컵로 7안길 등)을 적용하고 있다. 데카르트적 사고방식에 익숙한 내게 서울의 복잡한 지형을 논리적으로 반영하면서도 그 방식이 합리적이고 경제적인 도로명주소 체계는 전적으로 유용하고 편리해 보인다. 파리에는 셀 수 없이 많은 길 이름이 존재하고, 각각의 골목길은 이웃 길과는 전혀 무관한 이름을 달고 있다. 하지만 서울에서는 '대로'와 인접한 '로', 그다음의 '길'로 이어지는 순차적 계열 체계로 대체되어 번호가 매겨진 맨해튼의 거리처럼 장소를 쉽게 찾을 수 있게 되어 있다. 서울의 도로명주소 체계에서 파리 도로 이름이 갖는 시적 정취를 발견하기는 힘들 것이다. 그렇지만 파리 도로의 이름들은 또 얼마나 자의적인가? 대체 어느 파리지앵이 생미셸^{Saint-Michel} 도로를 건너며 미카

엘(미셸) 대천사를 떠올린단 말인가?

새로운 도로명주소 체계는 저항에 직면해 있는 것 같다. 서울 시민들은 여전히 옛날 방식대로 지번 주소를 사용한다. 서울에서 나는 때로는 기존 방식대로, 때로는 새로운 도로명주소를 사용했지만, 집배원의 배려 덕분에 두 경우에 모두 우편물은 제대로 도착했다.

결국 주소상의 번지는 한국에서 길을 찾기 위한 정보 중 하나의 방식에 불과하다고 해야 할 것이다. 차라리 건물 이름을 대는 편이 수월할 수도 있다. 시공 대기업의 이름을 딴 아파트 단지의 이름이 아파트 외벽에 적혀 있기 때문이다. (이는 내게 강한 인상을 남긴 한국의 특수한 풍경 중 하나다.) '현대 아파트', '롯데 캐슬' 등으로 말이다. 그보다 좀 작은 규모의 건물들은 더욱 노골적인 방식으로 건설업체가 부여하고자 하

서울의 '파리지앙'.

강남역 4번 출구 앞 편의점에서 두 번째 골목

는 환상을 그 이름으로 드러낸다. 내가 살았던 동네에만 해도 '무지개 타운', '한강르네상스', '현대 쉐르빌', '아르빌', '굿모닝빌', '에버빌' 등 수없이 많은 사례를 꼽아볼 수 있다. 이 이름들은 대부분 서양풍의 이름이다. 때로는 '래미안米美安'처럼 한자에서 차용하거나 혹은 자연을 환기시키는 한국어 '푸르다'와 라틴어 어근 'geo'를 조합한 '푸르지오'의 경우처럼 어휘를 조합해 사용하기도 한다.

서울의 도로명주소는 성공할까?

일련번호는 차이를 두지 않는 논리적 체계 속에 모든 건물을 포괄하는 통일성을 마련한다. 이와 달리 건물의 이름은 건물과 건물이 구별되게 한다. 하지만 부동산 시장은 광고 효과를 위해 아파트에 이름을 붙이는 것에 가깝다. 이 이름을 단 아파트를 소유한 이들은 이 이름을 통해 자신들의 사회적 지위가 보장받는다고 생각하며 이 이름을 기꺼이 받아들인다. 한국에서 아파트 이름은 아파트가 브랜드에 속하는 상품이 되도록 하는 데 기여하는 셈이다. 공자는 이름을 바르게 함으로써 일이 성사되게 한다고 하였는데,■ "아파트 이름 바꾸면 가격 오르려나"▽라는 기사를 읽어보건대, 부동산 개발업자들은 현실을 바꾸려면, 즉 아파트 가격을 올리려면 이름을 고치라는 것으로 공자의 말을 해석하고 있는 것 같다!

종종 라틴 문자로 쓰여 있어 쉽게 읽을 수 있는 이 아파트 이름들

을 바라보며,[*] 나는 프랑스에서 마주치는 가옥의 이름들을 떠올려 본
다. 프랑스의 부동산 판촉업자들은 '공원 주택', '왕의 과수원', '예술
과 자연' 등으로 긍정적인 가치를 환기시키는 이름들을 붙여 매입자들
을 유혹하지만, 이 이름들은 판촉 목적으로 사용된 후 사라진다. 입주
자들은 더 이상 이 이름을 사용하지 않는다. 반면, 전통적인 마을에서
는 아주 오래된 이름을 간직한 농장들이 있다. 농장의 이름 가운데 때
로는 기원을 찾기 힘들 정도로 오래되어 이름의 유래나 그 의미를 잊
어버리게 된 경우도 있다. 그런데 바로 그렇기에, 그 의미가 희미하
기에, 사람들은 세대를 거치며 그 장소를 동일한 이름으로 계속 부를
수 있고, 더 나아가 그곳에 사는 사람들을 가리키는 방식으로까지 이
어진다. 마을 사람들은 이웃을 이름 대신 사는 집의 이름으로 부른다.
'A'라는 이름의 집에 사는 사람들은 그들이 이사 오기 훨씬 오래전부
터 집이 가지고 있는 'A'라는 이름으로 불리는 것이다. 끊임없는 변화
가 이름에까지 영향을 미치는 한국에서 이처럼 영속성을 갖는 이름을
상상할 수 있을까? 유럽의 이름은 어떤 장소나 사람을 내내(존재하는
동안 내내) 식별하는 역할을 한다. 한국의 이름은 그러한 역할을 전혀
맡고 있지 않다. 매번 통치자가 바뀔 때마다 궁궐 이름이 바뀌었고,
왕들도 살아생전에 호칭, 시호가 여러 차례 바뀐다. 한국에서는 여전
히 이름보다 가족 내 관계나 사회적 관계에 따라 사람을 지칭하는 것
을 선호한다. 선생님, 형님 같은 표현들처럼 말이다. 삶의 단계에 따
라 각자의 호칭은 변화될 것이고, 화자에 따라 호칭은 또 변화될 수밖

강남역 4번 출구 앞 편의점에서 두 번째 골목

에 없다. 끝없이 변화를 열망하는 나라 한국에서 도로명주소 체계, 경직되고 중립적이며 통일을 강조하는 도로명주소 체계는 어떤 모습으로 자리 잡게 될까?

◆ Élisée Reclus, *L'Homme et la Terre*, Librairie Universelle, Paris, 1905, tome V, p. 530.

○ 간판, 안내문, 플래카드로 뒤덮인 나라' 참조.

■ 《논어》, 자로{子路} 3. "이름이 바르지 못하면 말이 순조롭지 못하고, 말이 순조롭지 못하면 일이 이뤄지지 못한다."

▽ CBINews, 2009년 10월 21일자 기사(http://www.cbinews.co.kr/news/articleView.html?idxno=59709).

★ 한편, 한국에는 서양식 이름으로 된 아파트에 사는 게 낫다는 유머가 있다. 그러면 시어머니가 찾아오기 힘들 것이기 때문이다(http://www.ohmynews.com/NWS_Web/view/at_pg.aspx?CNTN_CD=A0000365297).

간판, 안내문, 플래카드로 뒤덮인 나라

파리는 돌과 콘크리트 건물로 이루어진 도시이기에 이따금 건물 외벽에 그려진 가게 이름이나 벽화 또는 광고들이 눈에 띈다. 하지만 이 모든 기호를 제거한다고 해도, 우리는 여전히 동일한 모습의 파리를 만나게 될 것이다. 한국은 종종 내게 플래카드와 안내문, 간판으로 뒤덮인 나라라는 인상을 준다. 롤랑 바르트 Roland Barthes가 '기호의 제국'이라 칭한 일본의 도쿄처럼 서울 역시 해독해야 할 문자와 이미지로 가득 차 있다.

기호의 제국

한국의 길거리, 특히 수많은 상점이 1층을 차지하고 있는 상권 골목에서는 건물들 이전에 간판들이 먼저 눈에 들어온다. 파리에서는 외벽의 일부를 차지하고 있는 간판이 서울에서는 건물 한쪽 끝에서 다른 쪽 끝까지 가능한 면적 전체를 메운다. 때로는 큰 글자들이 유리창 전면을 덮고 있다. 각 층마다 붙어 있는 안내 표지판들은 지나는 사람들에게 건물 내에서 이루어지고 있는 수많은 활동을 알려준다. 지하의 놀이방, 2층에 있는 영어학원, 태권도장, 식당이 저마다 간판들을 내세워 사람들의 시선을 끌기 위해 각축을 벌인다. 파리에서 외벽이 건물의 얼굴이라면, 서울에서는 간판을 다는 지지대 역할을 한다.

간판에는 대부분 그림이 없다. 최대한 큰 활자로 상호명과 업종을 드러내면 족하다. 한글 무리가 쏟아져내리며 벽을 장식한다. 느릿느릿 어렵사리 한글을 해독하는 나에게 한글로 덮인 도시는 무엇보다 캘리그래피 작품들로 가득 찬 거대한 전시장이다. 전시장이 나에게서 해독해내라고 독촉한다. 파리에서라면 내 눈에 밟히는 간판들을 굳이 의식하며 읽어내려가지 않아도 이미 부지불식간에 그 의미를 알아차렸겠지만, 여기 서울에서는 '카센터', '공구' 등의 간판 뒤에 숨은 비즈니스를 파악하기 위한 지속적이고 의식적인 노력이 필요하다. 나는 순식간에 내 눈앞에 모습을 드러내는 간판들을 느릿느릿 해독하며 나아간다.

동네와 가까운 지하철역에 가는 그 사이에도 이미 내 의식은 온통 기호들로 가득 채워진다. 거대 아파트 단지 아래 새롭게 들어선 상가를 지난다. 상점들이 아직 입점하지 않았기에, 내 눈은 잠시 쉴 틈을 찾는다. 그러나 지하철역으로 들어서자마자 요구 사항들이 쇄도하기 시작한다. 이번에는 서울시와 서울교통공사의 안내문들이다. 지하철 통로에는 시민들에게 전기 절약을 권유하는 게시문이 붙어 있다.

실내에서는 적당한 온도(겨울에는 18도 이상, 여름에는 26도 이하)를 유지합시다.

에너지 절약을 위해 전력 소비가 정점에 달할 때는 전기 사용량을 줄입시다.

한편, 안내문은 "안전은 우리의 약속입니다. 이 지하철 노선에서는 시민의 안전을 최우선 과제로 삼고 있습니다"라고 나를 안심시키기도 한다.

좀 더 멀리 역사 내에는 일련의 게시물들이 지하철 보행자들을 우측통행하도록 인도한다. 안전을 고려한 보행자의 이동 방향이 특히 중점적 의제다. 2007년에 한국을 방문한 당시 이 문제를 두고 사회적으로 한창 의견이 분분했던 것을 기억한다. 에스컬레이터에서 시간을 단축하기 위해 걸어야 하는가 아니면 움직이지 않고 가만히 서 있는 것이 좋은가? 이제 토론이 끝나고 결론이 도출된 것도 같다. 에스컬

간판, 안내문, 플래카드로 뒤덮인 나라

우측보행과 시민의식의 논리적 관계가 아리송하기만 하다.

레이터 계단 위에 선 채 오른손으로는 손잡이를 잡고 있으라고 권유하는 수많은 안전표지판을 볼 수 있기 때문이다. 가장 흔한 안내문은 우측통행 표지판이다. 바닥에는 화살표가, 벽에는 안내문이, 에스컬레이터 손잡이에는 안전표지들이…… 지하철 통로 중앙의 커다란 기둥에 목가적인 이미지가 붙어 있다. 공원으로 보이는 장소에서 경쾌하게 걷고 있는 다양한 연령대의 가족과 커플이 내게 미소 짓는다. 울타리가 쳐져 주변 들판으로는 접근할 수 없는 곳에서, 이들은 두 갈래 통행으로 정확히 나뉜 길 위에 서 있다. "편리하고 안전한 우측보행! 우측보행 하는 당신이 아름답습니다"라는 구호가 긍정적 가치를 내세우고 있으나, 이미지와 구호를 연결하는 분명한 논리가 무엇인지 나는 좀체 알아차릴 수 없다.

불가해한 레토릭들

나는 지하철 승강장에 들어선다. 승강장 모니터는 다음 열차가 현재 어느 정류장에 위치하는지 알려주고 있고, 광고 화면 사이사이에는 지하철 이용자의 행동 수칙을 알려주는 영상이 상영된다. 예를 들어, 지하철 이용자가 안전을 위협하는 요소를 발견한 뒤 사진이나 비디오, 문자메시지로 역무원에게 신고하면, 그에 대해 즉각적으로 조치가 취해질 것이다. 벽에 붙은 포스터는 주변에서 수상한 사람을 발견하면 즉시 111에 전화해 신고하도록 독려한다. 특히 이 포스터는 시민들 사이에 숨어 있을지 모르는 간첩이나 테러범 등의 잠재적 범죄자를 강조한다. 파리 지하철에도 이용자들에게 테러 위험에 조심하라는 안내문이 게시되어 있다. 안내문은 위험한 상황(예를 들어 의자 밑에 방치되어 있는 가방)을 알리라고 독려한다. 의심이 가는 사람을 신고하라는 안내문은 찾아볼 수 없다. 프랑스에서라면 수상한 사람을 당국에 신고하도록 독려하는 광고는 엄청난 비난에 직면할 것이다. 제2차 세계대전 당시 수많은 무고한 프랑스인이 이웃의 고발에 의해 나치 포로수용소로 끌려간 참혹한 역사를 환기시킬 것이기 때문이다.

승강장에 들어서는 지하철에 오른다. 무료함을 달래려고 지하철 문 위에 붙여져 있는 '10가지 지하철 에티켓'을 읽어 내려간다. 지하철 내부 중앙에 설치된 스크린에서는 화재 발생 시 취해야 할 대피 방법이 소개되고 있다. 심한 연기가—아마 특수효과가 사용되었으리라—뿜어져 나오고, 시민들은 지하철 차량 끝에 놓인 가스 마스크를 착용한다. 화면 하단에는 동시에 다음 정차역이 표기된다. 동일한 화면의 상단과 하단에 안내 메시지와 캠페인성 메시지가 나란히 표시된다. 노선을 잘 알지 못하는 나는 내려야 할 목적지를 놓칠까 싶어 다음 정차역 정보를 유심히 지켜본다.

매일같이 지하철을 타다보니, 자주 등장하는 단어들을 알아보게 되었다. 지하철 안내문들은 '격려'의 의미를 담은 매우 제한적인 범위의 어휘를 사용한다. '안전', '착한', '아름다운', '깨끗한', '희망', '함께' 등등. 안내문의 단어들은 보통 사전적 의미와 조금 다른 의미로 사용된다. 규칙을 준수하는 지하철 이용자는 '착하다'. 공중화장실에서 휴지를 변기에 버리지 않고 휴지통에 버릴 때 '아름답다'. (이 화장실의 관습은 한국에서 외국인들이 제일 받아들이기 힘들어하는 관습이라 해도 과언이 아니다.) 안전의 가치 역시 자주 반복되는 슬로건 중 하나다. 프랑스와 같이 심야시간에 여자, 심지어 남자조차 홀로 다니려면 용기가 필요한 동네가 존재하는 나라에서 온 외국인은 놀라지 않을 수 없다. '유럽인이 전혀 위험하다고 느끼지 않는 한국과 같은 나라에서 이렇게도 안전을 염려하다니' 하며 말이다.

여의도에서 지하철을 내린다. 나는 다시 새로운 기호들과 만난다. 국회 정면에 나 있는 도로 전※ 구간은 시위 플래카드의 상설 전시장이다. 한국에서는 파업은 드물지만, 시위는 지속된다.

건물 벽면을 장식한 간판들과 지하철 통행을 호위하는 안내문들에 더해, 모든 권력기관, 국회, 서울 시청, 헌법재판소, 대검찰청 주변에서 언제나 시선을 끌며 호소하는 시위 플래카드들을 빼놓을 수 없다. 플래카드들은 재건축이 이루어지는 동네를 대표하는 표지이기도 하다. 일부 소유주와 주민들이 플래카드로 반대의사를 표시하기 때문이다. 간판들과 마찬가지로, 시위 플래카드의 그 한정된 공간은 전달하고자 하는 메시지로 꽉 채워져 있다. 나무 둘 사이에 매달려 있거나 피켓에 임시로 매달려 있는 플래카드는 한국어를 이해하지 못하는 외국인이라도 요구를 담고 있는 플래카드임을 금세 알아볼 수 있게 한다. 이들은 이내 철거되고 말 것이다. 어떤 경우에도 플래카드가 그래

호객과 호소 사이

피티처럼 공공장소를 영구적으로 훼손하는 일은 발생하지 않을 것이다. 파리에서는 시위 이후 화장실, 건물 벽면, 자동차가 온통 낙서로 도배된다.

플래카드들은 별별 다양한 주제를 다룬다.

끼워 팔기 시행되면, 우리 재산 날아간다.

담뱃값, 주민세, 자동차세 폭등: 민생에게 떠넘기는 세금 폭탄 반대한다!

10년 근속자 월급 100만 원? 시급 200원 인상? 악덕 마트, 보이콧! 가지 말자! 사지 말자!

나는 대부분 적혀 있는 내용이 무슨 뜻인지 이해하지 못하고 지난다. 사전을 참조해봐도, 정치적 현안에 대한 풍자나 의회에서 검토 중인 이러저러 법안들을 꼬집는 화법 탓에 이해하지 못하고 만다.

유럽에는 없는 '대자보' 전통

프랑스에서는 행진하면서 시위한다. 이는 프랑스대혁명 이전부터 전해져온 문화다. 도시를 가로질러 행진하는 사이 수만 명이 결집하고,

간판, 안내문, 플래카드로 뒤덮인 나라

이로써 당국에 압력을 행사하는 것이다. 슬로건과 플래카드들이 물론 등장하지만, 시위 참여자의 숫자가 우선 중요하게 여겨진다. 오늘날 한국에서의 시위는 오히려 정태적이다. 길 위에, 시청 앞에, 회사 본사 앞에 자리를 잡고 앉아, 차량이나 보행자의 통행에 최대한 불편을 끼치지 않도록 하고, 투쟁의 내용을 담은 플래카드를 걸어 지나는 사람들에게 알리고자 한다.

글에 담긴 힘, 목소리를 문자화해 고정시킨 그 강력한에 대한 믿음이 한국에는 분명 존재한다. 한국처럼 상시적으로 인터넷에 접속해 있는 나라에서, 전통적인 방식대로 손으로 직접 쓴 대자보 한 장이 사회적 논쟁을 촉발시키기도 한다. 2013년 12월 한 대학생이 손으로 써 붙인 '안녕들 하십니까' 대자보를 기억할 것이다. 마치 대자보라는 형식이 문서와 서예에 대한 수백 년 전통의 권위를 항의의 행위에 부여한 것만 같았다. 이 항의는 이후 인터넷을 통해 맹렬히 번지며 릴레이 대자보 시위를 이끌어냈다. 이 대학생의 대자보 글이 단순히 페이스북에 올려졌던 글이었다면, 과연 동일한 파장을 불러일으킬 수 있었을까?

유럽 문화에서는 극동이나 아랍 문화권에서 중요한 자리를 차지하는 캘리그래피 예술이 발달하지 않았을 뿐 아니라, 이와 같은 대자보 문화 또한 찾아보기 어렵다. 라틴 알파벳이 한글이나 한자가 지닌 미적, 상징적 가치를 갖지 못하기 때문일까? 유럽에는 손글씨 메시지에 대한 존중의 역사가 없다. 모든 시대에 정치에서 대중을 열광으로 이

끌고 울게 만들었던 것은 대중 연설이었다. 해마다 6월 18일이면 프랑스인은 1940년의 이날 라디오로 흘러나오던 드골 장군의 연설을 떠올린다. 레지스탕스의 명예에 헌정된 앙드레 말로의 1964년 12월 연설은 매번 벅찬 감동을 불러온다. 게다가 의회(프랑스어로는 'Parlement', 영어로는 'Parliament')는 어원을 따져보면 말하는 장소, 토론을 벌이고 논증하는 장소를 가리킨다. 언어학자들도 문자로 기록된 언어에는 큰 관심을 보이지 않는다. 문자로 기록되는 순간, '실제' 언어 즉 구어가 그 역동성과 생명력을 잃고 불완전하게 옮겨진다고 보기 때문이다. 따라서 유럽에는 대자보 전통이 없다.

드디어 국회도서관에 도착한다. 나는 이 감탄할 만한 장소에 이따금씩 들러, 영어나 한국어로 된 책을 열람한다. 영상으로 자료를 찾아보기도 하고, 신문을 훑어보기도 한다. 출입은 무료이고, 모든 것이 잘 정리되어 있다. 소장 자료실에 책을 주문하면, 몇 분 뒤 내 이름이 큰 스크린에 표기되어 책이 준비되었음을 알린다. 전광판을 보니 지금 이 건물에서 나는 유일하게 이름이 서양식인 사람이다. 때로는 지하의 구내 식당에서 저녁을 먹기도 한다. 그러나 이 도서관, 책들의 공간에 들어오기까지의 여정 동안 내 몸은 이미 얼마나 많은 기호를 이미 맛보았던가!

짓고 또 짓고

서울 광장에서 걸어서 30분 정도 떨어진 북아현동에서 나는 어느 날 폐허가 된 동네를 발견했다. 창문이 깨진 집들 사이로 들어가자 마당에 김칫독들이 그대로 방치되어 있는 게 보인다. 의자와 소파, 빈 가방들도 지저분하게 굴러다니고 있다. 버려진 매트리스 위에 누군가 손으로 쓴 이상한 문구가 보인다. "공사 중 죄송합니다 우회바랍니다" 그날 북아현동에서 나는 1940년대 말 제2차 세계대전이 끝나고 폐허가 된 베를린을 그린 유럽 영화 한 편을 보는 듯했다.

그러나 이는 그저 흔한 부동산 개발의 한 현장에

불과했다.

끊임없이 재조립되는 도시

서울을 다니다보면, 시멘트 건물과 아스팔트 도로는 마치 오래된 절이나 조선 시대 왕들의 무덤이 오늘날에도 여전히 그 존재를 위엄 있게 드러내고 있는 것처럼 영원히 견고하게 지속될 듯이 보인다. 하지만 정작 서울에 정착해 살다보면, 하루가 멀다 하고 동네가 바뀌고 도시가 변화한다는 사실을 알게 된다. 상점의 업종이 바뀌고, 집들은 재건축된다. 때로는 도시의 한 구역 전체를 밀어버리고 완전히 다른 모습으로 다시 세우기도 한다. 서울의 굳건한 토대를 무색하게 할 정도로, 도시는 끊임없이 분해되고 재조립된다. 유럽의 오래된 도시는 우선 지속성을 갖는 삶의 공간이고, 도시를 둘러싼 담벼락은 도시에 안정감을 주는 일정한 프레임 속의 환경을 만들어준다. 따라서 서울의 도시 개조 과정은 유럽인의 눈에는 첫눈에 생경하게 비쳐진다.

파리는 19세기의 수도라고 불렸다. 1860년대 나폴레옹 3세 치하에 구축된 외관을 간직하고 있다. 따라서 건물들은 대부분 오래되었고, 때로는 중세 시대의 지하 창고를 여전히 간직하고 있는 건물도 있다. 그렇지 않은 경우일지라도, 파리 도심을 특징짓는 건물 외벽의 건축선을 유지하기 위해 기존 양식의 형태와 높이를 고수한다. 따라서 과거의 자취를 해독할 수 있는 이들은 파리에서 금세 과거의 자취를 찾아

이런 일이 일 년에도
몇 번이나 반복된다.

낸다. 나는 보도 가장자리의 정류장 또는 표지판 아래에서 19세기 텅 빈 보도와 포석을 깐 도로를 떠올린다. 바로 여기에 18세기에는 아직 보도를 구분하지 않던 길이 있었고, 중세에는 여전히 쓰레기가 뒹구는 길이 있었음을 짐작할 수도 있다. 21세기에 자동차가 질주하는 대로들 가운데에는, 2,000년 전에는 같은 장소에 골^{Gaule} 족 시대의 양치기들이 양떼를 몰고 다니던 길이 있었을 것이다. 건축물은 이름에 과거 활동의 흔적을 품고 있다. 생제르망데프레^{Saint-Germain-des-Prés} 교회의 이름은 이 교회가 과거 들판 한가운데 세워졌다는 것을 알려준다. 퐁 오 샹주^{pont au change}(환전 다리)라는 이름은 1200년경 사람들이 이곳에서 무엇을 했는지를 상기시켜준다. 빅토르 위고에게 있어 건축은 인류의 가장 위대한 책이자 인간을 가장 잘 표현하는 무엇이다. 건축은 선사 시대 인류가 들어올린 돌부터 중세의 대성당과 인쇄술의 발전까지 인간의 기억을 가장 눈에 띄는, 지속적이고, 자연스런 방식으로 담고 있다.

이렇게 유럽 도시에서는 도시가 완전히 바뀌지 않으면서 자연스럽게 인간의 세대들이 그 뒤를 잇는 데 반해, 한국에서는 한 세대 안에서조차 도시가 여러 번 다시 태어난다. 아파트 단지들과 강남의 대로들은 과거의 흔적을 간직하지 못하고 어떤 혈통도 계보도 잇지 않는 혈혈단신들이다. 서울 도심 종로에서 읽을 수 있는 한양의 도시 계획, 즉 경복궁의 입지와 좌우 대칭 배치, 광화문 앞의 옛 육조거리, 그리고 풍수에 따라 자리 잡은 북궐(경복궁)과 동궐(창덕궁·창경궁), 서궐(경희궁) 덕분에 그나마 우리는 서울이 오래된 도시임을 환기하게 된다.

누구를 위한 신축인가?

집이 있는 합정동에 도착한 지 얼마 안 되어, 우리는 동네 커피숍에 갔다. 얼마 전에 새로 들어선 커피숍이었다. 네이버 지도에서 확인하니 2년 전에는 부동산이었던 곳이다. 그런데 불과 며칠 뒤 커피숍의 폐업 소식을 들었고, 이후 굴착기 한 대가 와서 건물을 완전히 허물었다. 게다가 그날은 개천절 휴일이기도 했다. 이후 이전의 작은 건물 자리에 새로운 5층짜리 건물이 영어로 된 이름을 달고 들어섰다.

이러한 시나리오는 일 년에도 몇 번이나 한 동네에서 반복된다. 어느샌가 건물 하나가 사라졌음을 깨닫게 된다. 이전에 있던 건물은 이미 기억 속에서 가물가물하지만, 앞으로 들어설 것이 무엇인지는 알고 있다. 거의 정육면체 형태의 5층 신식 건물에 외벽이 없는 1층은 주차장으로 사용될 것이고, 2층부터는 총 19세대가 들어설 것이다. 20세대 이상의 건물은 정부가 정한 특별 규정을 적용받기 때문이다.

건물을 완전히 허물고 새로 짓지 않는다 하더라도 동네의 분위기 자체가 바뀌기도 한다. 합정동에는 '성인' 카페(소위 '방석집')들이 난립한 골목이 있었다. 이 가운데 두 곳은 교회 아래층에 자리 잡고 있기도 했다. 몇 달 후 이 카페들은 당국의 압력으로 문을 닫게 되었고, 세련된 커피숍과 레스토랑들이 그 자리를 대체했다. 골목 입구에는 '합정동 먹자골목' 간판이 생겼다. 이제 이곳은 새로운 정체성을 부여받고 합정동의 명물 거리에 합류하게 된 것일까?

나는 건축 공간의 변동을 다루는 자료들을 뒤적였다. 내가 알게 된 것은 행정 당국과 부동산 소유자들이 건물의 수명을 연장하기 위한 유지 보수 노력을 하지 않는 것이 이러한 끊임없는 건축을 야기하는 원인 중 하나라는 사실이었다. 경제 개발 시기에 지어진 건물들의 철거와 보존에 대한 고민은 부차적인 것으로 보였다. 전문가들은 우선 이 건물들을 언제 허물지, 지금인지 좀 더 나중인지를 정하는 문제에 몰두했다. * 전문가들은 재건축 규제 완화는 부동산 시장의 성장에 유리하게 작용하지만 거품을 조장할 수 있고, 반대로 지나치게 강력한 규제는 부동산 시상을 침체시켜 부동산 가치가 하락할 염려가 있다고 말한다. 거주자들은 재건축에 찬성하거나 반대한다. 재건축이 결정된 구역에는 붉은 깃발이 하나둘 늘어난다.

서울에서는 재건축 면적과 층수를 규제한다. 그런데 더 놀라운 것은 언제부터 건물을 부수고 재건축할 수 있는지를 정하는 규제 규칙이 존재한다는 점이다. 재건축 연한은 구역에 따라, 그리고 건물의 위생 상태나 정부의 재건축 안전진단 통과 등의 정책 방향의 수정에 따라 20년, 30년, 40년으로 정해진다. 이렇게 빠른 주기로 재건축을 하는 이유는 무엇일까? 부동산 시장의 성장이 그 자체로 좋다는 주장은 온전한 설득력을 갖지 못한다. 한국에서는 해마다 새로 올라가는 주택의 숫자가 신생아의 숫자를 너끈하게 추월한다. 프랑스 상황은 이와는 거리가 멀고, 오히려 반대다. ° 신규 주택 건설에는 다음과 같은 질문이 뒤따른다. 누구를 위한 신축인가? 가족? 아니면 미래 세대?

아파트 공화국

프랑스의 신규 건축 규모는 충분하지 않다. 매 정부는 기존 시설을 개축·증축하겠다고 약속하지만, 이 약속은 제대로 실현되지 않기에 공사 실행에 대한 약속은 2~3년마다 반복된다. 이와 반대로 부동산 시장에 대한 한국의 태도는 특별하다. 서울의 대형 서점을 가보면, 부동산 관련 서가에는 집을 가꾸고 더 잘 사는 노하우를 나누는 책보다 재테크로 앉아서 돈을 벌 수 있는 투자 방식을 알려주는 책들이 넘쳐난다. 한국에서 주택은 우리가 거주하는 삶의 공간 이상으로, 사고 다시 파는 재화나 주택임대업의 아이템으로 간주된다. 따라서 주택은 마치 찰흙 인형처럼 쉽게 리모델링되거나 부수고 재건축하는 재료이지 유지 보수를 하며 가꾸는 공간은 아니다. 1970년대 말에 지어진 강남의 한 건물에 들어갔을 때 건물 상태에 놀라지 않을 수 없었다. 이 건물은 당시 지어진 건축물 가운데 가장 유명한 건물 중 하나였으나, 계단과 통로는 제대로 보수되지 않아 허름했다. 그럼에도 평당 땅값은 최고치에 달했다. 물론 그 동네는 강남의 노른자 땅이었다.

한국에서는 끊임없는 재건축이 건축 행정 시스템의 일관된 지침이며 40년 전부터 동일한 도식이 반복되어 오고 있다. 바로 아파트가 그렇다. 한국의 아파트 단지는 1990년대 말 프랑스 지리학자 발레리 줄레조^{Valérie Gelézeau}의 궁금증을 불러일으켰고, 그녀의 책은 오늘날에도 여전히 서울의 대형 서점에서 찾아볼 수 있다.▪ 이 책은 내가 처음 한국에 방문했을 때 들고 왔던 책이었다(로마를 여행할 때는 마찬가지로 스탕

한국 아파트의 성공이 내게는 풀어야 할 수수께끼처럼 보였다. 유럽의 대성당이 도시 한복판에 놓여 있고 한국의 절이 산속 깊이 숨어 있듯 한국의 아파트는 유럽의 아파트와는 상당히 다르게 느껴졌다.

달의 1829년 저서▽를 들고 갔다. 영원의 도시 로마에서 이 책은 오늘날에도 여전히 유효하다). 한국 아파트의 성공이 내게는 풀어야 할 수수께끼처럼 보였기 때문이다. 유럽의 대성당이 도시 한복판에 놓여 있고 한국의 절이 산속 깊이 숨어 있듯 한국의 아파트는 유럽의 아파트와는 상당히 다르게 느껴진다.

발레리 줄레조는 1970년대에 지어져 파손이 심각한 건물들에 무슨 일이 일어나게 될 것인지 질문을 던진다. 대답은 명확하다. 동일한 모델에 따라 현대적으로 재건축될 것이다. 분명 해가 갈수록 층수는 늘어나고 설비의 질은 좋아진다. 하지만 일반적인 양상은 비슷하게 유지되어, 변신을 거듭하면서도 한국의 도심을 규정하는 아파트 단지의 일률적인 풍경은 변하지 않을 것이다.

목동 아파트 단지에 들어선 400여 채의 고층 아파트 군락은 6차선 대로와 아스팔트 보도로 둘러싸여 있으나, 좀 더 오래된 동네의 다른 골목길 한복판에 우뚝 들어선 빌라 건물과 그리 다르지 않아 보인다. 동·호수를 알리는 커다란 숫자가 아파트 벽면에 적혀 있다. 각 라인의 옥상 위에 툭 튀어나온 물탱크 덕분에 멀리서도 라인별 출입구가 어디인지를 알아볼 수 있다.

'데자뷔déjà vu'는 초행길에도 아무 문제없이 공간을 인식하도록 해준다. 사용설명서가 필요 없다. 건물 입구는 찾기 쉽고, 아파트 앞에는 상가들이 있을 것이다. 옆에는 식당들이, 좀 더 안쪽에는 아이들 놀이터가 있을 것이다…… 그래서 나는 아파트 상가 건물 앞을 지날 때면,

서울시 서대문구 안산에서 내려다본 아파트 단지
의 행렬. 한국에서 아파트는 합리적이며 현대적인
라이프스타일의 주거 공간으로 자리매김했다.

국수나 김밥을 파는 식당들 혹은 커피숍이나 무료 공중 화장실이 1층 복도에 분명히 있으리라는 점을 잘 알고 있다. 그리고 10년이나 20년 후에도 여전히 아파트 단지를 짓고 재건축하기를 반복되리라는 사실에는 의심의 여지가 없다.

반대로 프랑스에서는 제2차 세계대전 이후, 도시 계획자들의 합리적이고 거대한 계획에서 나온 '그랑 앙상블$^{\text{grands ensembles}}$'(프랑스 정부가 1950년대에서 1970년대 사이 조성한 고층 집단 주거 건물 단지)이 얼마 지나지 않아 건축자 조합 내에서 엄청난 비난과 반발을 사게 되었다. 이 그랑 앙상블은 외형적으로는 한국의 아파트 단지와 흡사해서, 한국을 방문한 서양인들은 한국의 아파트 단지의 성공에 놀라고 감탄한다.

1950년대 말부터, 프랑스 언론에서는 신경증을 유발하는 이런 그랑 앙상블이 제공하는 삶의 조건을 고발하기 시작했다. 그랑 앙상블에 사는 사람들이 겪는 갑갑증이나 고독감 등 기계 문명의 병폐를 지적하는 사르셀리트증$^{\text{Sarcellite}*}$이라는 용어도 생겨났다. 건축가들이 아파트 단지의 형태를 구불구불하게도 조성해보고 건물을 발랄한 색으로 칠해도 보았지만 아무런 소용이 없었다. 프랑스에서 그랑 앙상블은 사회적 고립(흔히 말하기를, 떠나는 데 실패한 사람들만이 그곳에 여전히 산다고들 한다), 위험(위험한 만남, 마약 밀수, 비행이나 범죄를 조장한다는 생각이 퍼져 있다)의 상징으로 남아 있다. 이는 한국의 아파트 단지들에 결합된 가치들과는 정면으로 배치된다. 이로써 프랑스 건축가들과 행정 당국은 합리적인 모더니즘 이데올로기에 기반한 계획을 철회하고, 그

프랑스 중북부 몽페르메유 시에 세워진 아파트. 프랑스에서 거대 주택 단지는 고립과 위험의 상징이다.

랑 앙상블 대신 전통적인 일반 주택 형태로 복귀했다. 즉, 도로변 건물 내의 주택이나 정원이 있는 단독주택 말이다. 이들 주거 건축물은 모두 지난 세기의 건축 양식을 이리저리 혼용하여 모방하곤 한다.

시적 거주

프랑스에서는 20세기 모더니즘 건축 이데올로기에 따라 새 건물을 짓기 위해 옛 주거 지역의 건물을 철거했던 일에 대한 반성이 제기된다. 1970년대까지만 해도 파리 한복판에 서 있던 메탈 구조 건축물인 파리 레 알Les Halles을 철거한 것을 두고두고 오늘날에도 여전히 아쉬워하는 것이 그 한 사례다. 2008년 2월 화재 이후 남대문을 원본대로 다시 복원했던 것처럼 한국 역시 중요한 문화유적을 보존하고 복원한다. 프랑스의 경우 보존과 복원은 문화유산에 국한되지 않는다. 공장이나 일반 가옥도 보존의 대상이어서 이들을 철거하는 대신 문화공간으로 용도를 바꾸어 사용하는 경우가 많다. 프랑스의 법규는 역사적 가치가 있는 건물의 파손을 금할 뿐 아니라 이러한 건물 주변의 건물 역시 공사를 할 경우 행정 당국의 허가를 받아야 한다. 이제는 그랑 앙상블의 보존까지도 고려하고 있다. 10년 전에만 해도, 사르셀리트증과 사회적 혼란을 야기하는 곳으로 지탄을 받는 이러한 그랑 앙상블의 철거 폭파 장면을 텔레비전에서 볼거리로 중계하기까지도 했다. 오늘날에는 그곳에서 관계를 맺고 공동체를 형성하며 살고 있는 사람들을 고려해 다른 방식으로 이곳의 생활 환경을 개선시킬 방법들을 모색하고 있다. 사람들이 살던 건물이나 동네를 파괴하는 일은 곧 그 세계에 몸담고 살았던 모두의 정서적 뿌리 그 자체를 뽑아버리는 일과 같다는 인식 때문이다. 거주지, 집, 터전은 거주민의 습관을 담은 장소이고, 거주민을 보호하는 옷이나 덮개와도 같다. 터전의 상실은 인간의 커다란 두려움 가운데 하나다. 우리의 주거지, 집을 최대한 보수하며 터전으로 삼는 이유도 이 때문이다. 우리 자신의 일부가 되어 함께 호흡하는 터전으로서의 집에 우리는 애착을 갖는다. 현실적인 고려를 떠나서라도(프랑스에서는 은행 융자를 받는 것도 매우 까다롭고, 임대하려는 아파트 집주인에게 제공해야 할 필수 서류들도 아주 복잡하다……), 단순한 이익을 넘어서는 다양한 이유로 우리는 주거지와 관계를 맺는다.

"지상에 많은 것을 이루었으나, 인간은 여전히 땅에서 시적으로 거주한다"◎ 라고 횔덜린^{Hölderlin}은 말했다. 오래된 건물과 돌에서 대지에 대한 정서적 애착, 대지로 깃드는 시적 거주의 가능성을 찾는 것은 유럽의 오랜 습성이다. 한국의 아파트 단지는 분명 한국인의 재능을 보여준다. 아파트는 오래된 주택과는 비교할 수 없는 안전한 삶을 제공하고 또한 도심 풍경에 한국의 기술적, 산업적 성공의 흔적을 각인시킨다. 한국의 이 아파트는 합리주의 건축사상의 대표주자 르 코르뷔지에^{Le corbusier}가 바로 '주거 기계'라 불렀던 것이 아니겠는가! 르 코르뷔지에는 그랑 앙상블 기획의 아이디어를 제시한 사람이면서 프랑스 도시가 지닌 시적 정취가 훼손되도록 한 건축가로 여겨진다. 그럼에나 여느 한국인이라면 일말의 주저함 없이 오르는 바로 이곳에서 말이다.

젊은이든 노인이든, 남자든 여자든 암벽을 하나하나 오르고, 절벽을 따라 느리지만 확실한 걸음으로 나아가 정상에 도달한다. 어느 가을 처음으로, 또 그다음 해 봄 두 번째로 나는 이곳에서 발길을 돌렸다. 정상을 코앞에 두고 더 이상 앞으로 나아가지 못한 채, 암벽을 타고 오르는 이들을 바라보기만 해야 했던 것이다. 내 몸이 한계를 드러내는 지점이다. 순간적으로 손은 미세하게 떨리고 다리에 힘이 풀리기 시작하며, 의지는 자취를 감춘다. 자존심은 '더 이상 나아가지 말라'는 몸의 저항 앞에 별 도리 없이 꼬리를 내린다. 그렇다고 길이 그리 위험천만한 것도 아니다. 등반 경험이 전혀 없다고 해도 아무 문제될 것이 없는 정도의 수준이다.

오늘 아침, 나는 지난번과 마찬가지로 지하철을 탔다. "서울에서 우리는 한 시간 남짓하여 세속의 세계에서 신의 왕국으로 건너갈 수 있다"◆고 이성부는 말했다. 파리에서라면 기차로 4시간, 자동차로 6시간은 족히 달려야 제대로 된 산을 만날 수 있을 것이다. 반면 서울에서는 지하철 2호선 낙성대역에서 내려 산자락에 자리 잡은 주택가를 따라 들어가 맨 끝에 동네 공동 정원에서 갈라지는 숲으로 난 오솔길을 만날 수 있는데, 이곳이 내가 선호하는 등산로 입구다. 이 길을 따라 숲을 관통해 들어가도 여전히 우리는 서울 한복판에 있다. 첫 바위들이 나타나기 시작한다. 나는 서울을 둘러싸고 있는 대부분의 산을 이미 타본 자의 능숙함으로 이 바위들을 가뿐히 넘는다. 안산, 인왕산, 북한산, 도봉산, 우면산, 청계산, 서울 중심의 남산은 물론이요, 단군이 제단을 쌓아올린 강화도의 마니산 그리고 남한에서 세 번째로 높은 강원도의 설악산까지 올라보았으니까!

이내 도시가 모습을 드러낸다. 여태껏 측면에서만 바라보던 건물들, 하나하나 지나치기만 하던 건물들이 거대한 전경 속에 하나로 섞여 들어온다. 마천루의 물결이 치솟아 오르고, 나무로 덮인 언덕 섬들은 힐끗힐끗 고개를 내민다.

관악산은 한강 남쪽에 우뚝하게 솟아 있는 산으로, 서울을 마주한 채 수려함을 자랑하며 장대한 산세를 드리우고 있다. 오늘처럼 햇살이 눈부시게 빛나고 대기가 유난히 쾌청한 날에는 서울을 바라볼 수 있는 최고의 전망을 제공한다. 도시와 산의 모습이 한눈에 들어온다. 완벽한 대비, 불가분의 쌍, 동그란 병풍처럼 늘어선 산등성이 밑으로 도시가 포근히 안겨 있다. 혹은 도심의 건물로 이루어진 지질대가 조금이라도 틈을 주는 곳이면 산이 우뚝 서 있다고도 말할 수 있겠다. 도심의 마천루는 마치 막 태어나고 있는 '인공 산'으로 지형도에 새겨져 있는 것만 같다. 도시와 산은 대화를 나누고, 서로 바라보고, 서로에게 가치를 부여한다. 독일 사회학자 게오르그 짐멜은, "모든 '높음'은 '낮음'이 존재하기에 가능하고, 모든 '낮음'은 '높음'과의 대조에 의해서만 존재한다. 구성 요소들 간의 상호 작용이 낳는 긴밀한 관계 덕분에 하나의 전체라는 단위가 비로소 명백해진다"°고 했다.

관악산 중턱에서 바라본 서울.

산등성이에 서면 한국이 보인다

등산은 우연한 만남의 기회를 제공한다. 40대 정도로 보이는 한 무리의 여성들이 나에게 사진을 찍어달라고 요청한다. 이윽고 이들은 내게 나이를 물어본다. 한국에서는 나이를 물어봄으로써 상대방에게 말을 어떻게 걸지를 판단한다는 사실을 미처 몰랐더라면 당혹스러웠을 질문이다. 내가 한국말을 하니까 이들 중 한 여성이 말을 걸기 쉽다고 솔직하게 털어놓는다. 하지만 나는 아주 간단한 문장 몇 개밖에 구사하지 못하며, 그나마도 아주 빤한 고정된 표현 범위를 벗어나지 않는다. 아마도 그렇기에 안심되는 것이리라. 이미 수백 번은 주고받은 평범한 이야기들이 다시 오가는 것이기에.

이들이 내게 토마토 하나를 건네준다. 그러잖아도 힘이 빠지기 시작하는 시점에 이 토마토는 내게 에너지를 충전시켜줄 것이다. 등산은 언제나 예상했던 것보다 길어지는 법. 지도에는 산세가 제법 완만한 것으로 표기되어 있다. 한국의 산들은, 몽마르트 언덕 외에는 알지 못하는 파리지앵들에게는 엄청나고, 반면 알프스나 피레네 산맥에 비하면 눈에 띄지도 않을 테다. 그러나 가파른 경사면과 바위를 타고 오르는 데 요구되는 집중력으로 인해 차츰 피로감이 쌓인다.

계곡의 급류를 따라 정상으로 향하는 계단 길들이 있지만, 나는 가파른 능선을 따라 오르기로 한다. 능선을 따라 오르다보면 끊임없이 새로 펼쳐지는 풍경을 만나게 되고, 바위를 타고 오르는 데서 오는 이중의 즐거움을 느낄 수 있다. 한쪽 발은 바위에, 다른 발은 바위틈에

디딘다. 때로는 한쪽 다리를 좀 더 올리거나 좀 더 앞으로 내밀어야 한다. 혹은 미끄러지는 위험을 줄이기 위해 몸을 암벽에 바짝 당겨 붙이기도 해야 한다. 경사가 너무 급하지 않는 한, 정상에서 아직 멀리 떨어져 있는 한, 이는 그야말로 하나의 놀이다. 균형 찾기, 무게 분산, 화강암이 주는 기분 좋은 단단함. 바위를 타고 오르는 것은 다양하고 낯선 감각들에 몸을 내맡기는 행위다. 코앞 50센티미터에서 부딪히던 시야가 순식간에 저 아래 멀어져버린 계곡과 서울의 빌딩들에까지 가 닿는다.

탁 트인 시야, 끝없이 펼쳐지는 공간, 암벽 바위들의 대담한 곡예. 가파른 능선을 택한 결정은 톡톡히 보상을 받는다. 유럽의 지도들이 산 정상들을 강조하는 반면, 한국의 고지도들은 세심한 정성을 기울이며 한반도의 산줄기를 보여준다. 백두산에서부터 한반도를 둘러싼 삼면의 바다에까지 이어지다 머물고 다시 이어지는 장엄한 산맥을 그린다. 마치 척추가 몸 전체를 지탱하고 신경 시스템 전체를 관장하듯 한반도의 골격은 산맥에 따라 만들어져 있다. 한국을 가장 잘 볼 수 있는 곳은 바로 산등성이에서다. 하지만 산등성이들은 끊임없이 오르고 내린다. 관악산에서는 특히 초입부터 관악산 정상이 보이지만 정상은 중간 산봉우리들에 가려져 이내 시야에서 벗어난다. 마치 손으로 만지면 안 되는 과일처럼 말이다.

이 길을 이미 두 번이나 지났기에, 나는 이 길을 잘 알고 있다. 토마토가 기운을 북돋아주었지만, 갈 길은 여전히 멀다. 산 중턱에서 나는

밧줄이 절벽을 따라 몹
시 심하게 움직인다.
일체의 움직임이 두려
움를 몰고 온다.

전에 만난 적 있는 옹달샘을 다시 찾았다. 등산에서 옹달샘은 오아시
스와도 같이 절실하다. 이 옹달샘에서 물병 두 개를 꽉 채웠지만, 이
여름 아침 더위에 물병 두 개로 정상까지 버티기는 충분하지 않을 듯
하다. 바로 여기 헬리포트에서 하루는 정상을 밟고 내려오는 한 무리
의 남성 등산객들에게 막걸리를 한 사발 받아 마신 적도 있었다. 이들
은 여느 등산객들처럼 막걸리 잔을 돌리며 함께 산에 오르는 즐거움
을 나누고 있었다.

프랑스어에는 '등산'이 없다

정상까지는 무거운 마지막 발걸음으로 15분 정도 남은 지점. 마지막
휴식 시간을 갖기로 한다. 챙겨온 시리얼바로 막판 스퍼트를 낼 에너

지를 보충하고, 몸이 약간 둔해지기 시작하는 피로감을 줄여야 할 때다. 이제 마지막 갈림길에 선다. 이 지점을 지나면 되돌아가지 않는 한 더 이상 최종 고비를 피할 수 없다. 어느 누구도 정상으로 향하지 않고 왼편으로 빠져 돌아가는 쉬운 길을 택하지 않는다. 모든 사람이 앞으로 곧장 뻗어 있는 절벽을 탄다. 아마도 다들 투덜대기 시작하리라. 나이가 지긋이 드신 분들은 숨을 가쁘게 몰아쉬며 힘들다고 소리칠 것이고, 아주머니들은 웃음을 머금은 채 무섭다고 호들갑을 떨 수도 있다. 하지만 모두 서두르지 않고 이 고비를 넘을 것이다. 아무도 주저하지 않고, 각자 자신에게 맞는 발걸음으로 말이다.

여기서부터는 기울어진 암벽 위로 밧줄을 움켜쥐고 기어야 한다. 첫 등반 때, 여기서 두려움을 느꼈다. 그러나 이번에는 망설이지 않고, 심지어 좀 느리다 싶은 아저씨들을 제치고 건넜다. 그리고 마지막 고개에 이른다. 여기서는 정상이 바로 코앞이다. 맞은편 절벽에는 밧줄과 사슬이 매어져 있고, 낭떠러지 절벽에는 바위 틈새 갈라진 균열과 낭떠러지 위로 솟아나온 돌출바위들이 드문드문 보인다.

이번에는 포기하지 않으리라. 나는 바위 고개에서 내려 어지러운 낭떠러지 협곡으로 갈라지는 좁은 길을 성큼 건너 뛰어 암벽 아래 이른다. 한 남성이 내게 신호를 던진다. 이쪽이라고. 지금이다. 세 개의 지지대를 기억하자. 우선 양손과 양발을 안전한 손잡이가 될 만한 곳과 발판에 둔 뒤, 팔이 아닌 한쪽 다리와 발에 의지해서 올라가야 한다. 그리하여 발 외에 두 손은 번갈아가며 밧줄을 잡거나 바위 틈새를 움켜잡는다. 움직임은 심장박동수를 증폭시킨다. 위로 향하는 모든 움직임이 자칫 잘못하다가는 곧 아래로 향하는 추락으로 이어질 수 있기에. 다리를 들어올려 협소한 바위 틈새에 발을 디딜 위치를 찾고, 두 손 두 팔로 몸을 지탱해 끌어올리고, 다른 발을 디딜 또 다른 바위 틈새를 찾아야 한다. 손이 부르르 떨린다. 아래를 내려다보아서는 안 된다. 마냥 시간을 지체해서도 안 된다. 부르르 떨리는 몸이 한 번 더 의지를 꺾어버릴 여지가 있을 테니 말이다. 여기서의 추락은 치명적이리라. 아니, 그렇게 끔찍한 결말을 초래하지는 않을 것이다. 좀 더 낮은 데서 다시 시작할 수 있을 테니. 다만 좀 창피하겠지. 밧줄이 절벽을 따라 몹시 심하게 움직인다. 일체의 움직임이 두려움을 몰고 온다.

그런데 순식간에 경사면이 완만해진다. 잠시 앉아 갈 수도 있겠다. 나무들도 울퉁불퉁한 기복을 따라 자라고 있다. 암벽의 겨우 절반쯤 건너왔나 싶었는데, 철책 위에 바로 정상의 수신탑이 서 있다. 암벽 하나만 건너면 정상이다. 밧줄을 잡는 두 손이 가뿐해진다. 발걸음이 빨라지고, 정신은 또렷이 맑아진다. 드디어 관악산 연주대에 나는 오른다.

이렇게 관악산 정상을 밟았다. 불가능한 것은 없다. 그저 예사로운 모험의 하나일 뿐. 아마 오늘도 수백 명은 족히 관악산 정상을 밟았으리라.

한 조사에 따르면, 한국사람 세 명 가운데 한 명은 적어도 한 달에 한 번꼴로 등산을 한다고 한다.[■] 이는 외국인들에게는 엄청나게 높은 빈도다. 프랑스어에는 '등산'에 해당하는 단어가 없다. 지리적 이유 때문이다. 파리는 산에서 한참 떨어져 있지만, 서울의 산들은 서로서로 얽히고설킨다. 파리의 창공을 침범하는 것은 높고 낮은 건물들과 우뚝 솟은 에펠탑뿐이다. 서울과 주변 도시들에서는 아파트 단지의 스카이라인보다 산자락이 항상 더 높이 솟아올라와 있기에, 영화 속 한 장면만 봐도 한국 영화인지 아닌지를 단번에 알아볼 수 있다. 프랑스에서 등산은 휴가철 레저 활동이나 모험에 속한다. 등산은 홀로 할 수 있는 활동이다. 그러나 내 경우, 단 한 번 인적 없는 한국의 산을 경험했다. 동틀 무렵 빼어난 계곡물을 거슬러 오르기 위해 새벽 다섯 시에 설악산 자락 아래 호텔을 출발해 산에 올랐을 때였다.

현대 생활의 안식처

한국이나 중국의 옛 그림들은 시대를 막론하고 높은 산을 배경에 담았다. 신유학파 사상가, 불가의 스님, 나그네, 농부, 각자가 높은 곳에 오르는 이유가 있었다. 오늘날 등산의 부흥은 도시화의 결과이기도 하다. 도시화로 인해 도시에 근접한 산자락에도 거주지가 조성되었다. 이제 산은 기분 전환 기능(산책)이나 정신적 성찰의 기능(사찰, 성묘)을 담당하는 곳이라는 이미지를 띠게 된다. 이는 도시 거주자가 산을 묘사하는 방식이기도 하다. 오늘날 이렇게 아름다운 숲으로 가꾸어진 산을 농부들의 경작지로 내어준다는 것은 여간 쉽지 않은 일일 것이

페트라르카가 힘겨운 동반을 한 방투 산.

다. 그러나 유럽에서는 산이 오랫동안 위협적인 곳으로, 사기꾼들과 괴물의 소굴로, 그나마 좋게 보자면 별로 의미가 없는 곳, 여행객들이 멈춰 호흡을 가다듬는 곳 정도로 여겨져 왔다. 산의 미학적 가치를 알 아보는 사람은 없었다. 기껏해야 암벽과 눈과 바람이 머무는 곳일 뿐 이었다. 이탈리아의 위대한 시인 페트라르카가 1336년 방투^{Ventoux} 산 을 오르는 여정은 잘 구성된 수행원들이 동반했음에도 지독하게 힘들 었다. 그는 자신보다 앞서 이처럼 산을 오른다는 터무니없는 생각을 한 사람은 거의, 아니 아무도 없었다고 단언한다. 정상에 도달한 페트 라르카는 잠시 눈앞에 펼쳐진 장엄한 파노라마를 바라보고 곧바로 깊 은 명상에 잠긴다. 자연 풍경은 인간 본성의 위대함 앞에 그저 사소한 것에 불과하기에. 페트라르카는 "산을 어느 정도 보았다는 생각이 들 어 나는 내면의 시선을 나 자신에게로 돌렸다"고 쓴다.

종교와 결별하기 시작하는 18세기 말 유럽에서는, 장자크 루소의 명상 이후로 산은 이상적인 자연의 안식처가 된다. 도시의 소란 법석과 인간 사회의 사기 협잡에서 멀리 벗어나 인간의 순결성과 고귀함을 회복하는 장소로 말이다. 1876년 아주 아름다운 한 편의 '산 이야기'가 발표된다. 지리학자 엘리제 르클뤼^{Élisée Reclus}는 "산에 들어온 첫날부터 나는 환희의 감정으로 벅찼다. 고독 안으로 들어서는 나 그리고 바위와 숲, 낯설고 새로운 세계가 나와 과거 사이에 들어서는 데서 오는 충만함이었다"라고 말한다. 산은 그 자체로 온전하다. "눈이 부시도록 아름다운 어느 날, 나는 새로운 열정이 내 영혼에 스며들어와 있음을 발견했다. 나는 산을 그 자체로 사랑하고 있었다." 그 어느 곳보다도 모든 것이 빠르게 진행되는 서울에서는 산을 만나러 가는 즐거움마저도 더욱 빠르다. 편안한 아파트를 떠나 암벽을 오를 때까지 혹은 직선으로 곧게 뻗은 지하철 통로를 벗어나 북한산의 꼬불꼬불한 등산로를 따라 걸을 때까지, 그 전환에 소요되는 시간은 한 시간에도 미치지 않는다. 등산로가 너무 잘 표시되어 있어서 조금이라도 벗어나는 것은 거의 허용되지 않고 등산이 등산복과 등산 장비 사업을 활성화시키며, 시간 부족과 바글바글한 등산객으로 인해 오래전 페트라르카나 스님들이 산에서 했던 명상으로까지 우리 자신을 고양시키는 것이 불가능하다고 해도 우리는 등산을 하며 자유롭다고 느낀다. 산에서 보내는 하루는 도심의 꽉 짜인 틀에서 벗어나도록 해주고, 격무에, 대중교통에 시달리는 사이 잃어버린 우리 자신의 신체의 움직임을 다시 느끼도록 해주기 때문이다.

그리고 다시 도시로 돌아오면, 우리는 다리가 후들거리는 피로에도 불구하고 뿌듯한 만족감을 느끼며 지하철 안에 서서, 오늘 우리가 우리 자신에 맞서 거둔 승리를 거두지 못한 도시인들, 업무에 시달려 지친 도심의 정장 차림들을 바라볼 것이다!

◆ Lee Sung-boo, 《The Prose inspired by Samgaksan》, in *Koreana*, printemps 2004, Vol. 18, n°1.

○ Georg Simmel, *Rome :une analyse esthétique* (Rom : Eine ästhetische Analyse), 1898, in *Georg Simmel :Ville et modernité*, sous la direction de Jean Remy, L'Harmattan, 1995.

■ Frank Dax, *Recreational Hiking in South Korea*, Korea Journal, vol. 55, n°3, automne 2015.

서울의 색깔은 무엇인가? 파리의 색깔은? 하늘은 파란색, 숲은 초록빛인데, 도시는 어떤 색을 띠는가?

20세기 말의 현대 도시는 특정한 색을 띠지 않는다. 유리 건물들은 주변 건물들의 색깔과 형태를 비추지만, 도시 전체가 유리 건물로 채워진다면 도시의 색깔은 어떻게 될까? 21세기 초에 파리의 건축가들은 도시에 다시 색깔을 입히기 시작했다. 다양한 형태와 화려한 색으로 치장한 건물들이 들어선 새로운 구역이 생겨나고, 이들은 훗날 새로운 방식으로 자리 잡게 될 미래에 선행해 다양한 판타지를 가득 담고 있다. 서울에서도 마찬가지로 도시의 색깔을 되찾는 움직임이 일고 있다. 한강을 금색으로 물들이며 우뚝 선 높이를 자랑하는 여의도 63빌딩이 오랫동안 서울을 대표하던 유일한 색이었다면, 오늘날 서울 곳곳의 주차 빌딩에는 다양한 색깔이 칠해지고, 반포대교에는 무지개 빛깔의 분수 조명이 환하다.

고유의 색이 없는 도시는 없다

오래된 도시는 저마다 하나 내지 여럿의 도시 고유색을 지닌다.

파리의 건물 대부분은 하층토에서 추출한 밝은색의 석회암을 재료로 한다. 중성적이고 차분한 톤의 베이지 색이 건물마다 미묘한 색조의 차이를 안겨준다. 비가 내리는 날이면 약간 우수에 젖어들지만 결코 볼품없지 않고, 여름 늦은 오후에는 햇살에 반사되어 흰색을 띤다. 아침에는 밝게 빛나고, 구름이 낀 날에는 회색빛을 띤다. 건물 외벽 돌은 첫 태양 빛의 따스함을 머금고, 산책자들의 눈을 즐겁게 해준다. 큰길의 베이지 색 건물들은 여름 아침 푸르른 나뭇잎들과 잘 어울린다. 또한 파리 지붕 위에서 바라보면, 아연이나 점판암^{ardoise} 지붕들이 도시 전체에 청회색 색조를 준다. 이 색조는 오스만식 건물 2층과 5층 난간을 섬세하게 장식하는 철제 발코니의 문양과 조화를 이룬다. 이렇게 건물 외벽의 베이지 톤과 지붕에 얹힌 청회색의 두 색깔이 파리 풍경에 조화로움을 선사한다. 파리 노트르담과 루브르 그리고 큰길에

21세기 초, 파리는 새로운 색깔을 입기 시작했다.

만일 무지개가 빠른 속도로 건물에 부딪혀 무지개
파편들이 목조 건물 구석구석에 파고들어가 안착
한다면······

일렬로 늘어서 있는 대부분의 건물은 동일한 계열의 베이지 톤이고, 지붕은 청회색 또는 발코니나 공원에 날아와 앉는 멧비둘기의 이름을 딴 '멧비둘기 연한 회색'이다.

한국에서 나는 전통적 도시의 색깔을 찾기 위해 북촌과 같은 전통적인 동네들과 오래된 사찰, 복원된 정자 등을 돌아다녔다. 그리고 파리에서와 같은 동일계통 색의 변화가 아닌 몇 가지 색의 화려한 대비, 나란히 병치시킨 데서 오는 강렬한 긴장, 그럼에도 아름다운 조화를 이루는 한국의 색을 발견했다.

이는 목조 건축물에 사용하는 단청으로, 청·적·황·백·흑의 다섯 가지 기본색이었다. 과거 궁궐과 사찰, 정자와 사대문의 지주와 들보, 문들은 오방색으로 화려하게 장식되어 있었다. 20세기 초 호머 헐버트는 이러한 단청 장식 앞에서 경탄을 금할 수 없는 서양인의 시선을 시적으로 표현하고 있다. "한국의 궁에 칠해진 색을 묘사하기란 쉽지 않다. 만일 무지개가 빠른 속도로 건물에 부딪혀 무지개 파편들이 목조 건물의 구석구석 모든 조각에 파고들어가 안착되는 상황을 상상해본다면, 단청이 어떤 모습일지 대강 감이 잡힐 것이다. (단청의) 색은 무지개의 오색찬란한 천연 색조이고, (단청의) 무늬는 무지개 형상의 완만한 곡선으로 이루어져 있어, 색이 들어간 건축물 곳곳은 마치 만화경의 변화무쌍한 조각들의 집합체로 보인다."[*] 엄격한 유교 사원들만이 전통적인 오방색에서 제외되어 있고, 국기와 전통 의복, 실용성 있는 예술 작품들은 오방색으로 화려하게 장식되어 있다. 오방색은 한국의 전통적 시각 체계를 구성하며, 전 세계적인 시각에서 볼 때 한국을 주변 국가들과 구분한다.

한국은 자연 자체가 이미 형형색색으로 화려한 풍광을 자랑한다. TV 뉴스에서도 일 년에 두 차례 나무를 비롯한 자연색의 변화를 언급한다. 암반 토양의 고즈넉한 산에 원기 왕성한 생명력을 불어넣어주던 나무들이 가을이면 어느새 단풍으로 곱게 물들고, 울긋불긋 단장한 수천 그루의 나무숲을 지나 북한산 정상에 오를 때면 나는 땀 흘린 보람을 충분히 보상받는다. 도심에는 또 그 나름대로, 10월이면 은행나무가 노랗게 물들고, 봄에는 하얀 벚꽃이 흐드러지게 피어 눈부시게 아름답다. 4월은 벚꽃 축제로 온 나라가 봄기운을 듬뿍 받는다. 프랑스인도 벚나무를 좋아하지만, 4월의 벚꽃이 아닌, 6월의 과일에 더 관심이 있다. 자연의 나무들이 한국인에게 화려한 색감을 주었을까, 아니면 한국인의 타고난 색감에 의해, 다른 나무가 아닌 이 나무를 선호하게 되었을까?

사실 프랑스 행정 당국은 지속적이고 채산성 있는 목재를 생산하기 위해 수 세기 전부터 숲을 관리하고 경영해왔다. 물론 잘 가꾸고 유지해온 덕에 쾌적한 산책길을 제공하는 효과도 있다. 한국의 산을 덮은 울창한 나무들은 즐기고 바라보는 자연 그 자체로서 존재할 뿐이라는 인상을 받는다. 한국전쟁 때 숲이 무참히 황폐화되었기에 이후 우선순위는 한국의 산을 다시 푸르게 하는 것이었고, 따라서 식목 사업을 추진했다고 한다. 이 국가사업은 한국 근대화 과정에서 가장 성공적

으로 이루어진 정책 중 하나다.° 석탄과 콘크리트가 사용됨으로써 목
재 생산이 부차적으로 여겨진 점 역시 산림녹화 사업 구상에 영향을
미친 것으로 보인다.

어찌되었든 나는 한국 시골집의 지붕이 푸른색으로 밝게 칠해진 것
이나, 등산 애호가들이 화려한 색의 옷을 입는 까닭을 짐작해볼 수 있
다. 한국 관광객들은 프랑스를 방문할 때도 알록달록한 점퍼를 입고,
파리의 잿빛 건물 앞에서 사진을 찍는다. 그리고 그 옆에는 한결같이
검정색 옷을 입은 파리지앵들이 지나간다.

색깔은 문화적 구성물이다

유럽이 색깔에 무관심한 것은 아니다. 아리스토텔레스부터 쇼펜하우
어와 비트겐슈타인까지, 위대한 철학자들 대부분이 색에 관한 논고를
집필했다. 대륙에서 가장 지식욕이 왕성한 작가였던 괴테는 뉴턴의
거대 과학이론들을 반박하려는 목적으로 그의 가장 중요한 작품 가
운데 하나를 색에 할애했다. 그러나 색에 관한 최초의 이론가들은 다
름 아닌 화가들이라 할 것이다. 유럽의 회화는 무엇보다 동일 계열 색
의 끝없는 뉘앙스와 미묘한 색조의 변화에 주로 관심을 기울였다. 레
오나르도 다빈치의 직관적 통찰력은 이에 관한 학자들의 연구를 대부
분 선행해 다루었다. 화가와 사상가들은 대체로 색채의 심리적 지각
과 상징에 대해 관심을 기울였지만, 색채의 분류는 결국 창작자의 감

×

도시가 마치 하나의 브랜드라고
가정하는 이들은 도시 홍보를 위
해 '색깔의 정치'를 활용한다. 이
는 이 도시에 국제무대에서 쉽게
알아볼 수 있는 색, 긍정적인 가치
를 연상하게 하는 색을 입히려는
노력을 뜻한다. 색깔의 정치는 현
대 정치의 마케팅 수단인 셈이다.

수성에 따라 좌우되었다.

따라서 빨간색은 '따뜻함', 파란색은 '차가움'과 같은 아주 개략적인 요소에 대한 언급 이외에, '유럽의 색 체계'를 가정하며 이를 도출해내는 것은 불가능할 것이다. 물론 지난 시대의 유럽은 색깔의 상징체계를 잘 알고 있었다. 아리스토텔레스부터 중세까지 쓰인 색에 대한 논고들은 대부분 4원소와 색깔을 짝지어, 불은 빨강, 물은 초록, 공기는 하양, 흙은 검정[■]이라는 상관관계를 다루었고, 개별 요소들은 다시 더움, 차가움, 건조함, 습함이라는 특성에 연결된다. 이는 상응의 연상체계(상징체계)로 아시아 문화에서 나무, 불, 흙, 물, 쇠 등의 다섯 기운이 각각에 해당하는 색과 상관관계를 맺고 있는 것과 유사하다. 뉴턴으로부터 시작된 근대 과학의 발전은 사람들에게 색을 측정하고 이를 수치로 환산하는 법을 알려준다. 수치와 방정식의 가치체계로 환원될 수 없는 가치는 이제 심리적 가치 체계뿐이다. 아마도 이 때문에 근대인은 수치의 세계를 살고 있더라도 색채에 계속 심리적 가치를 부여한다.

따라서 색채는 문화적 구성물이다. 오랫동안 유럽에서 부차적인 색으로 여겨져왔던 파란색은 12세기에 주요색으로 급부상하기 시작한다.[▽] 회화 속 성모 마리아의 겉옷 색일 뿐 아니라 프랑스 왕의 색이기도 하다. 오늘날 유럽연합기의 바탕색과 프랑스 국기에 들어가는 색 가운데 하나도 파란색이다. 프랑스에서는 축구나 럭비팀을 응원할 때 "알레 레 블루Allez les Bleus"라고 외친다. 여론조사에 따르면, 유럽의 성인 대부분이 선호하는 색으로 오래전부터 파란색이 단연 1순위를 차지하고 있고, 아이들은 빨간색을 선호하는 것으로 나타난다.

색깔의 상징적 힘은 오늘날 경우에 따라 파리의 길거리에서도 찾아볼 수 있다. 프랑스인이 스스로를 프랑스인이라고 느낄 때, 예를 들어 프랑스에서 치른 1998년의 월드컵과 유로 2016 때 파란색의 프랑스 축구 대표팀 유니폼을 입은 지지자들이 거리로 몰려나왔고, 경기장과 집의 발코니에는 파랑-하양-빨강의 국기가 내걸렸다. 이 삼색기는 2015년 11월 13일 파리 곳곳에 다시 등장한다. 130명의 희생자를 낳은 테러 참사 이후 며칠 동안, 무차별적 희생에 프랑스인은 희생자와 자신을 동일시했다.

서울의 아파트에는 일 년에 3~4회 국기가 걸린다. 대한민국 국민으로서 국기를 게양해야 하는 일종의 의무를 지키는 날이다. 프랑스에서는 다소 생각하기 힘든 의무에 해당한다. 한번은 서울 마포대교 교각과 둔치 사이에 조성된 서울색공원에서 색깔의 다양함과 그 사용에 관한 흥미로운 발견을 할 기회가 있었다. 이 공원은 서울시 색채 환경과 도시 이미지 형성을 위해 서울시가 개발한 '서울색'을 공공 공간에 적용한 곳으로, 한강의 물결을 형상화한 서울색 조형물, '서울 대표색 10'[*]을 활용한 서울색 바코드 그래픽 등이 설치되어 있었다. 색을 활용한 공간 개선, 도시 이미지 형성이라는 소위 '색깔의 정치'는 현재 자하 하디드[Zaha Hadid]가 설계한 미술관이 들어선 자리에 있었던 동대문역사문화공원 디자인 갤러리에서 2009~2010년 열렸던 '서울색, 서울 이야기' 전시에서 소개되었던 것이다.

서울의 컬러 마케팅

서울을 공식적으로 대표하는 10가지 색을 종합한다는 대담한 시도인 '서울 대표색 10'은 서울 및 서울을 둘러싼 주변 환경을 면밀히 관찰하여 얻은 600여 개의 색채 목록에서 가장 대표적인 색 10가지를 추린 것으로, '서울 대표색 10'은 서울의 건축문화유산, 나무, 자연의 원소들을 연상하게 하는 색이라고 한다. 왕궁 기둥과 단청의 빨간색, 고궁

공사 가림막에 사용된 '서울 대표색 10' 중 하나인 단청빨간색.

의 갈색, 도시의 가을을 수놓는 은행나무의 노란색, 가을 하늘의 파란색, 한강 물결의 은백색 등⋯⋯.

서울색의 지정은 서울 상징물 개발 사업의 일환으로 서울의 로고, 브랜드, 상징, 노래, 슬로건과 그 맥락을 함께한다. '하이 서울, 아시아의 소울^{Hi Seoul, Soul of Asia}'에 이어 최근 등장한 '아이·서울·유^{I·SEOUL·U}'라는 서울의 브랜드, '함께 서울'이라는 슬로건, 상징 아이콘으로 곳곳에 등장하고 있는 해태, 서체, 꽃(개나리), 나무(은행나무), 새(까치. 프랑스에서는 보석 도둑이지만, 한국 전래동화에서는 좋은 소식을 가져오는 새다)가 이 사업에 의해 서울의 공식 상징물이 되었다.

프랑스에서 색깔은 기본적으로 개인의 기호에 따른 선택 사항이다. 시민들이 때로 국기 색 주위로 함께 운집하는 일이 일어나더라도 말이다. 또는 색채의 심리적 효과에 주목하는 마케팅 회사의 경우가 있더라도 말이다. 국가 기관과 공공 영역은 색깔에 관심을 갖지 않는다. 예외적인 경우, 그러니까 일부 지방에서 전통적 풍경의 보존이라는 이름으로 집의 색깔을 규제하는 경우—프랑스 서남부의 바스크 지방에서는 단청과 비슷한 강렬한 색채의 집들이 보존되어 있다—등 공권력이 색깔에 관심을 보이는 경우는 특별한 맥락에 한해서다.

그런데 한국은 전근대적 상징체계의 강력한 영향 아래 색채를 정치적 고려의 대상으로 삼는다. 마곡의 공사 현장, 미술관, 박물관, 안내표지판, 공공시설물 등에 서울의 10가지 공식 색깔이 칠해진다. 마치 하나의 브랜드를 만들어내듯 서울의 도시경쟁력과 브랜드 가치 제고라는 명분을 걸고 색깔을 이용한 정치는 수행된다. 국제적 위상에 걸맞은 이미지를 부여하고자 노력하는 과정에서 색깔은 서울을 홍보하는 수단으로 활용된다. 이는 현대 정치가 마케팅의 도구를 차용하는 것이다.

◆ Homer B. Hulbert, *The passing of Korea*, Double day, Page&Company, NewYork, 1905, p.250.

○ 한국의 나무심기 사업의 역사에 관해서는 전영우의 《숲과 한국 문화》(수문출판사, 1999) 참조. 오늘날 어느 누구도 1905년 호머 헐버트가 한국의 산에 대해 말한 "황량한 불모의 산"을 떠올릴 수 없을 것이고, 경치 좋은 일본 숲에 비해 한국의 산에는 "장엄한" 경치를 제공할 "큰 나무 숲이 부재"한다는 헐버트의 책의 구절에 동의하기 어려울 것이다.

■ Michel Pastoureau, *Noir: histoire d'une couleur*, Seuil, 2008.

▽ Michel Pastoureau, *Bleu: histoire d'une couleur*, Seuil, 2000(국내에서는 미셸 파스투로, 《파랑의 역사》, 고봉만 옮김, 민음사, 2017로 출간).

★ 각각 돌담회색, 남산초록색, 기와진회색, 은행노란색, 고궁갈색, 삼베연미색, 서울하늘색, 단청빨간색, 꽃담황토색, 한강은백색이다―옮긴이.

색깔의 정치학

쓰레기를 읽으면 인간이 보인다

운동복 차림으로 집을 나서면서 망원정 앞을 지난다. 언젠가 세종대왕이 형 효령대군이 세운 이 정자를 방문했는데, 마침 가뭄을 해소하는 큰비가 내렸다는 이야기가 전해진다. 현재의 망원정은 30여 년 전 복원한 것이다. 고속도로 위를 지나는 육교를 건너 나는 한강변을 따라 달리기 시작한다. 이른 시각, 자전거들은 달리는 나를 앞지르고, 나는 걸음을 재촉하는 사람들을 재치며 달린다. 서울에는 한강을 따라 걷거나 자전거를 타는 사람은 많지만, 달리기를 하는 사람들은 흔치 않다. 나는 한강 가장자리에 뻗어 있는 육중한 언덕 기슭에 도착해, 층계 번호가 매겨져 있는 계단을 오르기 시작한다. 총 290개다. 언덕 비탈 좌우에서 뻗어나온 거대한 배관시설들이 이따금씩 보인다. 이윽고 정상에 도착한다. 한국의 여느 언덕 꼭대기에 비하면 이곳은 매우 예외적이다. 가파른 경사가 있는 것도 아니고 불규칙하게 자연스런 형태도 아닌, 직사각형의 거대한 수평 고원이다. 기하학적 형태에서 이 언덕이 인공적으로 만들어진 장소라는 사실이 분명하게 드러난다.

공원이 된 쓰레기 산

이곳은 난지도, 인공 조성된 공원 둔치다. 난지도의 나이는 내 나이보다도 적다. 예로부터 난초蘭草와 지초芝草를 아우르는 은은한 향기를 지닌 난지도는 철따라 온갖 꽃이 만발해 '꽃섬'이라 불리던 아이들의 놀이동산이었다고 한다. 이후 섬은 육지와 연결되었고 사람들은 이곳에 쓰레기를 매립하기 시작했다. 점점 더 많은 쓰레기가, 서울의 고속 성장이 뱉어내는 각종 배설물이 이곳에 쌓여 허겁지겁 닥치는 대로 먹어 부풀어오른 배처럼 난지도 바닥이 솟아오르기 시작했다. 1978년에서 1992년 사이에 난지도는 약 272만 제곱미터의 땅에 높이 90미터에 이르는 거대한 쓰레기 산 두 개로 변했다. 1995년에는 붕괴된 삼풍백화점의 잔해들이 이곳에 매립된다. 혹여 실종자 유해가 건물 잔해 쓰레기와 뒤섞여 있지 않을까 싶은 실종자 가족들이 난지도까지 와서 쓰레기 더미를 헤집으며 가족의 유해를 찾았다.

몇 년 뒤, 난지도는 일반 공원으로 새롭게 조성되었다. 한쪽에는 하늘공원, 다른 쪽에는 노을공원으로 완벽하게 탈바꿈하는 데 성공한 것이다. 밤에는 캠핑도 할 수 있고, 골프도 즐길 수 있다. 가을에는 가족들과 젊은 연인들이 낭만적인 갈대숲을 감상하기 위해 몰려든다. 이렇게 쓰레기 산은 작은 천국으로 거듭났다.

공공 쓰레기장을 공원으로 변형시킨다는 발상은 공공 쓰레기장의 탄생과 역사를 함께할 정도로 오래된 생각이다. 파리 식물 정원의 코이포Coypeau 언덕은 중세의 쓰레기 처리장이었다. 파리와 뉴욕을 둘러싼 주변 지역에서도 가장 높은 지점은 바로 쓰레기 매립지다. 뉴욕의 쓰레기 매립장은 200미터 이상 솟아 있고, 조만간 센트럴 파크보다 세 배나 넓은 면적의 공원으로 대체될 것이다.

며칠 전, 왕십리에서 언덕을 오르는 어르신 한 분을 보았다. 오르막길은 내가 뛰어올랐던 난지도 공원의 오르막길에 비해 길지 않았지만 노인은 나처럼 조깅을 하기 위해 이곳을 오르는 것은 아니었다. 연세가 지긋하고 등이 굽은 채로 정성스레 차곡차곡 접어 쌓아올린 어마어마한 양의 폐지를 수레에 가득 실어나르고 있었다. 큰 교회 앞을 지나면서도 높은 담벼락에 가려진 교회 벽면을 보지 못할 정도로 운반에 몰두하고 있었다. 느릿느릿 힘겹게 보도를 전진하고 있었다. 복잡한 차량으로 분주한 도로 한복판에서 그는 차량 통행에 약간 방해가 되기도 했다. 오르막길 꼭대기에서 그는 오른쪽으로 돌아 폐지와 각종 재활용품으로 가득 찬 재활용수거장으로 들어갔다. 구석에서 좀 뚱뚱한 한 남자가 폐지를 내리려고 앉아 있던 플라스틱 의자에서 일어섰다. 노인은 얼마의 돈을 받아들자마자 지체 없이 빈 손수레를 끌고 대로변으로 나와 또 다른 골목을 서성이기 시작했다. 주차되어 있는 차량 뒤로 자취를 감추더니 이내 새로운 종이 상자를 들고 나와 판판하게 접어 손수레에 담는다. 새로운 골목 한 바퀴를 다시 돌 예정인가 보다. 행동은 느렸으나 매일 하는 일인지, 정확하게 몸에 배어 있었다.

이 노인도 역시 쓰레기를 처리한다. 그는 난지도와 같은 산을 만들지는 않지만, 자신의 손수레를 꽉 채우는 작은 더미를 쌓아올린다. 이런 활동은 프랑스에는 존재하지 않는다. 직업적으로 시 당국이나 사기업에 고용된 사람만이 길가에 놓인 쓰레기를 수거한다. 이들이 전면 파업에 들어가는 순간 거리는 불쾌한 쓰레기 냄새로 진동한다. 그렇기에 한국에서 비공식적으로 발전되어온 폐지 수거 활동이 외국인 관찰자에게는 상당한 궁금증을 유발한다. 성별을 불문하고 하나같이 연세가 지긋한 분들이 동네 골목길에 웅크려 앉아 쓰레기를 분리하고 폐품을 모으는 장면을 목격할 때 말이다. 각자 수거를 담당하는 재활용 품목이 있는 것인지, 어떤 조직망으로 활동하는지, 저마다 할당된 구역이 있는지 혹은 급여는 얼마나 받는지 자문해보게 된다. 하지만 이들이 파업하는 것은 한 번도 본 적이 없다.

한국의 '비공식적' 폐지 수거 활동은 외국인에게
상당한 궁금증을 유발한다.

서울형 분리수거

난지도 꼭대기에서는 상암 월드컵경기장 주변의 화려한 건물들이 한 눈에 들어온다. 이 일대는 오늘날 서울에서 가장 현대적인 건축물들의 전시장이 되었다. 1990년대 초 언론에 비친 난지도는 악취와 오염물질이 범벅된 쓰레기장으로 심각한 우려를 자아냈다. 언론 기사는 난지도를 다음과 같이 묘사한다. "쓰레기 먼지가 마치 지붕처럼 하늘을 뒤덮고 있다. 쓰레기 더미에서 풍기는 고약한 악취가 집 안에 스며들고 파리 떼가 꼬인다."◆ 하지만 오늘날 상암동은 거대한 아파트 단지가 조성되어 있고, 미래주의적 빌딩들이 들어서 있으며, 은행과 증권사, 방송 언론사, 대형 영화관이 위치한 대도시의 심장으로 탈바꿈했다. 쓰레기 더미를 헤집고 재활용될 수 있는 것이라면 전부 수거하며 난지도의 쓰레기 산을 중요한 생존 현장으로 삼던 시대는 지났다.° 하지만 동일한 쓰레기 산에서 여전히 배출되는 메탄가스를 이용해 지역난방에 활용하고 있다는 사실을 얼마나 많은 주민이 알고 있을까? 아까 공원 언덕을 오르며 본 배관시설이 바로 이 메탄가스를 공급하는 배관망이다. 이제 더 이상 쓰레기 산은 동네를 오염시키지도, 눈에 띄지도 않지만, 주민들의 일상생활을 유지하는 데 기여하고 있는 것이다. 하늘 높이 솟은 빽빽한 아파트의 도시에는 소비의 순환 고리뿐 아니라 땅 아래에서 이루어지는 쓰레기 재활용의 순환 고리 역시 존재한다. 이 두 순환 고리가 수도권 안에 2,500만 인구가 함께 살아가는 것을 가능하게 하는 셈이다.

서울시의 쓰레기 관리는 자랑할 만하다. 파리에서는 수거한 쓰레기의 15퍼센트만이 재활용되는 데 반해, 서울시에서는 수거한 쓰레기의 66퍼센트가 재활용된다.■ 게다가 이 수치는 아마도 공식적인 시 차원의 쓰레기 수거 이전에 이미 서울의 골목길들을 샅샅이 돌아다니며 왕십리의 어르신과 같은 분들이 수거한 재활용품은 포함하지 않았을 것이다. 상암동 아파트 단지 주민들은 1,000만 서울 시민이 그러하듯, 프랑스에서는 상상하기 힘든 노력을 들여 쓰레기 분리수거를 하기 때문이다. 파리 사람들은 보통 폐지는 플라스틱류와 함께 수거함에 넣고, 음식물 쓰레기는 일반 쓰레기와 함께 쓰레기통에 넣고, 유리병은 따로 정해진 수거함에 넣는 것으로 책임을 다했다고 느낀다. 이것이 전부다. 반면 서울에서는 여느 분리수거장이나 플라스틱류, 재활용품류, 캔·고철류, 유리병 등 각종 분류함이 마련되어 있어 우리는 이를 일일이 다른 수거함에 분리해 담아야 한다. 게다가 폐지, 음식물 쓰레기는 말할 것도 없이 별도로 분리한다. 쓰레기 분리수거를 하려면 종종 경비원 아저씨의 도움을 받아야 할 정도로 나에게는 복잡하지만, 서울 시민들은 이에 익숙하다. 서울 시민들은 쓰레기와 훨씬 더 직접적으로 접촉하기를 감내한다. 파리 사람이라면 음식물 쓰레기를 봉지에 담은 다음 손가락 끝으로 집어들고 집 앞에 두거나 쓰레기통에 넣을 텐데, 서울에서는 봉지를 열고 음식물 쓰레기를 공동 수거함에 담아야 한다. 음식물 찌꺼기에 손이 직접 닿을 수도 있어 그리 유쾌하지 않더라도 말이다. 하루는 동대문구의 용두공원에 방문한

✕

연세가 지긋한 분들이 동네 골목길에 웅크려 앉아 쓰레기를 분리하고 폐품을 모으는 장면을 목격할 때마다 각자 수거를 담당하는 재활용 품목이 있는 것인지, 어떤 조직망으로 활동하는지, 저마다 할당된 구역이 있는지 혹은 급여는 얼마나 받는지 자문해보게 된다. 하지만 이들이 파업하는 것은 한 번도 본 적이 없다.

적이 있다. 거주지 한가운데 있는 공원 아래에 최신식 쓰레기 처리장
이 자리하고 있었다. 만약 프랑스에서 당국이 이런 계획을 밝혔다면,
주민들의 반발이 거셌으리라.

시간의 궤적이 새겨진 재생

난지도 꼭대기에서 시선을 한강 쪽으로 돌리면, 초목으로 뒤덮인 사
이사이 몇 개의 건물들이 들어서 있는 섬이 보인다. 선유도다. 선유도
는 난지도처럼 오늘날 시민들에게 인기가 많은 한강 섬 공원이다. 휴
식을 취하거나, 산책, 피크닉을 하려는 가족, 연인들이 많이 찾는 이
곳에선 한강과 서울을 조망할 수 있다. 한강 이남에서부터 뻗어 있는
무지개다리를 건너 선유도에 걸어 들어갈 수 있는데, 이 다리는 한국
과 프랑스의 수교 100주년을 기념해 한 프랑스 건축가가 설계한 아치
형 나무다리다.

선유도를 산책하면 과거의 정취를 맛볼 수 있다. 옛 그림에 따르면
이곳이 예전에는 선유봉이라는 해발 40미터 정도의 언덕 지대였음을
알 수 있다. 하지만 20세기에 선유도는 경제 성장의 도구로 사용된다.
거의 바닥이 드러나도록 깎으며 채굴된 섬의 돌덩어리들은 여의도 공
항 건설에 이용되었고, 1965년부터는 양화대교가 지나는 곳이 되었
다. 1978년에 난지도에는 쓰레기 매립장이 들어선 반면, 선유도에는
거대한 정수 시설이 설치된다. 이제 선유도는 난지도처럼 서울의 소

비 순환을 제대로 유지하기 위해 필수적인 장소가 된다.

　오늘날 선유도는 난지도와 함께 산업화의 증거물을 환경재생 생태 공원으로 성공적으로 변형시킨 사례다. 다양한 장치가 옛 정수 시설을 새로 조성된 공원 시설과 물리적으로 연결한 덕에 우리는 이곳에서 시간의 궤적을 감지할 수 있다. 입구에 들어선 박물관과 공원 곳곳에 놓인 푯말들도 과거의 흔적을 상기시킨다. 건축적으로 독특한 구조를 한 침전지, 여과지, 송수실, 취수장 건물들이 그대로 보존되어 공원의 골격 자체를 구성하고 있다. 특히 과거에 정수장이었다는 장소에 대한 기억, 즉 물을 저장하고 공급하기 위한 설비가 차지했던 공간이라는 점을 고스란히 드러내 물과의 관계성을 간직한 채 옛 기능(정수장)은 새 기능(공원)으로 대체된다. 경사를 이루며 침전물은 가라앉고 맑은 윗물은 옮겨지는 여과 수조는 수생식물원이 되었다. 침전지 건물의 외벽을 살린 '시간의 정원'은 인공의 외벽을 따라 자라는 식물들을 감상하는 흥미로운 갤러리다. 용도가 폐기된 거대 수조들이 조화롭게 동화되어 다양한 소주제를 가진 정원이 되고, 송수관들은 아이들의 미끄럼틀이 된다.

쓰레기의 인류학

난지도와 선유도는 이처럼 과거 장소의 흔적을 살리면서 시간의 궤적을 보여주고 상기시킨다. 인류학자 마르셀 모스^{Marcel Mauss}는 한 사회에

여과지를 재활용한
선유도의 수생식물원.

서 연구해야 할 중요한 것은 바로 쓰레기 더미라고 주장한다. 인간이 남긴 자취인 쓰레기를 읽어낼 수만 있다면 쓰레기야말로 누군가가 무엇을 먹고, 어떻게 일하고, 무엇을 이루었는지를 알려줄 것이다. 쓰레기를 처리하는 방식은 우리 사회 구조를 반영한다. 쓰레기를 파기하는 대신 재활용하며 자원과 에너지 회수를 도모하는 '순환 경제' 의 시대인 오늘날 공적 담론은 예전의 천대받던 활동인 쓰레기 처리 작업을 필수적이고 중요한 작업으로 격상시킨다. 비록 현실에서는 아직까지 그렇지 않을지라도 말이다.

거대 도시에서 쓰레기는 풍경 그 자체를 변화시킨다. 난지도 둔덕을 마주하고 저 멀리에 상암동 빌딩들 너머로 아침 햇살을 받아 분홍색으로 물든 북한산의 바위가 장엄한 자태를 드리우고 있다. 웅장한 산세는 태고의 신비로움을 간직한 채, 지질 시대로부터 확고부동의 자세로 무엇 하나 찌꺼기도 남김없이 자연은 이곳에 존재하고 있다. 인간 도시의 쓰레기, 인간 활동의 리듬이 만들어낸 산이 여기 있다. 이제 갓 만들어진 이 산은 마치 막 활동했던 화산이 용암을 흘려 내보내듯 아직도 조금씩 가스를 내보낸다. 그러나 이 산은 서울 땅에 자신의 굴곡을 오래도록 새겨넣을 것이다.

◆ 중앙일보 1991년 9월 12일자 기사.
○ 동아일보 1993년 2월 3일자 20면에서 우리는 이에 관한 사진을 볼 수 있다.

■ OECD Green Growth Studies Green Growth in Bangkok, Thailand, 2015.

상상의 미술관

파리에서 대형 미술관에 입장하는 절차는 까다롭다. 반면 서울시 용산구의 국립중앙박물관은 앞마당을 지나 유리로 된 출입구를 통과하기만 하면 바로 박물관 내부로 들어가서 작품을 감상할 수 있다. 무료인 것은 물론이요, 어떤 검사관도 우리를 통제하지 않는다. 자유롭게 나왔다 다시 들어갈 수도 있다. 파리의 미술관에서는, 대부분의 공공건물들이 그렇듯이 보안 통제로 출입이 제한된다. "가방 좀 열어주십시오." 우리가 공항에서 당하는 보안 통제처럼, 금속 탐지 보안문 밑을 통과하는 사이 검사관은 가방을 열어본다. 때로는 가방을 좀 더 열어 재끼고 자질구레한 사적 용품들을 뒤적거리느라 시간이 지체되기도 한다. 하지만 우리는 선택의 여지 없이 이 보안 검사를 받아들인다. 20년 전부터 프랑스를 충격에 빠뜨린 테러는 지속적이고 확산된 위기의식을 초래했고, 우리는 보안 통제가 우리를 테러 위험에서 보호해줄 것이라 가정하기 때문이다. 한때는 거대한 퐁피두센터 건물을 사방에서 마음껏 드나들 수 있었고, 유리벽으로 된 에스컬레이터도 자유롭게 이용해 파리 중심을 향해 펼쳐지는 파노라마 풍경을 감상하기 위해 퐁피두센터 정상까지 마음대로 오를 수 있었다. 하지만 연이은 테러를 겪으며, 부차적인 출입문들은 점차 하나씩 폐쇄되기 시작했고, 에스컬레이터는 유료가 되었으며, 이제부터는 모든 입장객이 보안이 통제되는 단 하나의 입구로만 드나들게 되었다.

하지만 출입문을 통과해 일단 내부에 들어서기만 하면, 미술관 내부는 자유의 공간으로 남아 있다. 이곳으로 저곳으로 걷고, 오르고, 내리고, 자유롭게 시간을 보내고, 마음껏 머무르는 자유의 공간. 동선은 정해져 있지 않다. 물론 이러한 자유의 행사는 '경계선을 넘지 마십시오', '작품에 손을 대지 마십시오', '다른 방문객의 관람에 불편을 끼치지 마십시오' 등 기본적인 관람 규칙들을 전제로 한다. 미술관에는 볼거리가 많다. 수천 점의 작품이 전시되어 있고—루브르 박물관의 일반 전시실에는 3만 5,000점이 공개되어 있다—한 작품 한 작품을 세심하게 보는 데 걸리는 시간이 만만치 않을 것이다. 우리는 이 마르지 않는 샘에 오고 또 오게 된다. 언제나 새로운 것을 발견할 테고, 같은 작품일지라도 새롭게 보일 테니 말이다.

두 가지 미술관

한국이나 프랑스의 미술관을 두 종류로 구분해볼 수도 있겠다. 먼저 옛 궁궐이 미술관으로 전환되는 경우다. 루브르는 프랑스 왕들이 머물던 궁이었다. 12세기 말엽에 요새로 건축된 루브르는 후대 왕들이 지속적으로 증축했고, 21세기에도 여전히 궁전 뜰에 지붕을 얹으며 새로운 방들을 추가로 만들고 있다. 이 때문에 루브르 안에 서면 마치 성 내부에 들어온 것 같은 느낌을 받는다. 다시 말해, 한 장소에서 다른 장소로 이동하는 것이 결코 쉽지 않다. 계단은 중이층으로 이어지고, 연이은 좁은 방들은 거대한 갤러리를 향해 열린다. 엘리베이터는 제대로 표시되어 있지 않아서 주로 직원들이 이용한다. 혹은 나처럼 내부 구조에 익숙한 단골 방문객들이 아침 개장 시간에 일반 통로를 이용하는 관광객들보다 30초 먼저 모나리자 앞에 도착하기 위해 엘리베이터를 타곤 한다.

경복궁, 창덕궁 같은 한국의 고궁들은 일단 무엇보다 야외에 펼쳐진 공간이다. 복도도, 층계도 없다. 우리는 한 건물에서 다른 건물로 아니 거의 바로 옆에 붙어 있는 다른 방으로 건너가기 위해 외부에 나있는 회랑을 통해 이동한다. 이 회랑에는 강렬한 태양이나 비바람을 차단하기 위해 넓은 처마가 쳐져 있다. 루브르의 내부 벽은 어마어마

루브르 박물관은 왕궁으로 사용되었던 건물이다

체험학습을 제공하는 겸재정선미술관.

하게 두텁지만, 한국 고궁의 내부 벽은 얇고 유동적이어서 공간들을 고립시키지 않고 이어놓는다. 관람객들은 이렇게 산책을 하듯 끊임없이 이어지는 뜰 안을 돌아다니며 새로운 건물들을 발견하고, 새로운 놀라움이 펼쳐지는 쪽으로 눈을 돌린다.

　두 번째는 애초부터 전용 미술관으로 지어진 경우다. 이 미술관들은 훨씬 기능적이다. 이런 미술관에서는 우리의 위치를 정확히 파악할 수 있다. 예를 들면, 파리의 퐁피두센터, 용산의 국립중앙박물관, 강서구의 겸재정선미술관이 그렇다. 우선 엘리베이터가 바로 눈에 띄고 모든 층에 멈춘다. 전시장은 확 트인 개방형으로 잘 정비되어 있다. 입구는 넓고, 관람자들의 유동이 체계적으로 관리된다.

감각의 불협화음

대형 미술관에 처음 방문하면 우리는 지쳐 쓰러지는 한이 있더라도 무조건 모든 작품에 눈도장을 찍고야 말겠다는 굳은 각오를 다진다. 한 작품이라도 놓칠까 두려워 이 방 저 방 전부 돌아다니지만, 이윽고 우리의 몸은 지치고 머릿속은 연이은 새로운 인상들로 가득 찬다. 제각기 다른 인상의 출현이 우리의 감각을 고조시키며 흥분 상태로 몰아넣기도 하지만, 이내 모든 작품이 머릿속에서 뒤엉키고, 감각들의 불협화음은 대부분 기억에서 새어나가버린다. 이렇게 병치된 작품들에 대해 폴 발레리Paul Valéry는 "죽은 이미지들을 이렇게 병치시키는 것이 얼마나 의미 없는 일인지 모르겠다. 죽은 이미지들이 각각 자신들을 봐달라고, 자신에게 존재의 의미를 부여해달라고 서로 질투하며 다투어댄다. 죽은 이미지들이 내 관심을 나누어가지려고, 분절할 수 없는 내 시각을 빼앗으려고 사방에서 아우성친다"◆고 했다. 따라서 나는 좀 앉아서 정신을 가다듬어야 한다. 그리고 종종 이렇게 한바탕 지치고 한 차례 휴식 시간을 가지고 나서야 비로소 내가 미술관을 한 바퀴 돌아보았다는 생각에 정신이 차려진다. 마치 그때까지는 문턱에만 머물러 있었던 것처럼 말이다. 이제부터는 작품들이 더 이상 내게 낯설지 않다. 미술관은 내 집처럼 편안한 공간이 된다. 이제 일상의 내 발걸음으로 다시 돌아와, 처음 볼 때는 제대로 꿰뚫어보지 못했던 작품의 의미를 다시 발견한다. 이제 나는 작품들 간의 관계를 새로 정립하며, 내게 인상적이었던 작품과 그렇지 않은 작품을 구분하기 시작한다. 동선이 자유로워지고, 미술관을 나서기 전까지 나는 작품 '전체'를 다시 볼 생각은 더 이상 하지 않는다. 다만, '더 잘' 보려고 한다.

폴 발레리는 "내가 볼 때, 이집트, 중국, 그리스처럼 현명하고 정교했던 나라들에서는 작품들을 병치하는 이러한 시스템, 작품들을 서로 각축하게 만드는 진열 방식은 존재하지 않았던 것 같다. 양립 불가능한 미적 가치의 개별 단위들을 등록 번호를 매겨 의미도 맥락도 없이 병치시켜놓는 원칙을 이 나라들에서는 찾아볼 수 없다"고 덧붙였다. 아마도 이러한 피로를 극복하라고 혹은 좀 더 나중으로 미루라고, 그렇게 많은 한국의 현대 미술관들은 작품에 대한 친절한 해설서들을 제공하고, 체험 공간과 다양한 시각적 영상물들을 비치하나보다. 서초구의 국립국악박물관에는 신발을 벗고 올라가 악기를 연주해볼 수 있는 작은 무대가 있다. 겸재정선미술관은 아이들에게 그림을 그려볼 수 있는 기회를 제공한다. 하지만 나는 고전적인 미술관 구조, 작품과 관람자가 거리를 두고 마주하는 공간에 더 익숙하다. 한편에는 벽에 걸린 채 응시자의 시선을 기다리는 대상, 보통 유리로 보호되어 있고 해설 표지가 수반되어 있는 작품이 자리하고, 다른 한편에는 그 작품을 바라보며 서거나 의자에 앉은 사람, 때로는 작품에서 몇 센티미터 떨어진 채 여러 각도에서 감상하는 관람객이 있는 미술관, 그러니까 작품과 관람객이 일정 거리를 유지하는 전시장 말이다.

미술관들은 전통적으로 전시실과 수집 창고를 채울 작품을 최대한 많이 수집하려고 애썼다. 고전 조각 전시실에는 작품이 천장에까지 채워져 있어서, 마치 중세 교회의 스테인드글라스처럼 관람객들이 일일이 그 세부를 다 볼 수 없다. 최근 한국의 미술관들은 전달하고자 하는 메시지, 전시 기획 의도 자체를 더 강조한다. 2015년 예술의 전당 한가람미술관이 대대적으로 준비한 마크 로스코^{Mark Rothko} 특별전이 그 예다. 미술관 전체 음향 시설에서는 화가가 즐겨 듣던 클래식 음악이 흘러나오는 한편, 작품의 가치를 설명하는 평가들을 여기저기 배치시킴으로써 관람자 일반에게 미국 거장의 작품에 접근하기 위한 몇몇 키워드를 제공하는 것이 장점이었다. 하지만 그림 애호가들에게서 자신의 고유한 감각으로 로스코의 작품을 감상할 수 있는 즐거움을 빼앗았고, 전시 기획자들에 의해 부여된 관람 틀에서 벗어날 여지를 전혀 남기지 않았다.

상상의 미술관

학습 효과를 노린 전시는 사실 관람객들의 관심을 끌기 위한 고안물이다. 미술관의 가장 큰 두려움은 디지털 시대에 더 이상 쓸모없이 한물간 취급을 당하는 것이다. 앙드레 말로^{André Malraux}가 기술한 미술관의 변모 단계의 하나에 지나지 않게 되는 것이다. 미술관은 여러 작품을 한곳에 모아둠으로써, 작품의 본래 기능을 박탈해버린다. 앙드레 말로는 "예수 십자가상이 한 가정집에 놓여 있을 때는 종교적 숭배의 대상이 되지만, 미술관에 들어오는 순간 조각 작품으로서 미적 감상의 대상이 된다. 초상화에서, 우리는 더 이상 묘사된 인물의 정체성에는 관심을 두지 않는다. 오히려 화가가 누구인지에 대해 주목할 뿐이다"°라고 한다. 하지만 미술관 한가운데에 작품을 모아놓는 것은 단지 첫 단계에 지나지 않는다. 사진술과 인쇄술의 발달로 20세기는 '상상의 미술관'을 낳았다. 즉, 모든 문명이 낳은 최고의 걸작들이 책 한 권에 또는 하나의 도서관에 담기게 된 것이다. 앙드레 말로는 이러한 미술 작품 화보의 다음 단계는 극장이나 텔레비전에서 상영되는 예술에 관한 영화일 것이라고 생각했다.

실제로 이는 인터넷과 스마트폰에서 이미 실현되고 있는 형태다. 세상의 모든 예술품을 각자의 손안에 지니고 다니는 완벽한 판타지의 실현을 어떤 선지자가 상상이나 할 수 있었겠는가. 지구 반대편까지 여행하지 않고도, 먼지 쌓인 도서관에서 두꺼운 작품 자료집을 뒤적거리지 않고도, 우리는 공원 벤치에 앉아 미술관 벽에 걸린 작품을 더 세밀하게 관찰할 수 있다.

그런데도 더욱더 많은 사람이 루브르 박물관에 모여든다. 그러잖아도 이미 방대한 입구를 확장하는 공사를 한다고 한다. 대도시들의 유명 전시장들은 연이어 방문자수 기록을 갱신하고 있다. 재현의 다양화, 시각과 매체의 증가는 오히려 사물 그 자체와의 직접 접촉에서 오는 아우라를 되찾고자 하는 우리의 욕망을 증가시킬 뿐이다. 이와 동일한 이유로, 수만 명의 관객들이 엄청난 금액을 지불하면서까지 축구 경기장의 불편한 좌석을 끊는다. 집에서라면 고화질 텔레비전으로 경

18세기 화가이자 루브르 초대 관장을 지낸 위베르 로베르Hubert Robert가 그린 〈폐허가 된 루브르 대회랑의 상상도〉(위). 관람객들은 자신만의 미술관을 만들어낸다.

기장 구석구석을 훨씬 크고 선명하게, 또 편하게 볼 수 있는데 말이다.

학습 효과를 제공하는 미술관 전시는 관람자의 관심을 끈다. 반면에 벽에 걸린 작품들과 일련의 전시실로만 구성된 미술관은 전시된 작품들을 서로 견주어 보거나 혹은 어디선가 이미 본 작품이나 책에서 읽은 내용을 연결해보는 나만의 고유한 흐름을 구성하게끔 한다. 또한 미술관은 디지털과 충돌하지 않는다. 인터넷이 미술관 안과 밖을 손쉽게 연결한다. 미술관 전시실 벽면에 소개되어 있는 작품 정보를 스마트폰으로 검색해 찾아보면서 우리는 이 자료들로 앙드레 말로가 말한 상상의 미술관보다 훨씬 더 개인적인 자신만의 가상 미술관을 만들어낸다.

나는 이렇게 파리의 루브르 박물관이나 서울의 국립중앙박물관이 보존하고 있는 집단적 기억에 내 개인적인 경험을 덧붙인다. 우리가 인터넷에 사진을 '공유'할 때 우리가 제공하려는 것은 사진에 담긴 작품 그 자체가 아니다. 작품 사진들은 언제 어디서든 구할 수 있다. 오히려 우리가 내놓는 것은 지인들과 나누고 싶은 우리의 경험, 전 세계 사람들과 공유하고 싶은 우리 고유의 시각, 우리의 사적 관람기일 것이다.

◆ Paul Valéry, *Le problème des musées*, article paru dans le journal *Le Gaulois*, 4 avril 1923.

○ André Malraux, *Le Musée imaginaire*, 1947. (앙드레 말로, 《상상의 박물관》, 김웅권 옮김, 동문선, 2004 참조)

비어 있는 공간, 광장

2016년 3월 말, 파리의 한 광장에서는 4월이 오지 못하도록 하자는 결정을 내렸다. 3월이 32일, 33일로 계속 이어지게 하자는 이 결정은 밤샘 시위인 '뉘 드부Nuit debout' 운동 참여자들이 내린 것으로, 밤샘 시위가 연일 이어지면서 수백 명의 집회 참가자들이 레퓌블리크République 광장에서 매일 펼치는 토론을 염두에 둔 시적 선택이다. 이들은 정부 법안에 이의를 제기하며 무엇보다 사회를 개혁하고 민주주의의 원칙을 새로 정의하고자 한다. 이들의 유일한 방법은 광장에서 끊임없이 토론하고 익명의 발언자들의 의견을 듣는 것이다. 정치권과 미디어에 실망

레퓌블리크 광장에서 '뉘 드부' 운동에 참여한 사람들.

한 이들에게는 지도자도 대변인도 없다. 그저 서로의 목소리에 귀를 기울일 뿐. 사람들을 이곳에 모이게 하고, 시간을 멈추게 하면서까지 세상을 바꿀 수 있으리라 믿게 한 이 광장은 도대체 무엇인가? 레퓌블리크 광장은 특별하지 않다. 그저 아무나 지나다닐 수 있는 비어 있는 공간일 뿐이다.

무엇이 사람들을 광장으로 이끄는가?

광장을 변화시키는 이들의 행동은 내가 서울에서 본 것을 생각나게 한다. 바로 광화문에 설치된 세월호 희생자 분향소다. 또한 매일 서울 시청 앞 광장에 설치된 농성장에 선 사람들은 이러저러한 시정 계획들을 비판하거나 자신이 피해를 보았다고 생각하는 부당한 일을 고발하고 있었다. 나는 매번 무엇이 이 사람들을 광장으로 이끌었는지, 그들이 실제로 얻어내고자 하는 것이 무엇인지에 대해 자문해본다. 광장의 힘은 무엇일까?

서울에는 광장이 많지 않다. 하나 있는 중앙 광장은 도시의 이름을 딴 서울 광장이다. 광화문 광장도 있다. 광화문 정비 이후 세종로 한 가운데 공간이 형성되면서 광장과 유사하게 넓게 펼쳐진 세종로 공원이 마련되었다.

유럽인 누구라도 광장이 없는 도시, 광장이 없는 마을을 쉽게 상상하지 못할 것이다. 가옥들이 도시의 살을 구성한다면, 도시의 피는 길을 따라 흐른다. 그렇게 광장은 숨을 쉰다. 광장은 휴식의 장소, 자유의 공간, 도시가 연출하는 공연장, 시민들의 약속 장소가 된다. 광장은 도시나 마을의 골격이 형성되고 분화하는 구심점 역할을 한다. 작은 도시들이 그러하듯이, 대도시에서도 부유하든 가난하든, 나이가 적든 많든 누구나 편한 때 들러 자신의 삶의 리듬이 고스란히 묻어나는 광장을 꿈꾼다. 토요일 아침이면 장이 서고, 여름밤에는 춤을 출 수 있는 무대, 카페들의 테라스 공간이 바로 광장이다. 마을 사람들은 일요일 아침 미사를 드리고 나서 광장에서 시간을 보내고, 아이들은 학교를 마치면 광장에서 논다. 오늘날에도 여전히 프랑스 곳곳의 시청 앞 광장은 토요일 오후면 시청에서 열리는 결혼식에 참석한 하객들로 북적인다. 결혼식을 마치고 시청을 나서는 신혼부부는 광장에서 뜨거운 갈채와 환호를 받고, 하객들과 단체 사진을 찍기 위해 계단에 서기도 한다. 그러고 나면 웨딩카 행렬이 경적을 울려대며 마을을 행진한다. 결혼식은 공적인 행사가 되고, 광장은 자연스럽게 그 무대가 된다. 서울에서는 결혼식 행사가 닫힌 공간 안에서 이루어지며 공적인 공간을 침범하지 않는다. 우리가 닫힌 결혼식장에 들어가고 나오는 사이, 길거리에서는 결혼식의 흔적을 찾아볼 수 없다.

　서울에는 서울 광장이 있지만, 파리에는 파리 광장이 없다. 대신 공화국(레퓌블리크République) 광장, 국민(네이션Nation) 광장, 바스티유 광장, 뉴욕 광장 등이 있고, SF 만화에서 나온 듯한 유리 건물들로 둘러싸인 낯선 원형 광장인 '서울 광장'도 있다. 오픈데이터opendata 공식 자료◆

에 따르면, 파리에는 525개의 광장이 있다고 한다. 어떤 광장들은 단순한 교차로이고, 유명 인사를 추모하기 위해 그의 이름을 보도 한 귀퉁이에 단 것에 불과한 작은 광장도 있다. 또 보주^{Vosges} 광장처럼 닫힌 공원의 형태로 자동차의 접근이 제한된 곳도 있고, 반대로 레퓌블리크 광장처럼 도로가 사방을 에워싸고 있는 형태의 광장도 있다.

서울 광장이 진정한 광장인 것은 바로 도시를 반영하는 장소이기 때문이다. 광장은 도시를 스스로 비춰보도록 마련된 공간이기에 그러하다. 도심 대로들은 광장에서 교차하고, 권력은 광장에 자신의 표지를 남기고, 시민들은 광장에 모인다.

'좋은 정부와 나쁜 정부의 알레고리'

서울 광장의 역사는 19세기 말로 거슬러 올라간다. 고종이 황제에 즉위하고 대한제국을 선포하며 청나라에 대해 전면적 독립을 선포한 때였다. 고종은 러시아 공관에서 덕수궁으로 환궁하고, 덕수궁의 대한문을 중심으로 뻗어나가는 방사상의 새로운 황도로 서대문로와 을지로를 낸다. 이후 1926년 이 교차로 한편에 서울 시청이 자리 잡게 된다. 이로써 서울 광장은 곧바로 대도시의 큰 광장들이 가지고 있는 '권력의 진열장'이라는 기능을 맡게 되었다. 19세기 말 최초의 도시 계획 개론서 저자 가운데 하나인 카밀로 지테^{Camillo Sitte}는 자신의 저작에서 많은 지면을 할애해 광장에 주요 건축물, 공공건물, 분수 등을 배치하고 그것들에 가치를 부여하는 방식을 찾는다. 유럽 도시 계획 최초의 작품 가운데 하나인 이탈리아 시에나의 캄포 광장은 이렇게 탄생한다. 비정형 형태에서 여전히 중세적 풍취를 안고 있는 캄포 광장은 정치적 의지의 산물을 고스란히 간직하고 있는 장소이기도 하다. 나지막한 경사가 시민들을 팔라초 푸블리코Palazzo Pubblico('시민 궁전'), 다시 말해 시청으로 인도한다. 팔라초 푸블리코는 경사면 아래 위치해 있지만 육중한 자세로 광장을 굽어 내려다보고, 그 위에 우뚝 선 장엄한 망루는 시민권의 우세를 도시 전체에 알리고 있다. 1310년 규정된 법령에 따라, 광장을 둘러싼 집들은 팔라초 푸블리코의 창문과 동일한 형태를 하고 있고, 이를 어길 경우 벌금이 부과된다.

이때부터 유럽인에게 도시의 중앙 광장은 권력의 힘과 질서를 드러내는 장소로 여겨져 왔다. 광장에는 아름답고 조화로운 건물들이 들어서야 한다. 이는 건축적 공연이다. 고전주의 시기 유럽의 큰 광장들은 파리의 보주 광장처럼 광장을 둘러싼 건물들의 가지런하고 조화로운 형태에서 이상적 아름다움을 찾았다. 고전주의적 전통을 이어받은 서울 광장은, 또한 한국 건축의 계보를 한눈에 보여준다. 전통적인 조선 건축 양식인 덕수궁과 대한문, 식민지 시기의 옛 서울 시청 건물, 경제 발전 시기의 플라자 호텔, 21세기 신바로크 하이테크 건축물인 서울 시청 신청사 '유리 궁전'까지, 한국 건축의 역사가 한자리에 모여 있다.

그러나 부와 권력의 기호들을 늘어놓는 장소이기만 하다면 광장은 무척이나 무미건조한 곳일 것이다. 프랑스에서 베르사유 궁전 앞 광장만큼이나 지루한 곳도 드물다. 나는 프랑스의 상징이라 불리는 이곳에 3~4년에 한 번씩은 방문하는데, 매번 위압적인 궁전 그리고 무엇보다 가로질러 건너기가 상당히 불편한 넓은 베르사유 광장을 마주한다. 관광객들은 이곳에 머물지 않고, 궁전 내부의 문화유산을 관람하기 위해 곧장 서둘러 매표소로 향한다. 이유는 간단하다. 파리에서 외곽으로 한참 떨어져 있는 방대한 베르사유 궁전을 찾는 이들은 관광객뿐이다. 관광객들만이 이곳을 훑어보기 위해 이곳에 와서 발걸음을 재촉한다. 모든 사람이 지나가는 장소이고, 또 머물 수 있는 공간일 때 광장은 제대로 기능하는 광장이 된다.

이런 관점에서 볼 때, 중세 시대는 광장의 전형을 보여준다. 왜냐하면 서구 역사에서 수공업자, 하인, 영주 할 것 없이 모든 사람이 동일한 장소, 동일한 공간을 드나든 시기이기 때문이다. 서구 정치화의 거작인 암브로조 로렌체티Ambrogio Lorenzetti의 '좋은 정부와 나쁜 정부의 알레고리' 프레스코 연작에서 우리는 이러한 중세 유럽의 광장을 찾아볼 수 있다. 이탈리아 시에나 캄포 광장 쪽으로 기울어진 팔라초 푸블리코 실내 벽에는 13세기 거장의 중세 도시가 생생히 살아 있다. 이 프레스코에서는 도시의 번창을 넓은 광장에서 읽을 수 있다. 여느 광장처럼 직사각형을 띠지 않는 이 광장 한쪽에는 상인들이 상품 진열대를 펼치고 있고, 농부들은 장에 양떼를 몰고 오며, 말을 탄 귀족 부인은 호위를 받으며 우아하게 지나간다. 이 모든 상황의 한가운데에는

암브로조 로렌체티의
프레스코화 연작 중
'도시에서 좋은 정부의
효과'.

평화롭고 즐겁게 춤을 추는 아홉 명의 여인들이 있는데, 이들은 당시 시에나를 다스리던 아홉 명의 귀족을 상징한다. 반면 맞은편 벽에는 전쟁과 무질서로 참혹하게 무너진 도시가 그려져 있다. 황폐해진 도시는 죽음과 비탄으로 가득 찬 광장에서 역시 드러난다.

　광장은 각종 행위가 서로 섞이는 곳, 상업이 이루어지고 대화가 이어지는 곳이라는 시각의 연원은 고대 로마의 시민 광장인 포럼forum과 그리스의 아고라agora까지 거슬러 올라간다. 호메로스는 《일리아스》 중 아킬레우스의 방패를 다루는 장면에서, 로렌체티가 2,000년 뒤 그런 것처럼 번창하는 도시와 전쟁 중인 도시를 묘사한다. 평화가 드리운 도시에서 결혼식 하객들이 춤추고 야외 판결이 진행되는 곳이 바로 아고라 광장이다. 광장은 이렇게 공적인 사안이 논의되는 장소이며, 사적이고 공적인 각종 축제들이 벌어지는 장소인 것이다. 독일 건축가 파울 추커Paul Zucker에게 광장이란, 사람들이 모이는 장소다. "광장은 그곳에서 이루어지는 교환과 접촉에 의해 사람들을 더욱 인간적으로 만든다. 광장은 그곳에 모인 사람들에게 교통 혼잡으로부터 보호받을 수 있는 안식처를 제공한다. 광장은 길거리의 혼잡함에서 오는 긴장으로부터 그곳에 모인 사람들을 해방시킨다".°

민의가 모이는 활로

광장은 몇몇 사람이 점유할 수 없다. 이것이 1960년에 출간된 최인훈의 소설 《광장》의 제목이 의미하는 바일 것이다. 최인훈은 소설에서 흥분된 어조로 독재와 부패로 만연한 한국 사회에서 시민 의식의 부재를 묘사한다. 광장은 시민들이 모이는 곳이어야 하지만, 소설에서 광장은 온갖 차량이 지나는 장소일 뿐이다. "아무도 광장에 머무르지 않는다. 필요한 약탈과 사기가 끝나면 광장은 텅 빈다. 광장이 죽은 곳. 이것이 남한 아닌가? 광장은 비었다." 하지만 "사람은 자신의 밀실에서만 살 수는 없다. 사람은 광장에 연결되어 있다." ▪

오늘날에도 여전히 '성공한' 광장들은 도시가 자체적으로 연출하는 공연을 담고 있는 장소다. 파리의 퐁피두센터 광장은 흔히 이탈리아식으로 '피아차piazza'▽라 불리곤 하는데, 이는 아마도 이 광장이 시에나 캄포 광장의 외형을 차용하고 있기에 그럴 것이다. 퐁피두센터 광장에서는 시선들이 상호적으로 교차한다. 사람들은 광장의 완만한 경사면 바닥에 걸터앉아, 퐁피두센터의 독특한 건물 외형을 바라보거나 그 앞에서 공연을 펼치는 가수, 광대, 배우에 환호한다. 한편 5층의 퐁피두 미술관을 찾은 관람객과 1층의 퐁피두 도서관을 찾은 사람들은, 퐁피두센터 내부에서 자신들의 발아래 펼쳐진 '피아차' 공간과 400년 전부터 파리의 모든 건축학적 계보를 고스란히 담고 있는 주변 건물들 그리고 그 위로 펼쳐지는 파리 지붕 위의 풍경을 감상한다.

한편 서울 광장과 광화문 광장은 서울에서 집결의 장소로서의 역할을 한다. 환희의 순간뿐 아니라 저항의 순간에도 마찬가지다. 고종 황제 서거 후 1919년 3월 1일, 독립만세를 외치던 일단의 무리는 황제에게 경의를 바치기 위해 대한문 앞에 집결한다. 1960년 4월 19일, 독재자를 하야시키기 위해 모인 곳도, 1987년 7월 9일 이한열 장례식 노제가 열렸던 곳도 시청 앞, 지금의 서울 광장이었다. 젊은 세대에게 서울 광장은 우선 2002년 한일 월드컵 당시 거리 응원의 메카로 축구팬들을 불러모은 곳이다. 이후 잔디광장이 조성되면서 '서울 광장'이라는 이름을 얻은 광장은 서울 시청이 기획하는 무료 콘서트, 전시회, 공연을 즐기기 위해 서울 시민들이 모여드는 장소가 된다. 그리고 2008년 봄, 서울 광장에 조성된 매끈한 잔디 위에 미국산 쇠고기 수입에 반대하는 촛불 집회가 열리며 광장은 다시 한 번 시위 장소로서의 사명을 맡게 된다.

비록 대로 한가운데에 있어 접근하기에는 불편하지만, 광화문 광장은 문화 행사, 콘서트, 전시회 등을 통해 도심 속 문화 광장의 기능을 수행한다. 또한 세월호 유가족들이 추모 행사를 열고, 세월호 특별법 제정을 요구하며 권력에 맞서 자신들의 의지를 표명하는 공간이기도 했다. 하지만 오랫동안 정치권력의 공간은 광화문이 아니었다. 권력은 일반인에게 접근이 통제되는 요새와 같은 청와대라는 장소를 가지고 있었다. 이곳은 인왕산의 먼 산등성이에서나 아스라이 확인할 수 있을 뿐이었다. 당연히 사진을 찍는 것은 허용되지 않았다. 이 사이 이순신과 세종대왕의 거대한 동상이 버티고 있는 광화문 광장, 정치권력과 적지 않은 거리를 둔 채 여러 대기업 빌딩에서 지척에 있는 광화문 광장은 오랫동안 미디어와 시민의 관심을 잡아끌 수 있는 장소로 존재

174

서울 광장 전경.

해왔다. 2017년 봄에 새로이 취임한 대통령은 광화문 광장에 집무실을 마련하겠다는 결정을 알리며 국민에게 가까이 다가서는, 적어도 상징적 의지를 드러냈다. 이 결정은 마치 성균관 유생들이 왕에게 자신들의 항의사항을 전달하기 위해 광화문으로 오곤 했던 오래된 전통을 떠올리게 하려는 듯하다.[*]

유럽의 광장들은 명성을 떨치는 바로 그 순간, 위태로워졌다. 카밀로 지테는 이미 19세기 말부터, 모든 사안이 야외에서 공공연하게 논의되었던 그리스의 아고라 광장을 그리워한다. 근대의 광장에도 여전히 장이 서지만 이 근대의 시장은 점점 폐쇄되고 막힌 홀 내부에 제한되는 경향을 보인다.

중세와 르네상스 시기의 광장들이 화려하며 상대적으로 공간이 닫혀 있고 교통수단보다는 도보자에게 더 접근성이 높았던 반면, 18세기 이후 큰 광장들은 대로의 교차점에 형성되기 시작한다. 파리의 경우 콩코르드 광장과 2013년 정비 이전까지의 레퓌블리크 광장이 여기에 속한다. 서울의 중심에서 모든 교통로와 연결되어 있던 20세기 대부분의 시기 동안 서울 광장도 마찬가지다. 이제 광장은 시끄럽고 분주해 더 이상 그리스 아고라 광장도, 도시 국가의 사안들을 진지하게 다룰 수 있는 시민 광장 포럼도, 조용히 명상할 수 있는 휴식 공간도 아니게 되었다.

대로축의 교차로에 형성된 광장은 한편 국민 통제에 용이하다. 나폴레옹 3세가 파리의 심장을 가로지르는 대로를 내며 광장을 만들고,

그들을 가두기도 한다는 사실을 확인할 수 있다. 서울 광장이나 광화문 광장에 몇 대의 경찰차량만 동원하면 집회 참석자들이 권력의 중심으로 나아가지 못하도록 막을 수 있다. 시위대는 서울 시청을 위협할 수는 있어도 청와대는 위협하지 못한다. 시야에 쉽게 노출되기에 감시하기도 수월하다.

자유롭고 중립적인 공간

전통적인 광장들은 오늘날 공공장소의 전문화와 세분화로 위태로워졌다. 르네상스 시기의 이상적인 도시 계획이 화려한 건물들로 둘러싸인 넓은 광장을 꿈꿨다면, 20세기 도시들은 고속도로, 공원, 주거지를 위해 광장을 없애고 있다. 교통을 중심으로 한 도시가 권력의 도시, 시민의 도시를 대체한다.

　그런데 이 교통망 중심의 도시 구획들은 점점 더 전문화되고 세분화된다. 르 코르뷔지에Le Corbusier 이론의 영향을 받은 도시 계획자들은, 한쪽에 도심 교통 상황 개선을 위한 도로를 놓고, 다른 한쪽에 기분 전환을 위한 정원을 만든다. 이쪽에는 주거용 고층 건물 지역을, 저쪽에는 사무실 구역을 만든다. 도보자는 더 이상 자동차와 마주치지 않고, 상점은 상업 구역에 모여 있다. 현대 도시에서 장소는 각각 단 하나의 기능만을 갖는다. 길 역시 세분화된다. 18세기 말부터 도로는 인도와 차도로 분리되기 시작했다. 20여 년 전부터 차도는 자동차 도로,

레퓌블리크 광장에서 토론 중인 시민들.

도시를 꾸미고, 시민의 이동을 편리하게 했는데, 한편으로는 폭동이 일어날 경우 대로를 따라 군대가 시위대를 진압하기 용이하게 하려는 의도 또한 있었다. 밤샘 시위 '뉘 드부'의 시위자들은 레퓌블리크 광장에서 아나키즘을 꿈꾸지만, 필요시에는 군대가 파리 전체로 이동할 수 있도록 군대 한 병영이 광장 한편을 둘러싸고 있다는 사실은 잊고 있다(레퓌블리크 광장 근처에는 지금도 군대의 한 단위인 '가르드 레퓌블리크(공화국 경비대)'의 병영이 있다).

서울에서도 대로축을 따라 시위자들이 모여들지만, 그 길과 광장이

버스 전용 도로, 자전거 전용 도로로 분화되고 있다. 이러한 도로의 세분화는 유럽에서 점점 가속화되고 있다. 서울에서는 도로의 세분화가 전적으로 이루어지지 않아서 여전히 가끔은 보도가 따로 나뉘어 있지 않은 길을 걷게 된다.

그러나 광장은 중립적인 공간, 미리 정의된 어떤 기능도 수행하지 않는, 따라서 모든 이를 수용할 수 있는 공간이어야 할 것이다. "광장은 중립적으로 펼쳐진 공간으로, 그곳에서 사람들은 마치 흰 바탕 위에 놓인 것처럼 보인다. 그들은 이러한 중립적인 바탕을 각자의 고유한 개별성을 펼치기 위해서 활용한다."◎ 광장은 이렇게 미리 정해진 어떤 결정으로부터 자유롭고 중립적인 공간이어서 광장을 드나드는 사람들, 그들의 행동, 기호들을 순간적으로 받아들일 수 있어야 할 것이다. 또한 광장이 광장을 둘러싼 건물들에, 광장을 품고 있는 도시에 가치를 부여하는 공간일 수 있어야 할 것이다. 광장은 공백의 공간일 수 있어야 한다는 것이 중요하지 않을까? 광장은 때때로만 채워질 수 있어야 하지 않을까?

'뉘 드부'는 매일 레퓌블리크 광장을 점유한다. 시위자들은 토론하는 것에 그치지 않는다. 천막을 치는 사람도 있고, 콘서트도 열고, 즉석에서 채소밭을 일구기도 한다. 나는 광장의 행인들이 여기저기서 주워 모은 나무판자와 종이 상자로 집을 짓는 것도 보았다. 하지만 그들은 광장에 대한 이러한 자신들의 점유가 일시적임을 안다. 광장이 시위자들에게 열린 만큼, 주변 거주민, 관광객, 산책자들과도 함께 나

✕

이를 위해 광장은 빈 공간으로 남아 있어야 한다. 우리가 광장을
우리와 관련된 모든 것으로 채우도록, 그 무엇이든지 간에 어느
누구도 우리의 자리에서 우리 대신 생각하지 못하도록 말이다.

누는 공간으로 남아 있어야 하기에.

　수천 명의 파리지앵도 물론 이 광장에서 함께한다. 2015년 1월 7일, 풍자 주간지 기자들이 테러를 당한 날 저녁에, 그리고 다시 수십 명의 다른 파리지앵들이 무참히 희생된 같은 해 11월 13일 저녁에, 레퓌블리크 광장은 이 모든 참사의 기억과 추모의 행렬을 맞이했다. 어느 누구도 레퓌블리크 광장이 파리 테러 참사의 추모 공간이 되리라고는 예상하지 못했다. 광장에서 사람들은 각자의 방식대로 오고 간다. 방향을 바꾸거나 멈춰서고, 말을 하거나 혼자 머무르며 추억을 되살리거나 미래를 생각한다. 이를 위해 광장은 빈 공간으로 남아 있어야 한다. 우리가 광장을 우리와 관련된 모든 것으로 채우도록, 그 무엇이든지 간에 어느 누구도 우리의 자리에서 우리 대신 생각하지 못하도록 말이다.

◆ https://opendata.paris.fr/explore/data-set/voiesactuellesparis2012/.

○ Paul Zucker, *Town and Square from the Agora to the Village Green*, Columbia University Press, New York, 1959, (Yoshihara Akiko, *Qu'est-ce qu'une place réussie?*, mémoire de master, Institut d'Urbanisme de Paris, 2008에서 재인용)

■ Ch'oe Inhun, *La Place*, traduit par Ch'oe Yun et Patrick Maurus, Actes Sud, p. 37 à 40(최윤, 파트릭 모뤼스가 공역한 최인훈의 《광장》 프랑스어판).

▽ 이탈리아의 도시 광장으로, 보통 건조물로 둘러싸여 있다─옮긴이.

★ Jongwoo Han, *Power, Place and State - Society Relations in Korea*, Lexington Books, 2013, p.187.

◎ Denis Delbaere, *La fabrique de l'espace public : Ville, paysage et démocratie*

비어 있는 공간, 광장

Part2

×

도시라는 공동체

_이나라

아직 군인 출신 대통령이 통치하던 시대에 여고생이었던 나는 밤기차를 타고 친구들과 보호자 없는 첫 여행을 떠났다. 꼭 밤기차여야 했다. 여름방학을 맞아 여고생 셋은 부모님께 선생님과 여행을 간다고 거짓말을 하고는 아마 소설에서 읽은 대로 동해로 가는 밤기차의 객차 뒤편에 신문지를 깔고 앉았다. 지금은 잘 기억이 나지 않지만, 목적지는 '한적한 동해 바닷가 어디쯤'이었다. 주로 낭만적인 여고생이나 20대 문학청년들이 당시 그렇게 밤기차에 몸을 실었던 것으로 기억한다. 몇 년 뒤 정동진 해안가 소나무가 있는 기차역이 나오는 드라마로 갑

자기 인기를 끌게 되지만, 당시에는 그리 알려진 장소가 아니었다. 밤 기차에서 신문지를 깔고 앉아 속으로 내뱉은 말 한마디가 또렷이 기억난다. "도대체 왜 밤기차가 좋다는 거지? 깜깜해서 아무것도 보이지 않잖아!" 예상과 달리 우리는 밤기차에서 정작 아무것도 보지 못했다. 쌀쌀한 기운이 느껴지는 새벽녘, 기차역 앞에 내려 시외버스를 탔던 것 같다. 인터넷, 여행자 커뮤니티, PC통신조차 없었던 시절, 미리 '검색'할 수 있는 '실용적'인 정보는 그리 많지 않았다. 스마트폰이나 지도책도, 팬션도 없었다. 한적한 바닷가 마을에서 호객 행위를 하러 나온 민박집 할머니가 우리를 놓치지 않았다. 밤기차에는 아무런 풍경이 없었지만 바닷가 민박집 커다란 방의 집채만 한 모기장, 집 앞 바위투성이 해변, 그리고 짜고 습했던 더위들, 말다툼의 추억이 씩씩한 척하던 여고생들이 꿈꿨던 여행의 '속살'을 구성할 것이다.

대학생 시절 홀로 떠났던 유럽 여행 중에는 순전히 숙박비를 아끼기 위해 밤기차를 탔다. 객실형 기차 속 한 객실 안에 적게는 넷, 많게는 여덟 좌석 정도가 마주보는 두 줄로 배치되어 있었다.* 스페인 남부 안달루시아의 주도인 세비야에서 저녁 7시쯤 기차를 타면 밤새 이베리아 반도를 거슬러 올라 아침 일찍 카탈루냐의 바르셀로나에 도착한다. 탈진할 만큼 햇살이 뜨겁던 오후에도 물 한 모금 마시지 못했던 나는 다시 더 이상 먹을 만한 것을 팔지 않는 기차역에서 발을 구르다 기차를 탔다. 열두 시간 동안 내 등짝의 두 배쯤 되는 배낭을 놓고 앉은, 사자 갈기처럼 빛나는 금발머리에 나보다 족히 이십 센티미터쯤은 더 큰 백인 남자애 네 명과 같은 객실 의자에서 쪽잠을 잤다. 나는 이제 막 일부 젊은이들이 외국 여행을 떠나기 시작하던 나라, 오랫동안 해외 문화를 직접 경험할 길이 별반 없던 나라의 젊은이였던지라 밤새 달리는 유럽 대륙의 기차 여행은 생소함 그 자체였다.

기차의 근대성

기차는 대륙을 가로지르는 최초의 근대적 운송수단이다. 서구인이나 조선 사람이나 기차를 타고 비로소 장거리 여행을 떠났고, 이국을 발견했다. 1820년대 영국과 프랑스, 미국은 철로를 가설하고 증기기관으로 물자와 사람을 실어 나르기 시작했다. 1825년 영국에서 처음 운행을 시작한 증기기관차는 2년 뒤 프랑스에서도 모습을 드러냈다. 지방에서 먼저 운행을 시작한 기차는 이후 리옹, 파리 등의 대도시에서도 운행되었다. 서민들도 이용할 수 있었던 옴니버스(말이 끄는 마차)와 기차의 등장은 19세기 산업, 거주, 이동을 포함해 도시적 삶의 양태를 송두리째 바꾼다. 19세기 중반 파리의 수장 오스만Georges-Eugène Haussmann은 강력한 행정력으로 중세 도시 파리를 대대적으로 정비하며 리옹과 파리의 기차역 역시 최신 기술로 재정비했다. 시시각각 변하는 빛을 그린 인상주의 화가들 역시 모더니티의 상징인 기차의 이미지에 매료되었다. 〈인상, 해돋이〉, 〈수련〉, 〈루앙 대성당〉 연작으로 유명한 모네는 1877년 후반 철제 골조와 유리를 사용한 파리 북부의 생 라

자르역을 그린 여덟 편의 연작 회화를 인상주의 전람회에 출품했다.

조선의 경우에는 사정이 좀 더 복잡했다. 기차는 "개화의 실상을 알려주는 큰 학교"(《독립신문》, 1896년 7월 2일자)였지만 강제와 침탈의 상징이기도 했다. 경의선이나 경부선 설로 가설 과정에서 철도 원자재와 용지, 노동력 등의 수탈이 진행된 탓이다. 그래도 식민지 조선 땅에도 여행의 바람은 불었다. 1900년대 초입 기차 여행 경험을 적은 기행문들을 보면 조선 사람들 역시 기차의 대단한 속도에 경탄한다. 이들은 지긋이 바라볼 기회를 주지 않고 번쩍번쩍 지나가는 풍경들을 바라보며 어지러워하다 이내 실내로 고개를 돌렸다. 책을 읽는데 이르지 못한 이들은 객차에 앉아 있던 사람들끼리의 데면데면함에 어색해 한다.

이제껏 스스로 걷거나 사람이나 동물의 힘을 빌려 이동하던 사람들은 지치는 기미 없이 질주하는 기차에 감탄했다. 그러나 당대의 사람들은 기차나 기차로 상징되는 기술 진보가 배태하는 일상의 요동 역시 감내해야 했다. 낯선 것들이 쏟아져 들어오는 일에 신경이 곤두선 것은 조선 사람뿐만이 아니었다. 19세기 말과 20세기 초 유럽의 대도시를 경험한 독일의 사회학자 짐멜Georg Simmel은 길거리에서 이방인과 마주치고도 태연자약을 연기해야 하는 도시인이 겪을 신경과민에 대해 적었다. 작가 에밀 졸라는 인상주의 전람회에서 모네가 그린 기차역과 기차의 모습에 압도된다. 에밀 졸라는 이후 증기기관차 기관사를 주인공으로 한 소설 《인간 짐승》을 집필했다. 자신이 모는 기관

클로드 모네, 〈노르망디 기차의 도착, 생 라자르
역〉, 1877.

차를 여인보다 더 사랑한다고 고백하는 주인공 랑티에는 어린 시절부터 격렬한 살인 충동에 시달리는 인물이다. 프랑스의 영화감독 장 르누아르Jean Renoir는 철도회사의 일상을 꼼꼼하게 기록했던 졸라의 원작 소설을 각색한 걸작 영화 (《야수 인간》)를 만들었다. 장 르누아르의 영화는 특히 시종일관 증기를 내뿜으며 달리는 기차를 생생하게 시각화했다. 화면을 가로지르는 기차는 진정 한 마리의 야수와 같다. 이렇듯 기차는 기묘한 이중성의 상징이었다. 우선 기차는 체계적 질서와 근대성의 상징이었다. 시간을 지켜 도착하고 떠나는 기차, 기차를 철저하게 관리하고 운행했던 조직은 근대적 회사 조직이었다. 공장에 원료와 일꾼을 실어 나르던 기차 리듬에 맞춰 세계는 진보할 것만 같았다. 그러나 에밀 졸라나 장 르누아르는 다른 면에 주목했다. 이들은 사람들이 기차를 두려워하고 있음을 감지했다. 기차는 언제 돌변할지 모를 흉포한 괴물처럼 여겨지기도 했다.

감각의 위기

〈야수 인간〉 이외에도 20세기 전반의 숱한 서구 영화들은 근대인이 기차에 대해 품고 있던 다양한 감정을 드러낸다. 동유럽을 가로지르던 열차 속 프랑스인 여학생이 유럽 여행 중인 미국에서 온 남학생과 열차 식당 칸에 앉아 맞장구를 치며 이야기를 나누고는 같은 날 빈Wien의 밤거리를 함께 거니는 1990년대 영화(1995년작 〈비포 선라이즈〉)가 있는가 하면, 그보다 수십 년 전에 만들어진 영화의 주인공들은 열차 속에서 속내를 알 수 없는 살인범을 만나거나, 심지어 낯선 사람에게 살인 청탁을 받기도 한다(1951년작 〈열차의 이방인〉). 1941년 히치콕이 연출한 영화 〈의혹〉은 바로 이 열차 속 만남의 성격 자체에 대한 의혹을 소재로 삼았다. 부유한 가문의 외동딸이 혼자 기차를 타고 여행을 하다 만난 남자와 사랑에 빠진다. 재치와 바람기가 넘치는 남자에게 빠진 여자 주인공은 부모의 반대를 무릅쓰고 결혼을 하지만, 이내 남편의 행동거지 하나하나가 의심스럽다. 남자의 진짜 정체를 의심하기 시작하며 여자는 남자가 자신을 죽이려 한다는 생각에 사로잡혀 어찌할 바를 모른다. 사달의 원인은 결국 기차였다. 〈의혹〉은 낯선 곳과 낯선 사람을 경험하는 것이 점차 일상화된 시대의 두려움을 반영한다.

20세기 초반의 철도 여행기를 남긴 이들은 기차라는 기계가 인간의 감각을 훼손한다고 불평했다. 기차의 빠른 속도와 유리 창문 탓에 도통 바깥의 풍경을 뚜렷하게 볼 수 없다는 볼멘소리가 여행기에 자주 등장한다. 도보 여행에서 맛보던 여정의 기쁨이 많이 사라졌다는 것이다. 이는 활동사진의 이미지가 막 보급되고 있던 시절, 아직 움직이는 이미지를 경험하지 못한 이들이 하던 불평이기도 하다. 그러나 이들의 비관적인 불평에는 귀담아들을 교훈이 있다. 인간의 속도를 압도하는 기계의 매개 탓에 인간이 이곳과 저곳 사이의 중간지대를 직접 몸으로 감지할 기회를 잃는다는 아쉬움 말이다. 꼭 기계의 개입만이 문제는 아니다. 리처드 세넷Richard Sennett은 근대 세계가 자유로운,

기차에서 일어나는 낯선 만남. 알프레드 히치콕 감
독의 〈의혹〉의 한 장면.

달리 말해 재빠른 '순환'에 사로잡힌 시대라고 생각한다.° 그는 자유
롭게 움직이고자 하는 인간의 욕망이 공간을 감각하려는 신체의 요구
를 압도하는 근대 세계에서, 개인은 촉각의 위기를 겪는다고 적었다.
기차에 대한 두려움의 근간에는 이러한 감각의 위기가 존재할 것이다.

　100년 전의 사람들은 제시간이 되면 재깍재깍 떠나는 기차가 한없
이 무정하다고 적었다. 이 아쉬움 탓일까? 20세기에 만들어진 숱한
영화 속 주인공은 뒤늦게 마음을 바꾸고 기차에서 뛰어내린다. 열차
에 올라탄 연인은 뒤늦게 애인을 떠나지 않기로 결심하고는 객실 밖
으로 뛰어나간다. 혹은 뒤늦게 전속력으로 달려가 기차에 올라타기도
한다. 기차는 제시간에 떠나지만 연인은 이처럼 기차의 명령을 거부
한다. 요즘의 초고속 열차나 장거리 열차라면 불가능한 일이다. 열차
출입문이 이제 거의 다 자동문으로 바뀌어버렸기 때문이다.

　비행기의 여정이 불만인 이들에게 기차는 색과 모양이 있는 바깥
세계의 시각적 단서를 전해주는 교통수단이다. 기차 여행 지지자들은
이렇게 말할 것이다. "비행기 안에서 볼 수 있는 것이라고는 창밖의
구름이나 추상적인 요철로 변한 지형들, 내 앞의 조그만 모니터뿐 아
닌가?" 일 년 열두 달 대부분을 공항, 비행기, 출장지에서 보내는 해
고 전문가의 이야기를 다룬 〈인 디 에어Up in the Air〉라는 영화가 있다.
이 도시 저 도시의 해고 대상자를 만나 깔끔한 해고 협상을 하는 것이
주인공의 임무다. 누구에게도 감정 이입할 것 없이 협상을 신속하게
마무리하는 것이 해고 전문가의 자질이다. 땅 위에 버티고 있는 고요

한 집에서 보내는 시간을 끔찍하게 여기는 이 남자는 불확실성이 모든 고정성을 삼켜버리는 '액체 시대'▪를 살고 있다. 그는 남녀 사이의 사적 관계이건 고용주와 고용인의 공적 관계이건 지속적인 관계란 하나같이 불가능할 뿐 아니라 무용하다고 믿는다. 비행기는 영화 속에서 이 사내의 현대성을 요약하는 공간이다. 그러나 100년 후의 우리는 다시 21세기 비행기에서 먹던 기내식의 다채로움에 대해 추억할지도 모른다. 공항 검색대 앞에서 겪었던 일을 추억할지도 모른다. 우리는 테러에 대한 우려 탓에 액체를 들고 비행기를 탈 수 없다는 일이 일종의 상식이 되어버린 시대에 살고 있지만, 먼 훗날 비행기를 타기 전 검색대 앞에서 음료수를 다 비워버려야 한다는 이 상식은 얼마나 이상한 이야기가 되어 있을까?

추억의 밤기차

기차는 한때 으뜸가는 기술 진보의 상징이었다. 그랬던 기차가 여고생의 동해바다─밤기차와 같은 추억의 기호가 되었다. 고속도로가 생기고 마이카 시대를 지난 뒤 항공 여행, 나아가 저가항공 여행의 시대에 이른 탓이다. 2017년 한국의 장년층은 성인이 되어서 마이카 시대를 맞이한 세대다. 중년층은 손으로 창을 들어 올리던 구식 열차, 터널을 지날 때면 전원 문제로 깜깜해지던 구식 열차를 타고 수학여행을 떠났던 세대다. 평화를 상징하는 비둘기의 이름을 따온 완행열차를 기억하는 세대다. 그런 탓에 기차라는 낱말은 이들에게 어쩔 수 없이 지난 시절의 아련한 분위기를 떠올리게 한다. 1997년작 영화 〈초록 물고기〉 속 막둥이가 기차에서 주웠던 붉은 스카프는 그렇게 아련한 느낌을 전했다. 협궤열차가 사라졌고 비둘기호가 사라졌다. 평화보다 통일보다 중요한 무궁화호와 새마을호만 남았다. 이후 무수한 관광열차가 생겼다. 한국철도공사는 25세 미만(이후 28세로 조정)의 젊은이들을 대상으로 여름철과 겨울철 일정 기간 동안 일부 열차를 입석으로 무제한 이용할 수 있는 철도 패스를 판매하기도 한다. 패스를 사용해서 여행하는 일은 대학생이 꼭 해보아야 할 일로 꼽힌다. 입석으로만 사용할 수 있는 탓에 성수기 이용자가 몰리는 인기 구간의 열차는 안전사고가 우려될 정도란다. 왜 입석이어야 할까? 사서 고생하는 젊음, 낭만적 여행의 이미지를 이용해 값싼 자리를 끼워 파는 어른들의 염치없는 마케팅은 아니길.

◆ 이런 폐쇄형 좌석은 이제는 서유럽 철도에서도 거의 찾아볼 수 없다.

○ 리처드 세넷, '9장 움직이는 육체', 《살과 돌: 서구문명에서 육체와 도시》, 문화과학사, 1999.

■ 지그문트 바우만Zygmunt Bauman은 '액체'라는 용어를 사용해 유동성이 확대되고 관계가 해체되는 근대의 풍경을 묘사한다.

꽃, 공포의 전염을 막는 백신

"파리는 □□□다." 빈칸에 들어갈 수 있는 말은 숱하게 많다. 20세기 초 파리에 체류했던 미국의 작가는 "파리는 날마다 축제"라고 썼다. 19세기 세계의 수도, 예술의 도시, 사랑의 도시, 철학의 도시, 유럽의 심장, 대부분의 세계인은 사랑하는 이와 함께하는 파리행을 꿈꾼다. 지난 2015년 11월 13일 밤, 파리 시내에 쏟아진 총알이 카페 유리창에 여러 개의 구멍을 남긴 그날 밤 이후 세계인은 파리라는 이름으로 공포의 이미지를 떠올린다. 나는 사진으로 테러리스트가 쏜 총알이 남긴 구멍을 보았다. 빠르게 나는 총알이 꽤 두꺼운 유리창을 뚫고 지나간 자

총알이 평범한 사람들의 맥을 끊었다.

리였다. 사진 속 구멍은 내가 생각했던 것보다 작았다. 2014년 6월 이
래 이슬람국가[5] 및 연관 조직은 2015년 말까지 스무 개 나라의 민간
인을 무차별로 공격했다. 그날 밤 파리는 그 스무 개 나라 중 한 곳의
도시였다. 열여덟 달 동안 아프리카, 중동, 유럽 등지의 나라에서 여
든 차례 이상의 IS 테러 공격이 있었다. 1,600여 명이 희생되었다. 나
는 그 사이 폭탄과 총격으로 무너진 건물 더미, 흥건한 핏자국을 기록
한 사진을 여러 차례 보았다. 나는 내가 좀 더 잘 아는 도시 파리에 총
알이 쏟아졌을 때에야 유리창과 벽에 남겨진 총알 자국을 보았다. 작
은 구멍을 내고 지나간 총알이 평범한 사람들의 맥을 끊었다. 매 순간
커다란 숨을 쉬던 사람들이었다. 이후 같은 도시에 살고 있던 이들이
몰려와 꽃을 내려놓았고 촛불을 켰다. 몇몇은 총알이 지나간 자리에

꽃을 꽂았다. 프랑스의 한 텔레비전 채널에서 어린 아들과 아버지의 대화가 흘러나온다. 아버지는 아들에게 시민들이 테러에 희생된 이들에 바치는 꽃이 총을 이길 것이라고 말했다. 나는 파리 사람들이 건물 창 앞에 매단 화분의 꽃, 정원이나 작은 광장 화단의 꽃, 테이블 위의 꽃 그리고 내 유년의 꽃이 지닌 저마다 다른 모습과 의미와 쓰임에 대해 생각했다.

국가의 꽃, 학교의 꽃

1980년대 초입 초등학교에 들어간 나는 동네 골목이나 학교 운동장에서 친구들과 손에 꼽을 만큼 제한된 몇 가지 놀이로 소일했다. 그중에는 황당한 상상의 전쟁을 소재로 한 소설의 제목이기도 한 '무궁화 꽃이 피었습니다'라는 놀이도 있었고, "우리 집에 왜 왔니, 왜 왔니, 왜 왔니?"라는 노래에 맞춰 하는 놀이도 있었다. '우리 집에 왜 왔니'라는 놀이는 무슨 이유에서인지 여학생들이 즐겨했던 것으로 기억한다. 아이들이 서로 손을 잡고 양편으로 나뉘어 선다. 한쪽 아이들이 전진하며 우리 집에 왜 왔느냐고 노래를 하면 반대쪽 아이들은 뒷걸음을 쳐야 한다. 이번에는 뒷걸음치던 아이들이 "꽃 찾으러 왔단다, 왔단다, 왔단다"라고 노래를 이어받으며 앞으로 나선다. 반복되는 전진과 후퇴의 움직임이 이어지는 사이 양쪽은 계속 묻고 답한다. 기억을 더듬어 살피면 놀이는 다음처럼 끝을 맺는다. "무슨 꽃을 찾으러 왔느냐,

왔느냐?" 상대편 아이의 이름을 넣어서 'OO꽃'으로 지명한 다음, 그 아이와 가위바위보를 해서 이기면 꽃(이라 지명된 아이)을 자기편으로 데려온다. 아이 하나하나를 꽃에 비유하니 얼핏 보아 아름답다. 그러나 여느 놀이처럼 이 놀이도 인간 공동체의 원시적인 운용 방식을 답습한다. 가만 들여다보면 이기고 지는 것이 분명하다. 나아가고 물러서고, 집이라는 '영토'가 있으며, 겨루고, 빼앗아온다. 빼앗아오는 대상도 다름 아니라 꽃이다. 편 가르기와 침략, 약탈이라고 상상할 수도 있다. 이 놀이를 즐겨하던 어린 나와 내 친구들은 놀이의 규칙을 변경하기도 했다. 우리는 꽃 이름을 따서 각 그룹의 이름을 지었다. 장미와 무궁화를 골랐다. 거의 항상 장미와 무궁화였다.

'무궁화꽃이 피었습니다'라는 놀이를 하고, 고무줄을 할 때면 "무찌르자 공산당, 몇 천만이냐 칠천만"이나 "금강산 찾아가자 일만이천봉" 노래에 맞춰 폴짝폴짝 뛰었던 아이들이었다. 무궁화 말고 장미꽃, 국화가 아닌 꽃을 상상할 수 있는 것이 그래도 용했다. 무궁화는 놀이터에만 있는 것이 아니었다. 무궁화는 놀이터에까지 있었다. 아니, 무궁화는 실제로 피고 지며, 향이 나는 꽃이라기보다 문양과 국가의 이름으로 도처에 있었다. 구한말 이래 민족을 상징하는 꽃이었다는 무궁화는 식민지 시대에는 독립운동의 상징이었다고 한다. 1948년 정부 수립 이후 정부의 각 부처는 무궁화 문양을 정부를 상징하는 공식 문양으로 사용하기 시작했다. 군사정권 아래에서 초등학교에 다녔던 나는 자주 애국가를 불러야 했다. 애국가를 부르며 학생들은 무궁

화가 삼천리를 수놓고 있다고 외웠다. 음악 시간에는 애국가 이외에
도 나라꽃에 대한 여러 노래를 배웠다. 1983년 전두환 정부가 대대적
인 무궁화 보급 운동을 시작했을 즈음 학교에서 나는 몇 번이나 무궁
화를 그렸다. 꽃잎의 개수, 잎사귀의 모양, 꽃술, 무궁화 봉오리까지
하나하나 세밀하게 묘사하고, 색연필과 크레파스로 무궁화를 칠했다.
무궁화는 폈다 졌다 또다시 피는 가장 생명력이 넘치는 꽃이라고 했
다. 은은하고 아름다운 꽃이라고 했다. 아름다움은 애국적이었고 애
국은 무궁화처럼 아름다워야 했다. 그렇게 무궁화에 대해 배우던 아
이들이 운동장에서 뛰어놀 때 상상할 수 있는 첫 번째 꽃 이름은 무궁
화일 수밖에 없었다.

진달래나 개나리가 더 흔한 꽃이었지만 무궁화 다음으로 늘 장미
를 골랐다. 서양을 배경으로 하는 만화책에 장미가 등장하곤 했기 때
문이다. 서양 사람들은 장미꽃을 주고 사랑을 고백한다고 믿으며 서
양의 풍습을 막연히 동경하던 시절이었다. 동시에 서양의 풍습은 문
란하고 퇴폐적이기 쉽다는 인식 역시 퍼져 있던 시절이었다. 우리는
놀이를 위해 각자 장미와 무궁화 중에서 하나를 택해 편을 갈라야 했
다. 나는 자주 무궁화와 장미 사이에서 곤혹스러워했다. 퇴폐나 반역
이라는 말은 몰랐는데도 애국심 때문에 장미를 선뜻 선택하지 못하는
편에 속했다. 무궁화 대신 장미가 좋다고 선택하는 아이들이 부럽고
도 야속했다. 솔직한 아이들만이 장미 그룹을 선택했다. 무궁화와 장
미가 세를 불리려고 싸우는 사이 나는 언젠가 한 번 장미 대신 백합은

어떠냐고 말했다 크게 무시를 당했던 기억조차 있다.

고등학교에 들어가서는 목련꽃을 그렸다. 교화였기 때문이다. 매년 봄이면 한 번씩 교화 그리기 대회에 참여해야 했다. 매년 발간되는 교지의 표지도 언제나 목련이었다. 목련 사진이거나 목련 그림이었다. 목련 그리기 대회에서 상을 받은 학생의 그림을 표지로 쓰기도 했다. 목련꽃의 우아함을 기꺼이 표현한 그림이나 사진이었을 것이다. 그러나 일방적인 명령에 따라 목련꽃을 억지로 관찰해야 했던 고등학생에게 목련꽃은 그저 봄이 오면 피는 매력 없는 하얀 꽃이었다. 목련의 고고한 이상을 숭상하라는 학교장의 명령은 일방적이기만 했고 생기발랄한 고등학생은 그 명령을 그저 시끄럽고 지겨운 것으로 여기는 것이 당연했다. 교지 편집부원이 교지의 표지를 목련화에서 백두산 판화로 바꾸었다가 학교장과 보수적인 교사들이 노발대발한 적도 있었다.

찬바람이 다 가시기 전에 가지에 막 봉우리를 맺는 목련의 섬세한 진전을 눈여겨보게 된 것은 고등학교를 졸업하고 나서 한참이 지나서였다. 뒤늦게야 나는 목련에 대한 나의 부당한 편견을 바로잡았다. 지긋지긋한 강요 탓에 생긴 편견이었다. 그때서야 나는 세상을 삼킬 듯이 하얗거나 자주색으로 피어나는 목련의 자태에 감탄할 수 있었다. 그리고 억울했다. 마치 군대 생활 내내 유통기간 만료가 다가오는 똑같은 상표의 컵라면을 배급받던 병사가 제대 후 다시는 그 컵라면을 좋아할 수 없는 것처럼, 매일 편의점 삼각김밥을 먹던 취업준비생이

다시는 삼각김밥을 즐겨먹을 수 없게 되는 것처럼, 나도 오랫동안 실은 다른 꽃처럼 아름다운 목련꽃을 편견 없이 좋아할 수 없었기 때문이다.

이름을 불러주었을 때에야 꽃이 되었다는 시 구절은 광고에도 사용될 만큼 유명하지만, 꽃이야말로 이름을 알지 못해도 감탄하며 바라볼 수 있는 사물 중 하나다. 그러나 꽃은 자리에 따라 눈길을 끌지 못한다. 우리가 공식적인 코드로 꽃을 이용할 때 꽃은 제 모습을 드러내지 못한다. 가령 혼주나 상주의 사회적인 지위를 도드라지게 과시하는 축하 화환을 보며 꽃 하나하나의 자태에 감탄을 하는 이는 없다. 우리는 화환 아래에 매달린 리본과 리본에 적힌 글자를 바라볼 뿐이다. 그래서 화환의 꽃은 꽃다운 매력을 상실한 꽃이다. 활짝 핀 꽃을 보고 기쁨을 느끼기 위해 꽃말이나 꽃의 애국적인 쓰임을 알아야 할 필요도 없다. 사람들이 봄날 멀리까지 가서 구경하는 꽃은 무궁화처럼 공식적으로 대단한 의의를 가지고 있는 꽃이 아니다.

꽃을 든 시민

파리 테러 이후 화제가 되었던 프랑스 부자간의 대화에서 아이의 아버지는 꽃에 대해 이야기하기 전에 먼저 집에 대해 말했다. 아이가 아주 나쁜 사람들이 총을 쏘니 이사를 가야 한다고 했기 때문이다. 아이의 아버지는 "나쁜 사람들은 어디에나 있어, 이곳이 우리의 집이란다"

서울 아파트 담장에 핀
꽃(위)과 파리의 한 꽃
집(아래). 꽃은 타인에
게 내미는 손길이다.

라고 한다. 그러고서 그는 '우리의 꽃'으로 총에 맞선다고 한다. 이 말을 두고 어떤 이들은 동화로 현실의 위협을 회피하는 어리석은 소리일 뿐이라고 훈계했다. 아니다. 꽃은 현실적인 보호의 방책이다. 나는 파리 퐁피두센터 근처 전신주에서 발견한 꽃을 떠올려보기도 한다.

한 여인. 서른 내외의 노숙자가 2016년 4월 17일 생마르탱로 124번지 근방에서 죽었습니다.

이 여인에게 애도를 표할 수 있도록 여인의 지인이나 여인에 대한 정보를 알고 계신 분은 연락해주세요.

길에서 죽는 이들을 위한 모임

꽃은 정성을 들여 가꾸는 것이고, 타인에게 쉽게 선물하는 것이다. 꽃은 말을 뛰어넘어 감사의 마음과 사랑의 마음을 고백한다. 꽃은 공식적인 인사말을 대신하는 간단한 코드가 되기도 하지만 이루 다 표현할 수 없는 마음 속 요동을 능숙하게 담아내는 마법의 사물이기도 하다. 이때 꽃은 사람과 사람, 시선과 시선을 연결하고 나를 타인에게 개방토록 하는 사물이다. 우리는 공포에 사로잡힌 인간일수록 더욱 협소한 '자기 자신만의' 영토에 스스로를 가두고 만다는 것을 안다. 스스로 갇힌 인간은 어리석게 담장을 쌓고 집을 지키며 집 안에서 밖의 모두를 향해 총을 겨냥할 것이다. 그런데 아이의 아버지가 아이에게 잘 말해주었듯 나쁜 사람들은 어디에나 있다. 꽃으로 함께 추모하

꽃은 공식적인 인사말을 대신하는 간단한 코드
가 되기도 하지만 이루 다 표현할 수 없는 마음
속 요동을 능숙하게 담아내는 마법의 사물이기
도 하다. 이때 꽃은 사람과 사람, 시선과 시선을 연
결하고 나를 타인에게 개방토록 하는 사물이다.

는 일은 담장 밖의 나쁜 사람을 두려워하는 일이 아니라 내 옆에 나와 함께할 좋은 이웃과 나를 도울 친구, 내가 도울 친구가 있다는 사실을 함께 기억하고 서로 확인하는 일이다. 숨을 쉬고 있는 이 땅의 한 사람 한 사람이 모두 귀한 사람이라는 것을 믿고 있다고 함께 이야기하는 일이다. 좁은 내 집 안에 숨기보다 내 집보다 더 크고 더 열려 있는 '이곳, 우리의 집', 나와 내 이웃의 마을에 살겠다고 선언하는 일이기도 하다. 공포가 창궐하는 시대일수록 꽃은 유용하다. 꽃으로 '간단하게' 이웃을 만들고 친구를 만들자. 꽃이야말로 공포의 전염을 막는 백신이다.

한국이나 프랑스나 식물을 가꾸고 삶의 일부분으로 여긴다. 그런데도 나는 뜻밖에 프랑스 거리의 꽃 가게 앞을 지날 때 '프랑스에서는 꽃도 자유분방하구나' 하고 생각하기도 했다. 어린 시절 한국에서 지나치게 공식적인 의미를 부여했던 꽃을 배우고 익힌 탓일지도 모르겠다. 꽃은 저마다 아름답지만 무리지어 형형색색일 때 특히 꽃답다. 어울릴 것 같지 않은 것들이 미묘한 대조와 차이, 긴장감을 속에서 다발을 만들어내는 프랑스식 꽃다발을 보고서는 늘 감탄하는 것도 바로 이 지점이다. 단정하게 다발을 이루고 있는 튤립이나 백장미 다발도 있지만 어울릴 것 같지 않은 꽃과 풀, 원산지가 제각각인 꽃과 나무가 하나의 다발을 이루는 모습을 본다. 화려한 장미 옆에 삐죽이 튀어나온 들꽃, 열대 지방에 흔한 현란한 색의 꽃이 함께하는 꽃다발이 있다. 주로 선물용 화분이 자리를 차지하는 한국의 평범한 꽃 가게들과 달리 프랑스의 꽃 가게들은 길가에 제철 꽃을 잔뜩 내어놓는다. 축하나 애도를 위해 화분을 보내는 풍습은 없지만 가정 내 식사에 초대받은 이들은 대부분 꽃다발을 준비한다. 지중해 근처의 도시에 비하면 많지 않은 편이어도 길에 면한 창가에 꽃나무 화분을 매달아두는 이들이 파리에도 여전히 적지 않다. 바깥세상을 향하는 창에 꽃을 매다는 일은 타인을 만나기 위해 옷을 차려 입는 일과 크게 다르지 않다.

꽃을 든 시민은 제각각 존엄하고, 제각각 다른 모습으로 타인의 손을 잡고 어울린다. 형형색색의 꽃은 총에 저항할 뿐 아니라 배타적이고 무자비한 애국주의에 저항한다. 그런데 파리에 무자비한 총성이 울리고 열흘 남짓 지났을 때 프랑스 대통령은 희생자 추모의 날로 정한 11월 27일에 각 집의 창에 프랑스 삼색기를 내다 걸자고 제안했다. 프랑스 국기는 꽤 많은 프랑스 시민에게 국가주의의 상징이다. 국가주의가 군사행동과 애국주의와 지근거리에 있다고 믿는 이들에게 프랑스 국기를 앞세우는 일은 불편한 일이다. 국기를 매다는 행위는 프랑스 국내 축구 리그를 열광적으로 응원하는 사람들, 프랑스 극우정당의 지지자들에게 친숙한 일이다. 3개월간 연장된 비상사태, '국민 단결'의 구호 아래 집집마다 나부끼는 삼색기의 단조롭고 위험한 외침이 무고한 시민들이 목숨을 잃은 자리를 가득 채웠던 형형색색 꽃의 메시지와 같을 수 없다. 삼색기의 물결이 꽃을 지우는 위험한 애국주의의 풍경을 상상하지 않을 수 없다. 그러고 보니 태극기가 천지인 '금수강산'과 무궁화 일색의 '삼천리'는 결국 비슷한 풍경에 불과하다. 무궁화 일색의 삼천리에 들꽃의 자리는 어디일까? 저마다 아름다운 들꽃 역시 무궁화처럼 피고 지고 또 핀다. 꽃 중의 꽃 무궁화만큼, 무궁화보다 더 귀한 들꽃에 대한 노랫말은 어디에 있을까?

사는 곳 지척에 활기를 잃지 않은 재래시장이 있다. 파리의 집 바로 앞 대로에는 일주일에 두 번 오전 시간에만 장이 열린다. 1,000년 이상 프랑스의 중심지였던 파리에는 일찍부터 장이 섰다. 경제사학자 로버트 로페즈Robert Lopez는 《중세의 상업혁명The commercial Revolution of the Middle Ages, 950-1350》에서 중세 절정기 파리의 거대한 시장은 거리 좌판이나 천막이 아니라 공들여 지은 홀 안에 들어섰다고 적고 있다. 중세 시장에는 돈만 오고가는 것이 아니라 구경거리가 넘쳤다. 가게들은 눈길을 끄는 깃발이나 장신구를 매달았고 종교적인 상징물을 비롯해 온갖 물건을 전시했다. 인쇄술, 텔레비전, 영화, 인터넷 등이 제공하는 넘치는 시각적 정보에 익숙한 우리가 중세 시장에서 새 문물을 보며 경이로움에 두 눈을 휘둥그렇게 뜨는 사람의 심정을 제대로 이해할 수 있을까? 그럼에도 내게 여전히 서울과 파리의 시장은 재미난 곳이면서 동시에 배우는 곳이기도 하다.

명료하지 않은 재래시장 사용법

서울 사는 곳 골목 하나 건너에는 작은 규모의 편의점과 동네 마트가 있고 대로변에는 여러 상품 묶음, 원 플러스 원, 대용량 생활용품, 가전제품까지 갖춰놓은 대형 매장이 있다. 파리의 사정도 다르지 않다. 전통 장시 모델에 가까운 대로변 시장 이외에도 주로 아랍 이민자들이 운영한다고 해서 '아랍 가게'라 불리는 작은 식료품점이 여기저기 있다. 아랍 가게는 거의 모든 가게가 저녁 여덟시면 문을 닫는 파리에서 자정 무렵, 때로는 이튿날 새벽까지 영업을 하는 특별한 가게들이다. 그만큼 물건의 종류도 제한되어 있고, 가격도 비싼 편이다. 냉장고 안에 다음 날 아침 먹을 사과가 없다는 것을 발견한 밤늦은 시각에 시들어가는 사과를 사러 가기도 하고, 친구들과 어울려 술을 마시다 딱 한 잔 더 걸치고 싶을 때 와인을 사러 가기도 하는 가게, 그러니까 임시변통의 가게에 가깝다. 파리의 경우 대형 하이퍼마켓의 시내 입점에 제한 사항이 많다. 파리 시내 이곳저곳의 길거리 시장에서 장을 볼 여력이 없는 파리지앵은 보통 장바구니를 들고 속옷부터 훈제 연어, 고급 과자까지 파는 도심형 중형 하이퍼마켓에 간다.

서울의 동네 시장으로 가보자. 천장이 있는 골목에 가까운 전통시 장뿐 아니라 그 옆 골목에도 채소 가게, 정육점, 김밥과 국수 가게, 생 선 가게, 노점상 거리가 연달아 생겨 구역 전체가 시장 거리라 할 만 하다. 동네에 몇십 년씩 거주하던 분들뿐 아니라 새로 동네로 이사 온 젊은 커플이나 학생들도 적지 않게 시장 거리를 지난다. 이곳에는 "고 객 여러분께 감사드리며, 지금 이 시간부터 정육코너에서 전단지에 예고된 할인행사 시작합니다" 같이 거대한 마켓에서 반복적으로 울려 퍼지는 스피커 안내방송이 없다. 안내방송이 없더라도 이곳은 소란스 럽다. 바쁘게 장을 보는 아주머니, 조그만 장바구니를 들고 이곳저곳 탐색에 열을 올리는 젊은 처자, 상인들의 '특가'와 '떨이' 외침, 농담하 는 상인, 떼쓰는 손님, 그 사이로 지나가겠다고 조금씩 전진하는 사륜 자동차가 뒤섞여 늘 소란스럽다.

재래시장에서 최신상품을 찾는 사람은 드물다. 재래시장에는 낡은 물건이나 값싼 물건, 구수한 정감이 있을 것이라고 막연하게 기대하 는 사람이 더 흔하다. 그러나 따듯하고 순수한 정감을 기대하고 시장 에 왔다가는 오히려 낭패를 경험할 수 있다. 이를테면 재미난 구경거 리를 찾아 재래시장에 들른 순진한 관광객은 시장 입구에서 이를 간 파한 상인에게 비싼 값을 치르고 덜 익은 제철 과일을 사들고 나올지 도 모른다. 빨간 소쿠리에 담긴 브로콜리를 꼼꼼하게 만지는 젊은 손

대결 대신 대화와 협상이 오가는 시장에선 소란이
일상이다.

님에게 성질 급한 점원은 신경질을 내기도 한다. 줄지어 선 손님들 앞에서 **빠른** 손길로 삼치 네 마리의 배를 가르는 가게 주인은 "조림용? 구이용?"이라고 묻는다. 우물쭈물하다 상냥하게 두 마리는 조림용, 두 마리는 구이용으로 해주시면 안 되느냐 했다가 그런 법 없다고 퇴짜를 맞는다. "둘, 둘 나눠서 해달라"고 자못 퉁명하게 말한 저 앞의 아주머니한테는 군말 않고 해주었는데…… 공손한 요청보다 박력 있는 요구가 더 잘 통하는 모양이다. 봄나물 하는 법을 물으면 맛깔나게 설명해주는 상인도 있지만 카드 결제나 매사에 퉁명스러운 상인도 있다. 그래서 재래시장 사용법은 그리 명료하거나 단순하지 않다. 시장에선 요청이든 요구이든, 협상이든 사정이든 서로 말을 '섞어야' 한다. 말 한마디 하지 않고 해외 웹사이트에서 직접 구매를 하는 시대에 잘 적응한 사람일수록 예측 가능성이 떨어지는 재래시장의 사용법에 불편을 느낄 가능성이 높다. 효율적인 '품질관리'와 운영체계를 갖춘 온라인이나 오프라인 대형 매장에서 우리는 판매자의 성격과 기분, 심성을 눈치와 경험으로 파악하는 수고를 할 필요가 없다. 판매자의 평점, 물건의 가격을 비교하고, 배송기간을 체크하며 AS센터 직원의 환불 서비스 품질을 평가하는 것이면 충분하다.

주고받는 말들의 시장

한 번 더 말하자면, 시장에선 소란이 일상이다. 대형마트에서도 싸움이 나던 시절이 있었다. 입점한 조미료 경쟁회사 판촉 사원들끼리 벌인 신경전이 신문을 장식하던 시절이었다. 그러나 오늘날 대형마트 '고객'과 노동자는 싸우지 않는다. 서비스에 만족하지 못한 고객이 화가 나면 매장 매니저가 뛰어와 불만을 표하는 고객에게 머리를 숙이고 사태를 해결하려 들 것이다. '진상' 고객이라면 매니저가 나타나지 않는 사이 계속 분풀이를 할 것이다. 대형매장의 소란을 우리는 갑의 횡포라 부른다. 반면 싸움 소리를 포함해서 시장의 소란스러움은 시장이 정상적으로 작동하고 있다는 신호에 가깝다. 상대방의 가격이나 선전 방식이 공정하지 않다고 여기는 상인과 상인 사이의 싸움, 값을 치르는 손과 주인 사이에 시비가 이는 일은 시장에서는 일상적이다.

어느 날 과일 가게 앞에서 한 할머니가 고함을 지르고 있었다. 만원짜리 지폐를 준 것이 틀림없고, 거스름돈을 올바로 받지 못했다는 것이었다. 가게 주인의 고함소리도 점점 커져갔다. 아까 시장 저쪽의 생선 가게에서도 가격을 두고 시비를 벌이던 할머니가 지금 이쪽 과일 가게 총각에게 다른 일로 화를 내는 중이었다. 오늘 몸도 기분도 영 좋지 않았던 과일 가게 아주머니는 할머니의 성깔을 받아주지 않았지만 아까 저편 사거리 생선 가게 총각은 달랐다. 노련하고 넉살 좋은 생선 가게 총각은 할머니에게 반말인지 아닌지 애매한 말투로 사과를 하며 조개 한 뭉치까지 덤으로 준다. "어머님, 뭐가 잘못됐어? 응, 그래? 내가 미안하고, 내가 이것도 줄게." 지나는 사람이 다 들으라고 큰 소리를 내며 검정 봉지에 조개를 쫙 들이붓는다. 총각이 들이 부은 '덤'은 지폐가 매개하는 교환가치 이상의 '인정人情'일 수도 있다. 왁자지껄한 전통시장을 인간미 넘치는 공간으로 상상하는 이들은 시장의 인정을 소중하게 여긴다. 그러나 덤을 주었던 총각은 재빠르게 다음과 같이 생각하기도 했을 것이다. '곧 시장이 파할 때면 어차피 떨이로 팔 물건이니, 처음이 아닌 할머니의 소란을 말로 어르고 덤으로 가게 인심도 잠깐 자랑하는 편이 낫다.' 생선 가게 총각은 인정을 전시하지 않았다. 총각은 말과 덤의 기술자다. 총각의 기술은 갈등을 일으키는 사람을 상대하는 노련한 장사의 기술이자 일상의 사교술이다. 사교술의 핵심은 우회 화법이다. 퉁명스럽게 말로 충돌하기보다 말을 슬쩍 돌리되, 말 속에 힌트를 담는다. 사교술의 목표는 이기는 것이 아니라 궁극적으로 관계를 확장하는 것이다. 재래시장에서 우리는 거래의 셈법을 무시하는 순수한 인정의 서사 이상의 것을 경험하기도 한다. 재래시장은 아직 나와 타자가 갑과 을이 되어 대결하는 대신 교묘하게 대화하고 협상하는 기술을 시험하고, 경험할 수 있는 장소이기 때문이다.

프랑스나 파리 이곳저곳의 상설시장이나 일주일에 한두 번 서는 장marché에서도 소란은 예사다. 배움도 예사다. 그러나 프랑스에 막 도착해 특히 말이 서툴던 유학 초기에는 주변에서 흔히 볼 수 있는 시장에 가기가 두려웠다. 시장보다 슈퍼마켓이 편리했다. 슈퍼마켓에서는 말을 할 필요가 없었고 슈퍼마켓은 대체로 예측 가능한 방식으로 작동했기 때문이다. 더구나 한국의 생활습관에 익숙한 사람들에게 아침나절 문을 열고 점심시간이면 문을 닫는 시장은 불편하기 그지없었다. 뿐만 아니다. 한밤중 창고형 대형매장에서 심야 쇼핑을 즐기던 한국인이라면 슈퍼마켓에 가기 위해서라도 서둘러야 한다. 그나마 파리 사람들은 다른 지방의 중소도시 사람들보다 늦게까지 장을 볼 수 있다. 파리의 슈퍼마켓 체인 대부분은 여덟 시까지 열려 있고, 어떤 체인은 저녁 열 시까지 영업을 하기 때문이다. 우리는 슈퍼마켓에서 문득 전 지구적 표준 라이프스타일이 존재하는 것이 얼마나 편리한지 깨닫는다. 어느 누구의 참견 없이 물건을 한참 들여다보고, 골라 카트에 담고, 계산대 벨트 위에 올리면 된다. 그러나 표준화된 마켓에서도 우리를 당황하게 하는 일들은 일어난다. 한번은 설탕을 발견할 수 없었다. 한국에서라면 전분, 소금, 식초와 식용유 옆 선반에 있어야 할 설탕은 프랑스 슈퍼마켓에선 한참 떨어진 제빵용품 코너에서 밀가루와 아몬드가루, 베이킹파우더 옆에 있었다. 단맛과 짠맛을 한 요리 안에 잘 섞지 않는 프랑스에서 설탕은 기본양념이 아니니 소금이나 식초 등등과 한곳에 배치되지 않는다.

가지가지의 토마토나 감자를 볼 때도 난감했다. 프랑스 요리에서 토마토의 역할은 한국 요리에서 간장의 역할에 비유할 만하다. 여러 요리에 기본양념인 토마토소스를 사용하는 프랑스의 슈퍼마켓 선반에는 국간장, 양조간장, 진간장처럼 다양한 토마토와 토마토소스가 있다. 살이 단단해서 척척 썰어 샐러드에 넣을 수 있는 길쭉한 모양의 토마토, 소스 만들기에 좋은 무르고 달착지근한 토마토, 꼭 주렁주렁

덩굴째 파는 토마토가 있고 노란색, 초록색 등 색을 달리하는 소수 품종 토마토도 슈퍼마켓 채소 코너에서 양배추, 당근, 감자와 어깨를 나란히 하고 있다. 채소의 정체성을 지닌 토마토가 프랑스에서 설탕 뿌린 간식이 될 리 만무하다. 프랑스 슈퍼마켓 선반에서 원하는 물건을 발견하고 물건의 배치도를 기억하는 일은 프랑스 문화의 작동 방식을 학습하는 일이기도 했다.

영혼을 지닌 인간들이 만나는 장소

외국어가 조금 덜 불편해졌을 즈음 시장에 갔다. 상설시장이 드문 파리에는 대신 이곳저곳에 매주 두 번 정도 아침나절에 장이 선다. 제3세계의 공장이 찍어낸 값싼 가정용품 스탠드의 물건 목록은 우리 동네 시장 골목 잡화상의 물건 목록과 그리 다르지 않다. 제철 과일을 가득 쌓아둔 가판대 위에 사람들이 몰려들어 비닐봉지 안에 과일을 골라 담는 풍경 역시 한국 시장의 풍경과 그리 다르지 않다. 반면 적어도 수십 가지의 치즈를 파는 상인과 소박한 제철 꽃을 파는 상인이 어지간한 시장이면 꼭 있다. 이를 제외하고도 프랑스 시장에는 한국 시장과 다른 점이 있다. 주로 북아프리카 출신 상인들이 주로 스페인이나 북아프리카에서 운송해온 저렴한 과일과 채소를 파는 스탠드에서 물건을 살 때는 스탠드 주위에 바싹 붙어야 한다. 물건을 비닐봉지에 손수 골라 담은 뒤 이 사람 저 사람을 상대하는 상인의 이목을 재

빨리 잡아끌어야 값을 치르고 물건을 손에 넣을 수 있다. 최소한 20 퍼센트 정도 더 고가의 유기농 농산물을 파는 스탠드나 유기농이 아니어도 좀 더 손질된 과일이나 채소를 파는 스탠드에서 물건을 사려면 한쪽 옆으로 줄을 서야 한다. 자기 차례가 돌아오면 구매자는 상인에게 자기가 구매하고자 하는 채소나 과일의 이름과 원하는 양을 말한다. 상인은 용도와 조리 시기를 묻고 알맞은 상품을 골라준다. 줄을 서라거나 물건을 만지지 말라는 푯말은 어디에도 없지만 응당 그래왔던 대로, 시장의 암묵적인 규칙을 따라 이루어지는 일이다. 같은 시장 안에서 옆 사람을 조금씩 밀치고 스탠드 위의 사과를 이리저리 밀치기도 하는 상점과 구매자 하나하나가 자기 순서를 기다렸다 상인의 '지도'를 받는 상점은 제각각의 상징성과 작동 원리를 갖춘 채 공존한다.

　프랑스 슈퍼마켓에서 장을 보던 시절 나는 한국에서 구할 수 있는 호박이나 오이 같은 채소만 구매하면서 그 옆에 있던 생전 본 적 없는 모양의 채소들의 맛과 쓰임, 정체를 알지 못해 답답해했다. 일요일 아침 한참 줄을 서야 하는 장터 채소 스탠드에서 장을 보기 시작했을 때 나는 모험을 감행했다. 상인에게 가끔 어떻게 요리해야 할지 짐작도 할 수 없는 채소를 가리키며 무슨 맛인지, 어떻게 요리해야 하는지 물어본 것이다. 매일 채소를 다루는 상인은 공중파 텔레비전 프로그램에 출연하는 일류 요리사만큼 명료하고 드라마틱하게 설명을 해주곤 했다. 그는 초록색 라임이 내는 맛의 마술을 설명하며 자부심에 넘치는 표정을 짓기도 했다. 우리 동네 시장 상인 역시 봄나물 요리하는

시장은 물건들의 좌판이기도 하지만, 본질적으로
인간 감정의 교환소다.

긴 과정을 설명하며 같은 표정을 지었다. 나는 그렇게 프랑스의 문화와 요리를 배웠다. 그러니 슈퍼마켓이건 재래시장이건 시장이다. 우리는 시장에서 뒤섞여 싸우고 연민하며, 달래고 배운다. 시장은 결코 물건들이 정신없이 순환하는 공간이 아니다. 시장 역시 영혼을 지닌 인간의 역동적인 처소다.◆

◆ 장소의 중요성을 강조하는 사회학자 리처드 세넷은 기독교 공동체가 장소에 대해 지녔던 태도를 언급한다. 기독교 공동체는 자신의 장소를 잃는 일을 짐승이 되는 일로 여겼다고 한다. 리처드 세넷, 『살과 돌: 서구문명에서 육체와 도시』, 문화과학사, 1999, 219쪽.

한국에서 한 해를 보내고 프랑스로 돌아가는 남편과 택시를 탔다. 트렁크에 짐을 싣는 기사님에게 가방에 책이 잔뜩 들어 무겁다고 알렸다. 책이 많다는 말에 기사님은 우리가 작가인지, 선생인지 물었다. 어디에 가는 길이냐고도 물었다. 우리는 프랑스에 가는 길이라고 했다. "좋은 곳에 가시네요. 여행 가세요?" "아! 가보셨어요?" 머리가 희끗해지기 시작한 나이의 기사 아저씨는 "아뇨, 저는 캐나다 퀘벡에만 가보았어요. 언제 프랑스에도 꼭 가보고 싶어요"라며 다짐하듯 말했다. "네, 아직 젊으시니까!" 나는 딸이 사는 곳에 딱 한 번 들렀던 나이 든 부모님을 떠올리며 답했다. 여름방학을 맞아 비행기를 가득 채운 관광객들이 가이드북을 탐독하는 사이로 화장실에 다녀오다 다시 택시기사 아저씨의 다짐이 생각났다.

파리라는 판타지

박사학위를 마친 후 한국과 프랑스를 오가며 사는 나는 파리란 어떤 곳인지, 어디가 제일 좋은지, 파리와 서울 중 어디가 더 좋은지 등등의 질문을 받는 일에 익숙하다. 하지만 여태 능숙하게 간단하게 답하는 법을 모른다. 파리는 응당 아름다운 곳이지만, 파리에 아름답고 선한 사람이나 짐승들만 서식할 리는 없다. 중세 이래 파리 중심에 우뚝 서 있는 노트르담 성당을 떠올리면 그 건너편 스퀘어 장미덩굴 사이의 들쥐 무리가 함께 기억나고, 역시 들쥐 서식지인 지하철역 철로 위 깡통과 담배꽁초가 떠오른다. 지하철 역사 벽면을 가득 채운 흥미진진한 공연 포스터, 광고판 위의 익살 가득한 낙서가 연달아 함께 떠오른다. 사람에 놀라지도 않는 들쥐가 출몰하는 잔디 위에 아무렇지도 않게 나란히 누워 샌드위치를 먹으며 책을 읽는 연인, 그저 새침한 이웃, 손님에 퉁명스런 가게 점원들과 함께 나는 파리에서 외롭고 자유롭다. 그러나 파리에 대해 묻는 사람들이 항상 인내심을 가지고 내 이야기를 기다리는 것은 아니다. 유학을 마치고 돌아갔을 때 10여 년 만에 만난 친구는 내가 한마디로 파리의 인상을 요약해주길 내심 기대했다. 특히 "파리도 사람 사는 다 똑같은 곳"이라는 식의 대답에 제일 실망할 사람들은 파리 여행을 준비하고 있는 이들이다. 파리라는 도시, 파리라는 판타지, 아마도 21세기의 지구인 중 '파리'라는 단어에 결부되어 있는 판타지와 상상, 이미지의 세례를 조금도 받지 않은 이가 있을까?

실시간으로 무수한 이미지를 우리에게 밀착시키는 스마트폰 역시 우리가 여행지를 상상하는 방식에 큰 영향을 준다. 몇 해 전 파리행 비행기의 옆 좌석에 정말 앳된 얼굴의 청년이 앉았다. 청년은 스마트폰으로 파리 명소를 최적화된 조명 아래 찍은 사진 수백 장을 쉴 새 없이 살폈다. 청년이 보는 사진 속 파리는 1950년대 할리우드 고전 뮤지컬 영화 〈퍼니 페이스〉에 등장하는 파리, 2011년에 개봉해 인기를 얻었던 우디 앨런의 영화 〈미드나잇 인 파리〉에 등장하는 파리의 모습을 닮았다. 청년의 스마트폰에는 센 강 주변에 늘어선 옛 왕궁과 박물관, 평화로운 공원, 카페 사진이 즐비했다. 나는 청년이 놀라운 속도로 사진 이미지를 재빠르게 넘기는 모습을 곁눈질했다. 웬일인지 좀 불편한 마음이 들었다. 한참 꾸미고 모임에 참석했는데 모두 너무나 대단히 잘 차려 입은 느낌에 가까웠다. 잘 차려입은 이들 중 누구도 내가 신경 써서 고른 스카프며 옷차림에 눈길을 주지 않을 때의 느낌 같은 것 말이다. 청년이 들여다보는 사진 속 파리는 너무 잘 차려입은 사람들과 같았다. 내가 파리에서 애착을 쏟은 좁은 골목이나 건물, 장소들은 너무 수수해서 눈길도 끌 수 없을 것만 같았다. 들뜬 마음으

미드나잇 인 디즈니랜드

로 파리에 도착할 청년이 경험할 일들을 상상해보았다. 청년은 어쩌면 바쁘게 걸어다니며 이미 스마트폰으로 읽고 보았던 에펠탑이나 노트르담 성당의 대략적인 '인상'을 "아, 여기 있네!" 하며 그냥 '확인'하고 말 것이라 지레짐작하기도 했다. 나는 다시 언젠가 파리에 꼭 가보고 싶다는 택시기사 아저씨를 떠올렸다. 내가 아는 파리의 들쥐 생각을 했다. 수백 장 수천 장의 이미지를 별일 없이 소비하는 것 같아 보이는 청년의 여행을 상상했다. 그러다 해외여행이 자유롭지 않았던 어린 시절의 놀이공원이 생각났다. 놀이공원에서 보았던 커다란 모형 풍차, 이국의 상징이었던 풍차 '모양의' 그 무엇이 배치된 공원의 전경을 떠올렸다. 또 무척 가보고 싶었던 대규모 놀이동산의 지구촌 마을도. 실은 무척 조잡한 모형 지구촌 마을에 나는 그렇게 가고 싶어 했다. ✦

현실 바깥으로 질주하는 청룡열차

놀이공원은 도시의 팽창과 여가 시간을 확보한 계급이 등장하던 19세기 후반과 20세기 초반 사이 이미 서구 대도시에서 휴식과 오락의 공간으로 큰 인기를 모았다. 1920년대 대공황 이전 미국에는 1,000개 이상의 놀이공원이 존재할 정도였다. 특히 19세기 후반과 20세기 초반 만국박람회를 개최한 빈, 파리, 뉴욕 등의 도시는 기술력을 과시하고 대중에게 눈요기와 오락거리를 제공하기 위해 놀이공원을 지었다. 영화 〈비포 선라이즈〉에 등장하는 오스트리아 빈의 놀이공원은 18세기에 처음 만들어졌고, 1873년 빈 만국박람회 때 롤러코스터와 대관람차를 추가로 가설했다. 건축가 렘 콜하스^{Rem Koolhaas}는 20세기 맨해튼의 도시계획이 1880년대 조성되었던 뉴욕 코니아일랜드의 놀이공원을 본떴다고 주장한다. 코니아일랜드 놀이공원이 스카이라인, 복합적인 쾌락과 흥분의 공간을 갖춘 도시의 모형을 갖추고 있었기 때문이다.

회화, 사진, 소설, 신문, 상품 진열장에서 이국^{異國}의 취향을 대충 맛보며 상상했던 서구인들은 놀이공원에서 좀 더 직접적으로 이국을 체험했다. 아프리카 식민지에서 포획한 짐승, 심지어 인간이 놀이공원에서 전시되었다. 후대의 사람들은 이런 장소를 가득 채운 호기심이 다른 문화와 인간을 존중하지 않는 폭력적인 과정을 용인했음을 비판했다. 이국적인 풍경 사이에는 놀이기구가 설치되었다. 1970년대 어린이대공원의 '청룡열차'부터 '88열차', '프렌치 레볼루션' 등 제각각 다른 이름으로 진화를 거듭한 롤러코스터는 기차가 운행을 시작한 19세기에 등장한 놀이공원의 상징이었다. 기술의 진보는 곧 사회의 진보를 의미했던 19세기, 기차는 사회의 진보를 상징하는 사물이었기 때문이다. 롤러코스터는 놀이공원을 극단적인 감각을 경험할 수 있는 현기증의 공간으로 인식하게 했다. 강한 감각적 체험을 제공하는 놀이기구 이외에도 회전목마, 공중그네, 대관람차, 공원을 천천히 가로지르는 모노레일 등 역동적이고 새로운 시야를 열어주는 놀이기구들이 존재했다. 1900년 파리 만국박람회가 열렸을 때 파리 시내에는 대

1900년 파리 만국박람회에 설치된 대관람차.

관람차가 설치되었다. 대관람차는 놀이공원 내부나 공원 바깥 도시에 대한 파노라마를 감상할 기회를 제공했다. 1920년대 유럽의 아방가르드 영화 작가들은 놀이동산에 빠져드는 유치원생들처럼 놀이기구의 감각에 열광했다. 이들에게 놀이공원은 유아기의 욕망과 성적 흥분, 시각적 현란함을 경험할 수 있는 장소였다.

현대적인 테마파크의 원조는 애니메이션 제작사 월트 디즈니사가 1955년 캘리포니아에 세운 디즈니랜드다. 유럽 유일의 디즈니랜드는 파리 외곽 동쪽에 자리 잡은 디즈니랜드다. 파리 디즈니랜드는 대통령의 방문으로 뉴스에 오르내리기도 했다. 대통령의 공식적인 방문이 아닌 사적 방문이었기 때문이다. 프랑스 공화국의 전 대통령 니콜라 사르코지는 재임 중 부인과 결별하고 모델 출신 가수와 재혼했다. 연애 사실을 미디어에 알리기 전 사르코지는 대통령 신분으로 애

Part2. 도시라는 공동체

인과 파리 디즈니랜드를 방문한 것이다. 얼굴이 이미 알려진 두 사람이 디즈니랜드처럼 사람이 붐비는 곳에 등장했기에, 미디어는 대통령이 대중에 어필할 지점을 고려한 치밀한 계획을 구상하고 디즈니랜드를 방문한 것이라고 추측했다. 대통령이 디즈니랜드 데이트가 제공할 수 있는 꿈, 사랑, 낭만의 이미지를 통해 대중적 호감 상승을 노렸다는 것이다. 대통령의 진심이 무엇인지 알 수는 없으나 디즈니랜드가 대중에게 어떤 가치를 상징하는지 다시 확인할 수 있는 소식이었다. 월트 디즈니사는 세계 대형 테마파크 대부분을 소유하고 있으며, 자사의 대표 캐릭터들을 활용해 '꿈이 이루어지는' 환상의 공간으로 디즈니랜드를 구상한다. 영화 제작사 유니버설사 역시 디즈니에 경쟁할 만한 규모의 테마파크를 소유하고 있다. 디즈니사와 유니버설사가 모두 20세기 대중적 상상력의 보고인 영화 제작사라는 점은 우연이 아니다. 놀이공원은 이국적인 세계에 대한 상상력을 물리적 공간에 구현한 것이기 때문이다.

한국 최초의 대규모 테마파크는 지금은 에버랜드로 이름을 바꾼 자연농원이다. 이국의 조형물을 배치하고 약간의 놀이기구, 사파리와 동물원을 갖췄던 자연농원이 1976년 문을 열었고, 대형 놀이기구를 갖춘 종합 놀이공원 서울랜드가 1988년 문을 열었다. 호텔, 백화점, 영화관, 아이스링크 등을 같은 장소에 갖춘 롯데월드 어드벤처는 점차 대형 리조트로 변신했던 디즈니랜드의 모델을 따르며 1989년 문을 열었다. 그래서 같은 시기 한국의 논객들은 롯데월드 어드벤처의 등장이 한국 사회가 후기 자본주의, 고도 소비사회로 진입한 신호일 것이라고 분석하기도 했다. 특히 롯데월드는 한 번 들어가 소비의 쾌락에 빠져들면 길을 잃었다는 사실조차 잊어버리도록 하는 공간으로 묘사되었다.

만들어진 상상력

프랑스의 사회학자 장 보드리야르Jean Baudrillard는 원본보다 더 진짜 같은 복제본이 원본을 대체하는 후기 자본주의 사회의 현상을 설명하기 위해 '시뮬라크르'라는 용어를 제시한 바 있다. 그는 특히 개척과 모험의 땅인 미국을 재현하고 있다는 디즈니랜드를 예로 들었다. 새로운 세계, '상징'들의 세계에서는 존재한 적이 없는 것(디즈니랜드가 표상하는 미국)이 원본(미국이라는 실재의 세계)에 오히려 영향을 미친다는 것이다. 보드리야르의 이야기에 따르면 테마파크에 들어선 입장객은 진짜와 가짜를 구분하던 오래된 생각을 벗어던질 가능성이 크다. 내가 어린 시절 보고 싶었던 지구촌 마을의 모습은 어디에도 존재하지 않는 모습일 가능성이 크다. 비행기 속 청년이 보던 파리 속 아름다운 풍경 역시 여러 자잘한 손질을 거쳐 게재된 '이상적'인 장면일 가능성이 크다.

그러므로 오늘의 테마파크를 다시 떠올려보자. 대체로 '랜드'와 '월드', '킹덤', '스튜디오'라는 이름을 한 테마파크 형식의 놀이공원에는 언제나 '궁전palace'이 아니라 영주의 '성castle'이 있다. 궁전이 도시 한가

파리 자르댕 다클리마시옹 공원 안에서 개구리로 변신한 왕자가 놀이기구를 밀고 있다?!

운데 위치한 서구 근대 권력의 거처라면, 성은 외부의 침략에 맞서 거주민을 보호하는 영주의 거처였다. 성은 그래서 보통 중세적 상상력을 담고 있는 외딴 공간이다. 동화 속 마법의 성에는 성을 지키는 전설 속 괴물, 첨탑에 갇힌 공주, 공주를 구하는 왕자가 존재한다. 성은 숲을 가로지르고 다시 험준한 산 정상까지 올라야 겨우 침입해 들어갈 수 있는 고립된 장소다. 물론 노동과 의무, 규칙의 지배를 받는 동시대 일상 세계의 거주자는 모험을 감당하는 대신 돈을 지불하면 일상 바깥의 환상을 부여하는 테마파크에 입장할 수 있다. 고교 자율학습 시간에 견딜 수 없는 학교를 벗어나 롯데월드로 도망치곤 했다는 친구는 '어둠' 속에서 배를 타고 모험을 하는 '신밧드의 모험'을 제일 좋아했다고 했다.

19세기 유럽인들은 만국박람회장과 놀이동산 속에 자신들이 발견했다고 믿었던 세계의 기물을 재현하고자 했다. 어느 여름날 파리지앵들의 사랑을 받는 파리 서쪽 불로뉴 숲 근방의 조금 낡은 동물원 자르댕 다클리마시옹Jardin d'Acclimation에서 나는 바로 유럽인들의 판타지를 목격했다. 21세기 유럽은 아시아 국가와 달리 대규모 테마파크 건설에 열을 올리지 않는다. 파리 디즈니랜드를 제외하면 대체의 놀이공원은 지난 시절 만들어진 낡고 소박한 규모다. 이 동물원도 그랬다. 그런데 동물원 안의 작은 놀이공원에는 다소 조야한 중국식 건축물, 어린아이들이 타는 용 모양의 놀이기구가 있었다. 정원에서는 한국식 정자를 꾸며놓은 공간도 찾아볼 수 있었다. 프랑스가 상상하는 저 먼 곳, 이국적인 세계의 풍경인 셈이다. 서구가 조잡하게 상상한 아시아 세계는 이 놀이공원 안에서 상투적인 수준에 머물러 있다.

한편, 21세기 남한 첨단의 테마파크 내부는 여전히 19세기 서구가 상상했던 이국의 풍경, 역사의 풍경을 모방한다. 공룡과 3D, 4D, 인기 애니메이션 영화의 배경과 캐릭터가 더해졌지만 여전히 열기구 아래 그리스 신전과 풍차, 중세의 성, 야자수가 곳곳에서 이국에 대한 서구의 판타지와 시각적 상상력을 답습한다. 19세기 서구는 틀에 박힌 방식으로 이국적인 세계를 상상하고 재현했다. 물론 그 세계를 탐험하거나 정복하기를 꿈꾸기도 했다. 한국 테마파크를 방문하는 21세기 아시아 관광객은 테마파크가 제안하는 서구의 아마도 일방적이고 피상적인 이미지 속에서 서구를 상상한다. 그러니 테마파크는 서구를 꿈꾸게 하는 동시에 이들의 상상력을 구속하고 제한하기도 한다. 그래서일까? 이제 일단의 지구인들은 놀이공원과 테마파크의 이국 풍경

내가 어린 시절 보고 싶었던 지구촌 마을의 모습은 어디에도 존재하지 않는 모습일 가능성이 크다. 비행기 속 청년이 보던 파리 속 아름다운 풍경 역시 여러 자잘한 손질을 거쳐 게재된 '이상적'인 장면일 가능성이 크다.

에 만족하지 않는다. 이들은 일상을 벗어나기 위해 더 많은 시간과 비용을 지불하며 이국으로 직접 여행을 떠난다. 이국의 관광지에 도착한다. 우리는 세계 도처의 유명한 관광지에 가서 다시 밀랍인형 박물관, 유명한 작가의 아틀리에, 유명한 인물의 생가, 단골 카페나 술집을 찾기도 한다. 이들의 흔적을 더듬으며 이들의 삶과 숨결을 생생하게 느꼈다고 자부하기도 한다.

그러나 잊지 말자. 때로 관광지는 삶의 장소이기보다 단순한 판타지의 공간이 되어버린다는 사실을. 우리는 게다가 우리가 바라보고 있는 판타지 세계의 진위와 운명을 염려하지 않는다. 우리는 판타지가 되어버린 관광지에서 과연 테마파크 바깥을 여행하고 있을까?

◆ 그러나 매년 1,000만 명 이상의 해외여행 출국자 수(2010년 통계 기준)를 기록하는 시대가 되었으니 사정이 달라졌다. 학업 성적에 얽매인 아이들뿐 아니라 고단한 한국 직장의 성과 압박이나 명절 가족의 잔소리를 피하려는 우리 모두 이곳이 아닌 다른 곳, 이국의 판타지를 꿈꾼다. 이들은 놀이공원의 이국 체험에 만족하지 않는다. 우리는 이제 해외 여행지에서 일어나는 일을 다룬 텔레비전 예능 프로그램, 인터넷의 지인이나 익명의 개인이 게시하는 외국 관광지의 사진을 보며 이곳 아닌 다른 세계로 직접 떠나는 여행을 상상한다.

'피렌체 증후군'이라고도 부르는 '스탕달 증후군'은 눈앞의 아름다운 예술 작품에 충격을 받은 관객이 정신을 잃을 정도로 곤란한 지경에 처하는 것을 일컫는다. 이탈리아의 정신과 의사가 19세기 프랑스 소설가 스탕달이 이탈리아 여행 중 겪은 경험을 빌려와 해당 증후군에 이름을 붙였다고 한다. 피렌체, 나폴리, 로마를 여행했던 스탕달은 르네상스 예술품에 사로잡혀 심장이 가쁘게 뛴 경험을 술회했다. 명성, 소문, 쾌락, 탐미주의를 좇는 로마 사교계의 모습을 요란하게 다룬 이탈리아 영화 〈그레이트 뷰티〉(2013) 역시 첫 장면에서 로마 광경을 바라보다 혼절하는 관광객의 모습을 비춘다. 증후군에 대한 임상적 소견이나 진단의 신빙성은 논외로 하자. 스탕달은 수년 뒤인 1827년 다시 지인 들과 함께 여러 달 로마여행을 떠났다. 《로마 산책》은 그 여행의 기록 이다. 그는 로마 여행에서 여섯 가지를 살펴보겠다고 한다. 바로 고대 의 유적, 르네상스 시기 벽화를 포함한 명화, 성 베드로 성당 등의 근 대 건축, 라오콘 등의 고대 조각, 미켈란젤로와 안토니오 카노바^{Antonio} ^{Canova}라는 걸출한 두 근대 조각가의 조각, 내치와 풍습이다. 스탕달이 거론하는 목록은 오늘날 관광 안내 책자가 제공하는 명소와 명작 목 록과 크게 다르지 않다. 스탕달은 심지어 부록에서 로마를 열흘 동안 샅샅이 둘러볼 수 있다고 장담하며 효과적인 여행을 위한 매일매일의 일정표를 제시하기까지 한다. 자신의 동행 중 한 명은 로마를 나흘 만 에 볼 수 있다고 장담했을 뿐 아니라 32일 만에 이탈리아 전체를 구경 할 수 있다고 주장했다고 덧붙인다. 그러나 정작 스탕달 자신은 수개 월 동안 로마를 산책했다. 괴테의 이탈리아 여행기가 그러하듯 낭만 주의 문필가 스탕달의 여행기 역시 곳곳에서 예술작품과 조우하며 느 낀 감정들이나 예기치 않은 사건을 겪으며 느낀 감정을 유려하게 전 한다. 열흘간의 모범 일정을 제시했지만 로마를 발견하고, 느끼고, 로 마 안에서 생각 거리를 찾는 '최고의' 객관적인 방식이 존재할 리 없다 는 것을 정작 본인은 잘 알고 있었을 것이다.

스탕달의 《로마 산책》은 우리 가족에게 조금 각별하다. 20대 말 홀로 로마 여행을 떠났던 남편은 관광 안내 책자를 구입하는 대신 스탕달의 《로마 산책》을 구입했다고 말했다. 거의 200년 전의 기록에 따라 로마를 둘러보겠다는 낭만적인 기획을 했던 셈이다. 20세기 여행객을 위한 실용적인 정보를 쫓지 않겠다는 장난 같은 마음이기도 했을 것이다. 로마 방문은 그럭저럭 이루어졌다고 한다. 우리는 2016년 예전에 구입했던 여행책자를 들고 다시 함께 로마를 찾았다. 남편은 옛 기억을 떠올리며 스탕달의 책을 꺼냈다. 스탕달은 1827년 11월 로마를 둘러싼 언덕 위에 올라 로마, '무덤의 도시' 로마를 내려다보았던 일, 볕 좋은 봄날보다 폭우 속에서 내려다볼 때 아름다움을 발견할 수 있다는 것을 깨달았던 일에 대해 적었다. 우리는 스탕달이 올랐던 평범한 언덕 위에 올라보기로 했다. 그 사이 언덕 앞에 커다란 빌딩이 들어서 까치발을 해도 로마 시내는 한눈에 들어오지 않을지도 모른다. 그 사이 언덕이 사라졌을지도 모른다.

스탕달이 책 부록에서 덧붙이는 열흘 혹은 나흘간의 여행 일정을 따르자면 언덕의 고즈넉함을 발견할 짬은 없을 것 같다. 스탕달은 대신 매일 아침 호기심을 북돋으며 보러 갈 채비를 해야 하는 기념물 리스트를 작성한다. 이 기념물은 시간과 공간을 뛰어넘어 누구에게나 익히 알려진 것들이다. 고대 로마의 유적이라 할 콜로세움과 같은 기념물 말이다. 오늘날 대도시는 새로운 기념물을 조성한다. 파리의 에펠탑, 스페인 빌바오의 구겐하임 미술관처럼 세계 유수의 도시들이 유명 건축가 사무실에 의뢰해 비싼 돈을 치르고 경쟁적으로 짓는 기념비적 건물들, 우리는 이를 '랜드마크landmark'라고 부른다. 랜드마크의 '마크mark'라는 말에 대해 잠시 생각해본다. 사회 속에서 마크란 무엇일까? 프랑스가 왕국이던 시절 귀족 가문들의 엠블렘과 같은 것, 공화국의 국기, 교복, 학교 이름 등등의 표식이 모두 마크의 일종이 아니겠는가. 우리는 어떤 모임에서나 어디 사람인지를 묻고 찾는 사람들, 즉 '마크'를 찾는 사람이 있다는 것을 안다. 아마도 대뜸 반갑기 때문이리라 짐작할 수 있다. 반면 그렇게 끼리끼리 단결하는 동안, 소외되는 사람들이 생긴다. 동향이나 동문이 아닌 사람들은 끼리끼리 나누는 이야기를 이해하지 못한 채 옆으로 밀려나기 때문이다.

그런데 생각해보면 의도치 않게 타향 사람을 배제하고 소외시킬 만큼 재미있는 이야기는 남대문이나 에펠탑 이야기처럼 누구나 아는 대단한 장소, 랜드마크처럼 마크 그 자체에 대한 이야기가 아니지 않나? 재미있는 이야기란 실은 그곳에 기거했던 사람들에게만 유명한 무엇에 대한 이야기가 아닌가? 가령 학교 앞 술집 주인의 기벽 같은 것. 기벽에 얽힌 일화는 신문을 장식할 만큼 대단한 사실은 아니지만, 이 일화는 그곳에 드나들던 이들에게는 단숨에 과거의 시간을 되살릴 만큼 대단한 효과를 발휘한다. 말솜씨 좋은 대학 친구가 함께 공부했던 구석진 공간의 어떤 풍경을 묘사할 때도 마찬가지다. 그 풍경을 한 번도 각별하게 생각하지 않았던 친구들조차 단박에 그 풍경을 기억해내는 일이 벌어진다. 우리는 그런 풍경과 장소, 장면과 공간을 함께 느끼며 함께 있었던 몸, 공동체라는 느낌에 자연스럽게 이른다. 다시 랜드마크 이야기로 돌아가서, 집단의 정체성을 상징하는 랜드마크 건설에 몰두하는 일은 이와 정반대의 순서로 우리에게 공동체에 대한 소속감을 강요하는 일이다.

land마크

20세기 초엽의 예술가였던 페르낭 레제Fernand Léger는 "어마어마한 크기로 확대하거나 반대로 클로즈업된 사물의 단편은 이제껏 갖지 못한 인격을 가진 사물처럼 변한다. 이는 전혀 새로운 서정적 힘을 마련한다"고 기술했다. 랜드마크의 반대말은 서정적 힘을 발휘하는 사물들일지도 모르겠다. 내가 살던 고향이 꽃피는 산골이라고 노래했던 이는 노래 말미 "그 속에서 놀던 때"가 그립다고 전한다. 고향 지천에 피고 지는 꽃무더기를 기억하는 이는 고향의 장면을 다시 보고 싶을 뿐 아니라 고향이라는 장소 '안'에 다시 기거하고 싶다고 말한다. 사람은 온 몸으로 자신의 거처를 '기억'한다. 장소 안에서 다시 놀고 싶은 까닭은 장소가 우리 온 몸의 기억과 관계하고 있기 때문이다. 내 집, 내 담벼락 안으로 한정되지 않는 나의 장소들은 내가 깨닫기 전에 이미 내 몸에 온갖 흔적을 남긴다. 아이처럼 뛰어놀지 않았더라도, 내 몸이 자주 지나고, 겪어 기억하는 장소들이 모두 내 몸의 장소들이다. 담벼락과 노상, 노상을 나와 나누는 이웃들, 가끔 엿보게 되는 이웃들의 세간까지도 나의 장소를 구성한다. 이탈로 칼비노^{Italo Calvino}가 자신의 소설《보이지 않는 도시》에서 50여 개의 상상 도시를 고안하기 위해 동원했던 도시의 면모들도 이와 다르지 않다. 작가는 거대한 기념물, 서울의 광화문 광장이나 파리의 콩코드 광장처럼 기념비적인 열린 광장에서 도시의 가치를 발견하지 않았다.

내 집 앞 오래 지나던 길이 성긴 돌길이었다면, 느닷없이 발에 걸리는 돌 뭉치의 울퉁불퉁함을 내 발길은 나보다 더 잘 기억한다. 신발 가게에서 새로 고른 신발의 얇은 신발창이나 뾰족한 굽 탓에 발바닥에 물집이라도 잡힌 날, 돌길의 퉁명스런 감촉은 내 발길에 감각의 기억을 남긴다. 유독 꽃나무가 많은 101호 발코니는 은연중 그 앞을 지나는 행인에 불과한 내게도 남다른 신록을 뽐낸다. 동네 식당 아저씨가 유리문 옆에서 피우는 숯불 냄새는 때로 식욕을 북돋고, 때로 성가시다. 서울 지하철이 환승 정거장에 도착할 때 방송하는 민요장단을 어느새 기억하고 있다면, 서울은 당신의 주소지가 어디더라도 어쨌거나 당신의 장소이고 거처다. 장소야말로 장소 속에서 살고 있는 사람들에게 어제와 오늘, 내일의 연속성을 제공해준다. 장소의 체험만큼 우리의 기억을 생생하고 풍요롭게 하는 무엇은 많지 않다.

이를테면 내가 장소를 내 것으로 삼는 방식의 하나는 장소와 결부된 기억을 갖는 일이다. 이를테면 한 장소에 오랜 시간 동안 변하지 않고 존재할 조각이나 건물만 내 기억에 자리를 차지하는 것이 아니다. 언제인가 파리 북쪽 평범한 주택가를 지나쳤던 오후를 기억한다. 주택가 인도 한복판에는 차량 통행을 통제하기 위한 평범한 쇠기둥이 설치되어 있었다. 그곳을 지날 때 내 눈길을 잡아채고, 내 발길을 멈추게 한 것은 기둥 아래 누구인가 남겨 둔 낙서였다. "이 기둥은 아무데도 쓸모가 없다." 순간, 명료한 신호이자 기능이던 쇠기둥은 파리의 산책자에게 아이러니의 도구이자 유머의 기폭제가 되었다.

하지만 이제 우리는 지천에 꽃이 피던 고향의 체험보다 우리가 아직 가보지 못한 다른 장소들에 대한 체험을 갈망한다. 여행 상품, 여행지에 대한 텔레비전 소개 프로그램, 예능 프로그램, 여행 수필, 영화 등은 우리가 아직 체험해보지 못한 장소들에 대한 선망을 심어준다. 프랑스 파리에 가보지 않은 사람들도 대개 에펠탑을 알고 있다. 파리를 배경으로 한 드라마나 영화에 에펠탑이 등장하지 않으면, 시청자들은 무의식중에라도 장소의 진실성을 의심한다. 2017년 3월 말 개장 128주년을 맞은 에펠탑의 이미지는 너무나 상투적인 것이 되어 동네 빵집 간판 위에도 고깔 모양 비슷한 에펠탑이 그려져 있고, 서양 문화를 강조하는 자잘한 문방구들에도 에펠탑은 심심치 않게 그려져 있다. 에펠탑의 이미지는 아시아의 아이에게도 아메리카의 어른에게도 프랑스와 파리를 단박에 떠올리게 한다. 파리 사람이나 프랑스 사람에게 프랑스에서 가장 유명한 건축물이 무엇이냐고 질문한다면 틀림없이 상당수가 에펠탑을 떠올릴 것이다. 뉴욕의 자유의 여신상, 런던의 빅벤 등도 그 도시를 대표하는 스타급 조각상이며 건축물이다.

Ce poteau ne sert à rien(이 기둥은 아무데도 쓸모가 없다).

랜드마크의 그늘

언제인가부터 세계의 많은 도시는 에펠탑처럼 도시 자체를 단박에 떠올리게 할 '랜드마크' 건설에 열을 올린다. 랜드마크를 내세우는 것이 저가항공노선의 확대 등 여러 요인으로 증가하고 있는, 국경을 가로지르는 여행객들을 잡아끌 수 있는 요긴한 방도라는 것을 알아차렸기 때문이다. 특히 에펠탑이나 빅벤처럼 역사적 가치와 인지도가 높은 대형 문화유산−건축물이 없는 도시들이 새로운 시각적 상징을 고안하고 건설하는 일에 힘을 쏟았다. 중공업 산업의 쇠퇴로 경제 불황을 겪었던 스페인 빌바오에 1997년 문을 연 구겐하임 미술관은 저명 건축가가 디자인한 대형 건축물이 도시의 이미지를 바꾸고 경제적 이득을 가져온 사례로 빈번하게 인용된다. 마치 햇빛 아래 순간마다 다른 광채를 내며 살아 있는 듯 보이는 구겐하임 미술관의 곡면 티타늄 재질의 이미지가 별다른 변화의 기미 없이 느릿느릿 흘러가는 네르비온 강 하류, 지난날 공업도시의 영화를 되찾으려는 노력을 거의 체념하고 있던 잿빛 도시의 이미지를 단박에 일신했다는 듯이. 그리고 구겐하임 미술관이 빌바오 시민의 가장 큰 문화적 자긍심이 되었다는 듯이. 이제 도시의 경제적 번영을 이룩하고 문화적 명성을 획득하려는 야심을 가진 관료라면 프랑크 게리^{Frank Gehry}처럼 저명한 건축가의 디자인에 바탕을 둔 도시 상징 대형 건축물 건설계획을 쉽게 거절하지 못하는 지경에 이르렀다.

자하 하디드^{Zaha Hadid}라는 스타 건축가가 디자인해 2014년 개관한

올림픽공원은 88년의
그늘도 대표할까?

동대문디자인플라자[DDP]도 서울 강북을 대표하는 랜드마크가 되고자 하는 야심 속에 탄생했다. 도시를 대표하는 대형 건축물이 지닌 경제적인 효과를 차치하더라도 이런 건축물은 위치한 지대의 경관을 큰 폭으로 변화시켜 그곳을 거처로 삼는 이들에게 새로운 시각적 경험을 제공한다. 이 과정에서 랜드마크가 공동체 성원들에게 공동체에 대한 소속감을 심어주기도 할 것이다. 그런데 DDP에 비판적인 시선을 거두지 못한 이들은 동대문 야구운동장과 봉제공장, 시장터에 들어선 DDP가 운동장과 공장, 시장의 기억을 오히려 지워버린다고 주장했다.

랜드마크 건축물은 물론 무용하지 않다. 그러나 어떤 랜드마크가 도시의 정체성을 대단하게 '창조'하거나 '상징'할 것이라는 기대는 호들갑일 뿐이다. 에펠탑은 파리에 있지만, 에펠탑 이전에 이미, 그리고 지금도 파리라는 장소, 파리라는 삶의 방식, 파리의 사람들, 파리라는 영혼, 파리라는 보행로가 파리의 정체성을 만들고 있다. 파리의 사람들이 유별난 것이 아니라 평범한 사람들이더라도 사람은 모두 자신의 장소를 모르는 사이에도 만들어가고, 그 덕에 가꾼 공간에는 언제나 보일 듯 말 듯한 질서가 자리 잡는다. 그러니 랜드마크가 문제인 것이 아니라 랜드마크에 기대는 호들갑이 장소와 상관하는 우리 몸의 기억과 공감, 창조의 능력을 무의미한 것으로 격하하는 것이 문제다. 멀리서도 한눈에 보이는, 누구에게나 호령하는 랜드마크(무슨 무슨 구역의 대표 건물들)의 대표성에 몰두하는 사이 우리들의 장소는 새 건물로 그저 치환해버리면 그만인 기억 없는 건물의 받침대 정도로 자꾸만 축소된다. 맡고 있는 대학 수업시간에 학생들에게 영상에 담고 싶은 동네나 사적인 장소 다섯 곳을 적어오라는 숙제를 낸 적이 있다. DDP가 개관하기 전이라 DDP를 적은 학생은 없었지만 몇몇 학생을 제외하면 한결같이 남대문, 홍대입구, 남산, 63빌딩 등 서울의 대표적이고 공식적인 랜드마크들을 꼽았다. 자신이 살고 있는 장소에 대한 기억을 불러내는 경우는 찾아보기 힘들었다. 서점에 진열된 책 중 베스트셀러가 우리의 마음과 정신을 가장 잘 대변할 수 있다고 믿는 사람은 없다. 단 한 권의 책이 우리의 마음을 대변할 수 있다고 믿는 사람도 드물다. 관광객 유치와 이미지 제고를 위해 우리들이 이미 가꾸어낸 삶의 현장을 재빠르게 걷어내고 새로 지은 랜드마크, 이곳저곳 복원한 조선의 궁들은 우리의 공간과 장소 중 아주 일부만을 점유하고 대표할 수 있을 뿐이다.

공동체의 조형물

우리는 서양 것과 우리 것을 견주며 우리 것 콤플렉스를 겪었지만, 그것에서 조금 벗어나는가 싶을 때 다시 식민, 전쟁, 개발을 모두 경험한 우리의 장소에 별다른 유산이 남아 있지 않다는 콤플렉스에 빠졌다. 외국인이 '네가 살고 있는 곳의 문화재'가 무엇이냐고 물으면 우리는 몇 해 전 불에 탔다 다시 지어진 남대문 이야기를 꺼낸다. 무엇보다 남대문은 '국보 1호'이기 때문이다. 국가의 '공식적' 보물이며, 유적

×

그러나 랜드마크를 짓는 일보다
더 중요한 일은 랜드마크가 기꺼
이 대표할 공동체의 내용을 고민
하는 일이고, 공동체의 사연과 기
억이 거주할 장소들의 풍경을 더
세심하게 보살피는 일이다.

에는 등급이 있고, 게다가 등수를 연상토록 하는 번호까지 붙어 있다. 프랑스 사람들에게 에펠탑은 국보 1호일까? 대부분의 프랑스 사람은 에펠탑이 프랑스에서 제일 유명한 건축물이라는 데 이의를 제기하지 않을 테지만 에펠탑이 프랑스를 가장 잘 '대표'하는 건축물이라는 생각에 이의를 제기할 프랑스 사람도 적지 않을 것임이 틀림없다. 물론, 한국의 문화 관치만이 어떤 공동체를 '가장 잘' 드러내는 건축물을 고르고, '두 번째로 중요한' 건축물을 고르는 방식으로 '공식' 리스트를 작성하는 것은 아니다. 한국의 중앙정부와 지방정부만 랜드마크에 열을 올리는 것도 아니다. 그러나 랜드마크를 짓는 일보다 더 중요한 일은 랜드마크가 기꺼이 대표할 공동체의 내용을 고민하는 일이고, 공동체의 사연과 기억이 거주할 장소들의 풍경을 더 세심하게 보살피는 일이다. 무엇도 나누지 못하는 사회를 대표하는 커다란 물건은 자랑스럽기보다 부끄러운 표식이 되기 쉽다.

동네 이름, 학교 이름, 직장 이름만 듣고 어떤 사람을 판단하려 드는 이들은 가장 본질적인 차별주의자들이다. 이들은 상대의 됨됨이와 교양, 경험에 대해 더 알아볼 생각을 하지 않는다. 사실 랜드마크의 대단한 '브랜드' 효과를 기대하는 사람들은 랜드마크를 보러오는 사람들이 랜드마크로 도시를 판단해주기를 기대하는 사람들이다. 공동체의 삶과 삶의 기반, 장소의 기억을 무시한 채 랜드마크에만 공을 들인다면, 우리들의 장소는 계속 차별과 배제를 경험할 것이다. 서울이라는 도시도, 한국이라는 나라도.

연결하는 다리, 분리하는 다리

한강을 가로지르는 다리든 센 강을 가로지르는 다리든, 다리는 한편으로 나누는 장소이고 다른 한편으로 연결하는 장소다. 추운 겨울날 양화대교를 건넜던 남편에게 다리는 연결하는 장소였을 것이다. 그뿐이었을까? 다리를 직접 걸어 건너는 이는 높이 솟은 대교 위에서 대교가 제공하는 새로운 풍경을 발견하고 대교가 잇는 거대한 강의 너비를 체감한다. 남편은 센 강의 다리와 한강의 다리의 역사를 비교했다. 그는 아마 대교 위에서 서울의 풍경을 바라보며 이 풍경이 센 강 다리 위에서 마주하게 되는 파리의 풍경과 얼마나 다른 감각을 이끌어내는

지 체감했을 것이다. 다리는 조망의 장소이기도 한 셈이다. 나는 다리에 대한 생각을 이어가다 유년의 기억을 떠올렸다. 유년 시절 부모는 내가 고집을 부릴 때면 다리 이야기를 꺼내곤 했다. 다리 밑에서 나를 주워왔다는 것이다. 아마 나의 부모뿐 아니라 당시의 많은 부모들이 이런 이야기를 하곤 했을 것이다. 다리 '아래'는 입양의 장소이고, 한국 사회의 가난의 기억을 담고 있는 장소였다.

사이의 지정학

다리는 인류에게 언제나 숱한 상상을 불러일으키는 시각적 모티프였다. 1970년대 말 내 유년의 다리가 버려진 아이들의 장소였던 탓인지, 나는 다리를 생각하면 수평적 세계의 구분과 연결보다 다리 위와 다리 아래 세계 사이를 구분하는 이미지들을 떠올린다. 우선 한국 영화 속 몇 가지 이미지만 떠올려보아도 그렇다. 김기덕 감독이 처음 만든 영화 〈악어〉(1996)는 한강 다리 밑에 기거하는 남자의 이야기를 다룬다. 남자는 강물에 몸을 던져 자살한 이들의 시신을 건져 생계를 유지한다. 영화에서 가족이 없는 이들은 서로에게 상처를 입히면서도 교각 아래에서 뒤엉켜 살아간다. 〈악어〉보다 몇 해 먼저 만들어진 프랑스 영화인 〈퐁네프의 연인들〉(1991)도 지붕 없는 파리의 교각을 배경으로 했다. 영화 속 연인은 보수공사로 폐쇄된 교각 퐁네프 위를 집으로 삼는다. 영화 속 다리와 센 강변은 마냥 낭만적인 공간이 아니다.

깨진 술병이 나뒹굴고 범죄와 폭력이 위협하는 누추하고 위험한 공간
이다. 그럼에도 시력을 잃어가는 여인과 그녀를 사랑하는 노숙자가 불
꽃놀이를 바라보는 지붕 없는 다리 위에는 자유의 기미가 서려 있다.

　센 강의 다리 역시 강의 이편과 저편뿐 아니라 위와 아래를 가른다.
파리 시가 추진한 순환도로 인도화[*] 계획 덕에 파리 시민들은 센 강
에 더 많은 산책로를 갖게 되었다. 사실 대규모의 파리 정비가 이루어
졌던 19세기 무렵 파리 사람들이 몰려들던 곳은 센 강변이 아니라 그
랑 불바르Grand Boulevard 같은 센 강 북쪽의 대로변이다. 19세기의 카페,
뤼미에르 형제가 1895년 처음 영화를 상영한 극장, 유행품 상점이 밀
집한 이 지대를 오고가며 사람들은 물건을 사고팔았고, 새로운 소식
을 들었다. 교환의 장소이자 통로였고, 대로 양쪽 구역을 나누는 경계
선이기도 했다. 하나의 장소가 지닌 혼종성은 파리라는 도시의 특징
이기도 했다. 그랑 불바르는 여흥, 우연한 만남과 거래, 만보flânerie 등
여러 성격의 일을 모두 경험할 수 있는 장소였다. 중세 시대 노트르담
대성당 근처 센 강 유역은 가장 활기찬 지역이었지만 이후 센 강변은
북적이는 활력과 거리가 있는 조용한 산책로에 가까웠다. 창의적 현
실주의자였던 사회당 출신 베르트랑 들라노에Bertrand Delanoe 시장 재임
시 부시장이었던 안 이달고Anne Hidalgo 파리 시장이 힘 있게 밀어붙이는
파리 강변 인도화 프로젝트는 공간의 쓰임에 대한 조금 다른 관점에
바탕을 두고 있다. 이 계획에 따르면 센 강변은 숨 쉴 수 있는 곳, 대
로의 북적임에서 벗어날 수 있는 휴식과 놀이의 공간으로 다시 태어

센 강변을 산책하는 파리 시민들.

날 듯하다. 이미 인도화가 진행된 강변 산책로는 공공 놀이터와 같은 산책로의 모양새다. 휴일을 맞은 일가족은 도구 없이, 입장료 없이 상상력으로 놀이를 할 수 있는 공공장소를 유유히 산책하고 있다. 새로운 물건들과 예측할 수 없는 거리의 움직임 속에서 새 시대의 도래를 예감하며 흥분했던 19세기 말 도시민과 달리 21세기의 도시민은 고요함을 추구하는 것일까? 고요함과 예측 가능성, 안전함 속으로 숨어들고 있는 것일까?

몇 해 전 여름밤 센 강변을 걷던 나는 개관한 지 얼마 되지 않은 신식 건물 아래를 지나쳤다. 여유롭게 강변을 산책하는 이들 바로 옆, 다리 아래에서 다른 풍경을 만났다. 이 풍경은 센 강변에서 세상사를 잊으려는 평온한 도시민에 불과한 내게 망각의 불가능성을 일깨웠다. 옛 강둑 화물 적재소를 개조한 건물은 과감한 디자인과 야외로 개방된 발코니 카페 등으로 파리 젊은이들에게 인기가 높았다. 강둑에 앉은 사람이 몇 보였다. 이내 나는 건물 계단 아래쪽에 빽빽하게 들어찬 수백 개의 텐트와 마주쳤다. 텐트 사이사이에 이민자들이 웅성이고 있었다. 주로 수단과 소말리아 등지에서 도착한 이민자들이라는 것은 후에 알았다. 2년 이상 텐트 생활을 한 이민자부터 막 도착한 이민자까지 도합 400여 명의 이민자들이 프랑수와 미테랑 다리 옆, 강 언저리의 텐트 속에서 삶을 견디고 있었다. 강둑 위 첨단 건물 테라스에는 스크린이 걸려 있었고, 무슨 영화가 상영되고 있었다. 강둑 위 테라스에서는 외출한 청년들이 맥주를 마시고 있었다. 이민자들, 스스로를 유배한 적 없는 이들, 다리 위 세계의 일원이 되기를 바라는 이들이 다리 아래 강둑에서 웅성이고 있었다. 지난 세기의 빈민이 아이를 유기했던 교각 아래에 지금도 여전히 숨을 고르며 움츠리고 있는 어떤 삶의 의지와 꿈이 있었다. 때로 망각되고, 감춰지고, 유기되는 꿈이 있었다. (2015년 9월 파리 시와 비정부기구의 도움으로 이곳에 머물던 난민들은 여러 난민 수용시설로 분산 수용되었다.)

영화 속 다리의 이미지

마주보고 있는 두 세계가 서로 적대할 때 다리는 불길한 통로이거나 대결의 장소가 된다. 영화 〈괴물〉의 도입부, 중년의 회사원이 다리의 교각 위에서 뛰어내린다(한국 영화는 다리 위에서 밤하늘의 불꽃놀이를 바라보는 낭만적인 연인을 상상하기보다 죽음을 상상한다. 〈시〉, 〈한공주〉에서도 사회의 폭력성에 신음하는 주인공들은 교각 위에서 아래로 흐르는 강을 바라보거나 강 속으로 뛰어든다). 생을 견디지 못하는 인간이 교각 아래로 몸을 던질 때 교각 아래에 살던 돌연변이 괴물은 다리를 타고 기어오른다. 괴물이 자라는 물속 세계와 물 바깥이라는 전적으로 이질적인 공간 사이에 다리가 있다. 사람들이 마른 오징어 다리를 뜯으며 맥주를 마시는 뭍의 세계는 정상성의 세계다. 바깥(물속)의 비정상성이라 할 괴물이 다리를 타고 우리 세계를 '침범'한다. 인간의 세계와 괴수의 세계를 가르고, 다시 인간 세계 내에서 가족의 세계와 적의 세계를 갈랐던 〈괴물〉

에서 다리는 분리의 시각적 기호다.

정치적 적대를 선과 악의 대결로 환원해 다루는 스파이물 역시 다리의 이미지를 자주 사용한다. 가령 두 적대국은 다리 위에서 만나 스파이를 교환한다. 스티븐 스필버그 감독 작품으로, 2015년에 개봉한 스파이 영화는 심지어 〈스파이 브릿지Bridge of Spies〉라는 제목을 달고 있다. 지구인과 외계인의 만남을 그린 〈미지와의 조우〉(1977), 〈E.T.〉(1982)를 연출했던 스필버그 감독은 언제나 분리된 세계에 속한 이질적인 두 존재가 만나는 장면에 관심을 기울였다. 〈스파이 브릿지〉에서 다리는 피아의 구분이 명확한 두 세계가 맞부딪히는 긴장의 공간이다. 잔뜩 경계태세를 갖추고 있는 병력을 배면에 두고 양국 장교가 다리 위로 걸어와 몇 마디 대화를 주고받을 때 다리는 연결을 소망하는 장소가 아니라 분열을 확인하는 장소가 된다.

다리는 때로 아찔함을 상상하게 한다. 영화 〈인디애나 존스〉에 등장하는 정글 속 다리나 모험과 훈련을 혼합한 놀이시설이면 빠짐없이 갖추고 있는 출렁이는 다리가 그렇다. 이 다리들은 우리를 보호하지 않는다. 까딱 잘못하면 중심을 잃고 추락할지도 모른다. 언제 끊어지거나 무너져내릴지 모르는 다리는 위험천만한 감각을 불러온다. 반면 철과 콘크리트, 신소재를 사용해 지은 근대의 다리는 인간의 유한함을 뛰어넘으려는 바벨탑처럼 도도한 경관을 구축한다. 그런데 단단하게 지어져 높이 솟은 다리조차 교각 아래 은밀함과 비참함의 공간을 감추고 있다.

다리는 서울의 강남과 강북처럼 지리적이거나 사회적으로 분리된 두 지대 사이에 있고, 판문점의 '돌아올 수 없는 다리'처럼 서로 다른 이념을 지닌 두 영토 사이에도 있다. 불교 사찰 입구의 돌다리는 세속 세계의 범인을 성스러운 세계로 진입하게 하는 상징적인 '이행'의 장치다. 견우와 직녀는 일 년에 한 번 까마귀와 까치의 선의가 만든 오작교 위에서 만난다. 이내 사라지는 오작교라는 다리의 속성은 헤어져 살아야 하는 두 연인의 비극적 운명을 강조하고 만남의 긴장감을 드높인다. 오작교는 분리의 상태야말로 일상적이며 분리된 세계의 존재자가 서로 조우하거나 연결되는 일이야말로 예외적인 사건이라는 점을 입증한다. 어떤 다리는 분리된 지대에 존재했을 개성과 고유성을 파괴하고 두 지대를 수직적인 관계로 재편한다. 도서 지역을 육지와 물리적으로 연결하는 서해대교나 남해대교는 물자의 교역을 도왔을 테지만 짧은 시간에 섬의 문화적인 특징을 소거했을 수도 있다. 자기 문화의 고유성을 잃은 섬의 가치는 이제 육지와 얼마나 편리하게 연결되어 있는가에 따라 결정되는 경제적 가치와 등가적인 것이 된다.

근대적인 공법으로 지어올린 한강대교와 한강철교 역시 20세기 초엽 모더니티를 대표하는 풍경이기도 했다. 다리와 모더니티를 연결하는 상상은 1970년대 혹은 1980년대까지 이어진다. 1970년대와 1980년대의 유행가는 한강 이쪽과 저쪽을 잇는 다리의 이름을 언급하며 도회적인 감각을 표현하고자 했다. 20세기 초엽 프랑스 시인은 센 강이 미라보 다리 아래로 흐른다고 노래했고, 1979년 당시 인기가수였던 혜은이는 한강이 제3한강교 아래로 흐른다고 노래했다. "강물은 흘러갑니다 제3한강교 밑을/당신과 나의 꿈을 싣고서 마음을 싣고서"라는 노랫말, 근면 성실한 청춘 대신 "갈 곳을 모르는 채 이 밤을 맴"도는 청춘을 노래하고, 지고지순한 순정 대신 "어제 처음 만나서 우리는 사랑을 하고 하나가 되었다"가 첫차를 타고 헤어지는 도시의 연인을 이야기하는 '제3한강교'라는 노래의 노랫말은 당시로서는 파격적이리만큼 현대적이었다(이 곡의 노랫말은 군사정권의 검열로 일부 변경된다). 1985년에는 영화 〈창밖에 잠수교가 보인다〉의 동명의 주제가가 꽤 인기를 끌었다. 곡은 "너를 보면 나는 잠이 와/잠이 오면 나는 잠을 자 (…) 창밖에 잠수교가 보인다 보여/창 밖에 사랑이 보인다"라는 나른한 가사와 멜로디로 유명했다. 스마트폰과 인공지능의 시대에 한강 다리는 더 이상 모던의 상징이 아니다. 2014년 인기를 얻은 곡 '양화대교'에서 '양화대교'는 생계를 책임진 가장이 건너야 하는 힘겨운 삶의 장소를 의미한다.

근대인은 근대의 산물이 비인간적인 인상을 심어주더라도 기계적인 정확성과 효율성을 갖추고 있다고 생각했다. 징검다리나 목조다리와 비교할 수 없이 튼튼한 근대의 다리 역시 그랬다. 단단하리라 믿었던 다리는 그러나 어이없이 무너졌다. 한국전쟁이 발발한 지 삼 일 만에 남한의 군당국이 폭파한 한강 다리가 그 하나다. 이들은 적의 진군을 막는다며 피난민들로 메워져 있던 한강대교를 예고방송도 없이 폭파했다. 아군에 의한 급작스러운 다리 폭파로 적어도 수백의 시민이 폭사하거나 익사한 사연은 익히 알려져 있다. 그리고 끊어진 한강대교의 이미지는 우리에게 국가권력의 책임 방기를 뜻하는 하나의 상징적인 이미지로 각인되었다. 그리고 1994년 어느 날 출근 시간 성수대교가 오십 미터의 틈을 만들며 두 동강 났다. 한반도에서 벌어진 전쟁의 어떤 이미지가 남한 사회의 일상의 이미지와 겹쳐지는 순간이었다.

센 강 다리 아래 이곳저곳에는 여전히 노숙자가 거주한다. 한강 다리 아래 대부분의 그늘진 공지에는 깔끔하게 단장한 근린 체육시설이 있다. 회색 교량 아래에서 대체로 연로한 근방의 주민들이 회색 운동기구 위에 올라 열심히 허리를 돌리며 체력을 단련한다. 센 강 다리 위에서 연인은 키스한다. 한강 다리 위에서 젊은이는 강물을 내려다보며 죽고 싶다고 말한다. 근린 체육시설이 선사하는 건강한 신체, 오물 없는 깨끗한 거리는 아마도 행복한 세계의 충분조건이 아닐 것이다.

튼튼하다고 믿었던 근대의 다리가 무너졌다. 1994년, 성수대교.

도심 속 바리케이드를 바라보는 두 시선

뉴욕, 파리, 베를린 등 세계 유수의 도시에는 늘 '반달vandal'의 흔적이 있다. 한국에도 반달이라는 생소한 용어가 등장했다. 세월호 참사 당시 정부의 미온적 대처에 항의하는 유가족과 대책협의회가 주도하는 참사 1주기 광화문 시위(2015년 4월) 때의 일이다. 서울경찰청은 반달리즘을 행한 이들을 엄벌에 처한다고 공표했다.

공권력의 기묘한 바리케이트

세월호 1주기 관련 집회가 열렸던 서울 광화문 및

종로 일대에서 20세기 내내 엔진 없는 사람을 비웃으며 사람보다 빨리 달리던 자동차, 탄소가스 배출을 줄이기 위해 온갖 규제를 만들어도 틈만 나면 달리던 자동차 수백 대가 엔진을 껐다. 경찰관을 운송할 경찰 버스였다. 버스들이 엔진을 끄고 촘촘히 자리를 잡았다. 사회의 꼭대기 누구인가가 세월호로 희생된 이들을 기억하는 시민, 비극적 사건을 애도하는 시민, 국가의 부재에 항의하는 시민이 행진하는 일이 매우 '위험'한 일이라고 판단했기 때문이다. 이 행진이 '누구에게' 위험한 일인지는 알 수 없지만, 이 위험을 통제하는 일은 매우 긴급히 다루어졌다. 광화문 거리에 빽빽하게 들어찬 경찰차벽은 따라서 간구하는 자의 말이 시끄럽고 성가시다는 응답이었고, 말과 행진을 가로막겠다는 의지의 시각적 이미지였다. 벽을 사이에 두고 행진을 시도했던 시민, 유가족을 향해 달려가던 시민과 경찰이 대치했다. 바람이 강하게 불던 밤, 물대포가 차벽 봉쇄에 항의하는 시민들을 향해 쏘아대던 물줄기는 얼음물처럼 차고 송곳처럼 날카로웠다고 한다. 차벽을 사이에 두고 경찰과 대치하며 때로 차벽을 밀어보려 애쓰던 시민 대부분은 한국에서 나고 자라 준법정신을 달달 외도록 교육받았던 이들이었다. 무장을 상상조차 해보지 않았던 이들이었다. 도로는 손상되지 않았다. 누구도 집어던질 돌을 만들기 위해 도로를 깨지 않았다. 몇몇에게 래커 스프레이가 있었다. 돌멩이 대신 래커 스프레이라고 말하는 편이 옳다. 이들은 차벽에, 세종로의 공공기관 벽이 아니라 차벽에, 누구에게나 친절하게 봉사하겠다는 미소를 짓고 있는 경찰의 이미지가 그려진 경찰 버스에, 자신들에게 어쨌거나 길을 터주지 않는 차벽에 "정부파산", "박근혜 나와" 같은 구호를 적었다. 어떤 이는 사진 속 경찰의 웃는 얼굴 눈매에 붉은 선을 그려넣었다. 노란 배를 매단 이도 있다.

반달리즘^{Vandalism}이란 무엇인가? 우선 반달이 누구인지 떠올려보자. 물론 가슴에 작은 무늬를 가진 반달곰이나 밤하늘의 반달 이야기가 아니다. 반달족은 로마제국이 몰락하던 시기 제국의 수도를 약탈했다고 알려진 부족이다. 이들은 확고한 시각적 질서를 가진 도시 문명을 건설했던 로마제국의 수도에 들이닥쳐 약탈과 파괴를 일삼았던 탓에 야만적 파괴를 지칭하는 낱말에 그 이름을 남겼다. '문화재'의 개념도 존재하지 않았던 18세기 말, '반달리즘'이라는 말을 만든 이는 프랑스의 앙리 그레구아르^{Henri Grégoire} 주교다. 그는 18세기 말 프랑스대혁명 시기, 공화파 세력이 호사스런 교회 건물, 조각상, 절대왕정이 남긴 왕궁 등 구체제의 상징물을 파손하는 행위를 반달리즘이라 지칭했고, '자유로운 인간'이라는 논리를 내세워 공화파 세력의 반달리즘을 규탄했다. 그는 혁명정부에 제출한 공화파 세력의 반달리즘에 대한 보고서에서 구체제 유산에 대한 공격과 파괴 행위를 야만인과 노예의 습성이라고 비난했다. 아울러 새로운 시대의 자유로운 민중은 "과학을 증오하고 예술적 가치가 있는 기념물을 파괴"하는 대신 아끼고 보존해 구체제 유산의 수혜자가 되어야 한다고 역설했다. 오늘날 이슬람 극단주의자들의 저지르는 타문화권 문화재 파괴는 반달리즘의 전

공권력의 차벽 바리케이드는 단단하고 거대했다.

형으로 꼽힌다. 동시에 과거 기독교 교단과 신자들은 우상 파괴의 명목으로 많은 문화재를 훼손했다. 이 말은 이후 문화재나 예술품 이외의 공공기물에 대한 개인이나 집단의 의도적이거나 무지에서 비롯된 훼손, 화풀이 공격까지 통틀어 지칭하게 되었다.

따라서 반달리즘은 주로 익명의 군중이 모여들고, 공공장소를 공유하는 대도시에서 일어나는 가치 및 사물에 대한 공격이다. 서울의 경찰청 역시 세월호 참사 추모 및 항의 시위 현장에서 시위대에 의해 유리창이 훼손되고 스프레이 낙서 세례를 받은 경찰차량의 사진을 현장에서 자행된 폭력성의 증거로 공개하며 반달리즘을 언급했다. 경찰은 그로부터 쉼 없이 불법 폭력집회를 규탄했다. 2년 조금 못 미치는 시간이 지나고 광화문은 다시 거대한 시위의 현장이 되었다. 100만 명이 운집한 광화문 현장에서 다시 반달리즘을 언급하는 사람은 없었다. 촛불집회의 성공을 바라는 이들의 염원이 폭력 없는 시위 현장을 만들어냈다는 자긍심이 넘쳤다. 100만 명 이상이 운집한 시위에 깨어진 유리창이나 뒤집어진 쓰레기통 하나 없이 질서 의식이 빛났다는 뉴스가 잇달았다. 도덕적 강박증에 불과하다며 시위 현장의 질서 유지에 못마땅한 시선을 보내는 이들도 등장했다. 2016년 광화문 촛불집회 이전에도 한국인들은 종종 대규모 군중집회에서 놀라운 준법정신을 내보였다. 가령 2002년 거리 응원전 당시에도 언론은 수백만이 거리에 나와 "오! 필승 코리아"를 외쳤지만 이후에 쓰레기 하나 남지 않았다고 보도했다. 한국 사회의 민주화 이후 치러진 월드컵 대회 기간 거리의 열광, '문화시민', '준법의식'의 동시적 경험은 이후 하나의 기준점이 되었다. 이후 준법정신과 공존하지 않는 열정에 대해 의혹의 눈길을 던지는 한국인들이 부쩍 늘었다. 특히 세월호 참사 시위를 끊임없이 비난했던 보수 언론은 준법정신과 조화를 이루지 못하는 정치적 열망을 일방적으로 비난해왔다. 세월호 관련 시위를 금지한 공권력은 오히려 거대한 차벽 바리케이드를 만들었다. 공권력의 차벽 바리케이드는 단단하고 거대했다. 경찰이 바리케이드를 만든다니! 바리케이드는 본래 거대한 권력에 저항하는 이들이 자신들의 진지 앞에 쌓았던 구조물이다. 빅토르 위고는 《레미제라블》에서 혁명 세력이 만들었던 바리케이드를 묘사한다. 어떤 이들은 멀쩡한 6층 건물 세 채를 일부러 부수어 바리케이드를 만들었다고 개탄하고, 다른 이들은 "분노가 만들어낸 기적 같은 일"이라고 감탄을 표한다고 적는다. 무엇인가를 부수어 쌓아올린 것, 빅토르 위고에게 바리케이드는 저항하는 이들의 분노와 연대의 상징이다. 세월호 시위 현장의 차벽 바리케이드는 바리케이드, 반달리즘, 준법의 기묘한 역전을 보여주는 사례일 것이다.

준법의 일상적 명령

남편은 2007년 첫 서울 방문에서 서울의 풍경이 과히 준법의 풍경에 가깝다는 인상을 받은 듯했다. 무엇보다 인상적인 것은 지하철역 구내의 자동판매기였다. 별의별 것을 다 파는 일본 자동판매기에 비할 바는 아니지만, 한국 지하철역이나 노상에서 심심치 않게 볼 수 있는 자동판매기가 연신 신기하다는 것이다. 아니, 어떻게 노상의 자동판매기들이 찌그러진 모퉁이 하나 없이 멀쩡한가? 비록 방치되어 먼지로 뒤덮여 있을지언정 말이다. 프랑스 노상에는 자동판매기가 없다. 무엇보다 일상적인 반달리즘을 우려한 탓이다. 어마어마한 강화유리, 철제 보호막, 감시 카메라를 동시에 설치하면 자동판매기를 보호할 수 있을지도 모르지만, 여하튼 자동판매기를 설치하는 일은 성가신 일이다. 파리 일부 지하철역 지하 승강장의 드문 음료 자동판매기 대다수는 동전 투입구와 상품 꺼내는 곳을 제외하면 흡사 요새와 같은

×

그러므로 이웃의 고통에 연대하고 사회적 정의를 고민하는 것을 최우선 윤리로 삼는 시민이라면 좌절하거나 흥분한 대중 일부가 공공장소나 공공집회에서 행한 반달리즘을 열렬히 비판하기보다 흥분조차 하지 않은 정치인이 내뱉은 거짓말이나 정치적 실책을 냉정하게 비판하는 일에 더 힘을 쏟을 것이다.

철망 등에 꼭꼭 감싸여 있다. 노상 자동판매기의 상태만 본다면 서울과 도쿄는 대단한 안전지대라는 인상을 준다.

　프랑스 마르세유나 파리 근방 생드니 시처럼 치안 수준이 좋지 않은 곳은 물론이고, 관광객이 적지 않은 파리 시내 한복판 레알 지구 같은 곳에서는 자동판매기뿐 아니라 깨어진 광고판이나 부서진 공중전화 박스, 낙서가 휘갈겨진 표지판을 쉽게 목격할 수 있다. 자동차마다 블랙박스가 설치되고 동네 곳곳, 대형 상점 곳곳에 감시 카메라가 설치되기 전에도 한국이나 일본의 거리는 반달리즘으로 몸살을 앓았던 뉴욕이나 파리 등의 거리와 비할 바 없이 '온전'했다. 낭만의 도시를 꿈꾸고 도착한 일본인들 중 일부가 '일상적 준법정신'이 생생하게 느껴지는 일본의 도시와는 비교할 수 없이 지저분한 도로, 파손되어 제대로 작동하지 않는 공공기물, 큼직하고 과시적인 그래피티로 뒤덮인 거리 벽면 등을 목격하고 치료를 요할 만큼 큰 심리적 충격을 받았다는 이야기('파리 신드롬')는 프랑스에서도 유명하다.

　하지만 파리 경시청의 고위 간부는 파리의 이미지와 국익, 질서 회복을 위해 별의별 이유 없이 시위에 참여해 과격하게 반달리즘을 행하는 이들, 시내 곳곳에 낙서를 남기는 그래피티스트들을 끝까지 추적하겠다고 각별하게 공표하지 않는다. 온 나라 사람들이 과격한 반달리즘에 공분을 표했다는 이야기가 헤드라인을 장식하는 것 역시 본적이 없다. 한국의 사정은 달랐다. 외국인 관광객이 지하철 차량에 낙서를 남기자 경찰은 이들을 끝까지 추적해 찾아낸 다음 추방했다. 세월호 시위에서 경찰 차량이 손상된 다음 날, 경찰청은 바로 조사에 나서겠다고 발표했다. 경찰청은 경찰이 입은 '엄청난' 피해를 강조하며 시위대가 스프레이로 낙서한 차량을 찍은 사진을 시위대가 일삼은 폭력의 증거로 공개했다. 경찰은 정말 스프레이가 공권력을 파괴하고 도시 공간을 무질서로 모는 가장 위험한 무기라고 생각했던 것일까. 물론 래커 스프레이를 누군가의 얼굴에 대놓고 뿌린다면, 공권력이 시민의 얼굴에 뿌렸던 기록적인 양의 캡사이신이나 물대포의 물줄기보다 분명 '더' 위험할 테다. 그렇지만 누가 경찰의 몸이나 얼굴에 래커 스프레이를 뿌렸다는 소리는 들어보지 못했다. 경찰이 시위대의 불법성과 폭력성의 증거로 인용한 경찰 버스의 사진을 보고 어떤 이들은 몹쓸 파손 행위가 경건한 추모에 어울리지 않는 일이라고 말했다. 다음 날 한 신문이 태극기가 인쇄된 종이가 불타는 모습을 1면에 게재한 이후에는 4월 18일 현장에 있던 시민들의 '탈법'을 나무라는 대중의 목소리가 더 크게 터져나왔다.

그러나 준법의 명령을 어긴 사람들을 꾸짖기 전에 생각해보아야 할 것이 있다. 시민의 최우선 윤리는 무조건적인 준법정신에서 비롯되는 것이 아니다. 다시 빅토르 위고가 언급했던 바리케이드에 대한 기술로 돌아갈 필요가 있다.

연대와 정의로 세우는 바리케이드

빅토르 위고는 바리케이드를 바라보는 자들이란 늘 양쪽으로 나뉜다는 점을 간파했다. "누가 이것을 쌓았지"라고 말하는 사람이 있는가 하면, "누가 이것을 부쉈지?"라고 말하는 사람이 있다는 것이다. 궁극적으로 빅토르 위고는 바리케이드는 저항하는 자들, 혁명군의 것이라 보았고, 이를 '격동의 즉흥연주'라 불렀다. 그는 1830년대 혁명기를 배경으로 한 소설 속 "서로 너무나 다른 여러" 사람들, 그러나 "하나의 정치적 이상이나 사유를 지지하기 위해 뭉친 이들"이 길거리 보도블록뿐 아니라 건물에서 떼어낸 문짝, 철책, 차양, 창틀, 솥단지, 온갖 것으로 보도블록을 쌓는 모습을 생생히 묘사했다. 바리케이드는 저항하는 자들의 것이면서 반달리즘과 결부된 파괴의 기술이기도 했다. 바리케이드를 쌓으며 저항했던 이들, 이름 없는 혁명군의 동요와 격렬함이 프랑스 공화국의 역사를 만들어낸 탓일까? 프랑스 사회는 반달리즘을 옹호하지는 않더라도 이제껏 스타디움, 공연장 등 흥분한 사람들이 대규모로 모여 있는 장소에서 발생하는 일부의 반달리즘에 관대한 태도를 취해왔다. [●] 흥분한 시위대 사이에 끼여 집회의 목적과 상관없이 사방에 스프레이 낙서를 하고, 거리에 주차된 민간인 차량을 훼손하거나 상가의 유리창을 깨고 약탈을 하는 이들을 '브레이커'라 부르기도 한다. 그럼에도 프랑스 시민, 미디어, 공권력은 일부 브레이커가 목소리를 높이는 전체 시위대를 대표한다고 보지 않는다.

세월호 참사는 비극이었다. 비극에 대해 책임을 지는 이들이 없었

귀스타브 쿠르베Gustave Courbet, 〈바리케이드 위에 선 남자〉, 1848.

으니 시민들이 나섰다. 이를 무조건 제압하려는 차벽이 세워졌고, 이에 항의하는 이들이 반달리즘을 행했다. 분명 국민의 세금으로 구입한 경찰차량일 것이다. 한국에서 차벽 바리케이드를 친 자들은 거대한 국가권력을 지닌 이들이었다. 저항하는 자들의 요란한 목소리와 격렬한 움직임을 가로막기 위한 일사불란한 움직임의 소산이었다. 그러니 문제는 이 철벽같은 벽(이것은 그러므로 바리케이드가 아니다. 외려 이 차벽은 전체주의 국가들이 사회적 소수자를 격리하기 위해 세웠던 캠프, 구획을 둘러싼 벽을 닮았다)에 스프레이를 뿌리는 행위(그러므로 이것은 반달리즘이 아니다)가 아니라 이 철벽의 효용, 준법의 주문을 과신하는 것에 있다. 반달리즘이라는 말을 고안했던 그레구아르 주교는 반달리즘을 규탄하며 자유로운 인간의 가치를 지키자고 역설했다. 그러나 광화문 세월호 집회 현장의 차벽은 자유로운 인간의 가치를 대변하기는커녕 자유를 훼손할 뿐이었다. 훼손된 자유 앞에서 스프레이로 "정권파산"이라 적었던 이들의 정신은 위법일지언정 야만인과 노예의 근성과 무관하다. 저항하는 이들의 시각적 이미지를 탐구했던 프랑스의 미학자 조르주 디디위베르만Georges Didi-Huberman은 권력을 갖지 못하는 이들이 들고 일어나는 행위, 봉기의 행위란 늘 욕망하는 힘과 결부되며, 이 힘은 기존의 조직이나 건축을 깨트리되('반달리즘'이라는 부정적 이미지) 다시 얼기설기한 것을 모아 임시의 방편을 건설하는 힘('바리케이드'를 만드는 힘)이라고 보았다. 그러므로 이웃의 고통에 연대하고 사회적 정의를 고민하는 것을 최우선 윤리로 삼는 시민이라면 좌절하거나 흥분한 대중 일부가 공공장소나 공공집회에서 행한 반달리즘을 열렬히 비판하기보다 흥분조차 하지 않은 정치인이 내뱉은 거짓말이나 정치적 실책을 냉정하게 비판하는 일에 더 힘을 쏟을 것이다. 어떤 시민은 다만 이웃의 고통에 무관심해질 수 없기에 길거리에 구호를 외치기 위해 나선다. 그들은 길거리의 교통신호를 어기고, 길거리에 낙서를 하며, 쓰레기를 함부로 버리는 이들을 규탄하는 준법 시민이 되기를 선택하기보다 이웃의 고통에 예민한 시민이 되기를 선택한 이들이었을지 모른다.

◆ 프랑스 시위대의 폭력 사용 방식이 지나치게 상습적이며 과도하다는 관측 역시 제기된다. 2016년 프랑스의 노동법 개정 반대 시위는 이 문제로 여론의 비판을 받기도 했다. 반면 시위의 정신을 지지하는 이들은 온라인 포럼에서 집중적인 토론을 벌이며 시위대의 폭력 사용이 공권력의 폭력에 맞선 정당방위임을 강조했다.

1980년대 내가 어린이였을 때에는 만화책을 나쁜 것이라고 하는 풍조가 있었다. 만화방에 다녀온 일이 발각되면 부모님에게나 선생님에게 야단을 맞기도 했다. 내가 처음 만화책을 보았던 곳은 병원이었다. 초등학교 앞 치과에서 나는 처음 책으로 된 만화를 접했다. 그곳에는 수백 권의 만화책이 쌓여 있었다. 의사에 대한 사회적 존경심 탓인지 엄마는 치과에 가서 정신을 잃고 만화책을 보는 나를 나무라지 않았다. 기계 소리를 내며 돌아가는 치과 드릴, 내 입안을 들여다보는 의사 아저씨 손에 들린 뾰족한 도구를 나는 한 번도 두려워해본 적이 없다. 아마 만화책 때문이었을 것이다. 만화책을 볼 수 있었으므로 나는 언제나 치과에 가는 것을 좋아했다.

환자의 감각

하지만 만화책과 함께 떠오르는 나의 병원에 대한 기억은 그렇게 보편적인 병원에 대한 기억이나 감각은 아닐 것이다. 병원은 유독 유년시절 신체에 각인될 감각의 기억을 남기는 곳이기 때문이다. 어린 시절의 병원을 떠올리면 제일 먼저 떠오르는 이미지는 소독약의 후각적 이미지와 주삿바늘의 촉각적 이미지 아닌가? 따끔하게 피부를 뚫고 들어오는 주삿바늘의 감촉, 따끔함의 감각과 함께 떠오르는 병원의 기억. 아이들에게 병원은 주사를 맞아야 하는 곳, 두려운 곳이다. 한편, 프랑스의 작은 의원은 주사를 처방하는 법이 없다. 주사란 투약요법 등으로 해결할 수 없을 때에야 사용하는 도구에 가깝다. 주사요법 피검사를 비롯해서 각종 검사 역시 의원 바깥의 랩에서 담당한다. 주사요법을 쓰지 않는 것은 신체적인 접촉에 대한 사회적 터부가 다르고 배려해야 할 고통에 대한 생각이 다르기 때문이 아닐까? 프랑스는 사법, 의료, 교육 등의 영역에서 타인의 신체에 대한 물리적 강제, 이를테면 체벌, 고문, 강제 치료를 차례차례 체계적으로 금지하고 삭제했다. 이는 공공위생의 강조 등을 통해 사회가 서민층의 신체를 보다 더 적극적인 방식으로 통제하는 과정으로 해석되기도 한다. ◆

응급실에 실려 들어오는 사람이 보고 듣는 혼잡한 풍경을 보여주며 시작하는 영화 〈칼리토〉에서 병원은 삶에서 죽음으로 건너가는 위급함의 경계와 같은 곳이다. 한국 영화 〈곡성〉이나 할리우드 좀비영화에서 병원은 우리를 위협한다고 가정되는 집단들이 잠복하는 공간이다. 수백 년 전에 지어진 유럽의 오래된 병원에서도 우리는 병원이 삶과 죽음 사이의 장소임을 다시 확인한다. 과학 혁명 이전 종교기관에 소속된 이들이 의학 상식 일부와 병의 원인을 설명하는 종교서의 가르침에 따라 환자들을 돌보던 옛 병원, 가령 15세기 문을 연 프랑스의 본Beaune 병원과 같은 곳 내부의 오래된 예배당이나 구원이나 심판 등의 주제를 묘사하는 종교 회화들은 당시의 병원이 오늘날과 같이 신체만을 치료하는 과학의 장소가 아니라 영혼을 보살피는 영성의 장소였음을 알려준다.° 내가 아는 현실의 병원은 여러 가지 면에서 영화 속의 병원이나 옛 유럽의 병원과 다르다. 어른들에게 병원의 감각은 더 이상 아이들이 기억하는 주삿바늘이나 소독약의 감각이 아니며, 환자들은 의사의 실력은 의사의 영성에서 비롯되는 것이 아니라 의사의 의학 지식과 경험에서 비롯된다고 생각한다. 냄새나 촉감에 대한 기억 대신 대기실의 지루함, 지루함을 이기려 쳐다보는 대기실 내의 풍경, 진료실에서 이루어지는 건조한 대화, 의사가 내준 처방전 위의 알아보기 힘든 필기체 문자 같은 기억들. 발터 벤야민은 카페의 야외 테라스에 앉아 글을 쓰는 작가의 작업을 종합병원 의사의 작업에 비유한 바 있다. 카페 대리석 테이블 위에 펼쳐놓은 생각들을 수

15세기 프랑스 본에 설립된 빈민 병원인 '오스피스 드 본Hospices de Beaune' 내부는 로히어르 판데르 베이던의 〈최후의 심판〉(273쪽) 등의 다양한 예술작품으로 장식되어 있다.

술대 위의 환자에 비교하는 벤야민은, 카페에서 볼 수 있는 유리잔, 커피, 담배 같은 소소한 사물로 자신을 벗어나 뻗어나가기도 하는 생각, 글로 결정되는 생각을 다루는 작가와 몸을 다루는 의사의 이미지를 엮어냈다.

나는 항상 오랜 시간 대기해야 하는 프랑스의 작은 동네 병원 대기실에서 반대의 작업을 진행한다. 장소와 장소의 사물들과 장소를 만든 사람의 취향과 성격, 욕망, 역사를 관찰해보기, 내 몸을 관찰할 사람에 대해 미리 짐작해보기. 역, 터미널, 음식점 등과 마찬가지로 한국의 대형 병원, 심지어 동네 병원 대기실에는 우선 텔레비전이 있다. (동네 오래된 작은 개인 병원 진료실에서도 텔레비전을 본 적이 있다!) 소독기, 세척기, 주사실, 마사지실 등 다양한 시설이 있다. 이에 대한 안내문과 광고문이 있다. 손님은 정신을 바짝 차리고 '구매'를 결정해야 한다. 프랑스의 의원이나 병원은 대체로 물리적 공간 규모가 작다. 수백 년 된 건물을 보수해 그대로 쓰고 있는 공공 종합병원은 말할 것도 없고, 의사 혼자 운영하거나 몇몇 의원이 공동 비서를 채용해 운영하는 의원 역시 규모가 작다. 대기실, 복도, 진료실로만 이루어진 경우가 태반이다. 작은 규모 의원의 환자 대기실에는 한국의 헤어살롱처럼 잡지책이 있다. 여성잡지라 불리는 것들이 대부분이다. 벽에는 거의 항상 그림 액자가 걸려 있다. 화사한 색상의 인상파 회화인 경우가 대부분이다. 이국적인 취향을 가진 의사가 걸어둔 동아시아 회화나 남미 화가의 그림을 만날 때도 있고, 추상회화를 만날 때도 있다. 무관심한 이도 있을 것이다. 인테리어 업체가 제안한 그림과 화분을 배치한 이도 있을 것이다. 장소에 관심을 기울이거나 무관심하거나, 바로 그 우회적인 방식으로 의사는 환자에게 첫 번째로 자신을 드러낸다.

대형 병원의 화려한 무료함

중동호흡기 질병 속보가 뉴스를 가득 채우던 그해 초여름, 나는 한국에서 병원 응급실 신세를 졌다. 마침 감염자가 급속하게 늘어나며 모두 되도록 대형 병원을 기피하던 시기였다. 6월 초 일요일 오후, 나는 동네 카페 계단에서 슬쩍 넘어졌다. 크게 다친 것은 아니지만 일요일 오후에 벽돌 바닥과 앞니 사이에서 입술이 슬쩍 찢어지고, 앞니 둘도 나란히 부러진 탓에 강 건너 목동에 있는 대형 병원에 가서 간단한 검사와 치료를 받았다. 남편도 한국에 1년간 체류하러 왔을 때 도착 3일 만에 병원 응급실 신세를 진 적이 있다. 크게 아픈 곳이 없어 병원 가는 일이 거의 없는 남편은 한국에서 병원 응급실 구경을 한 셈이다. 남편이나 나나 위급한 상황이 아니었던지라 무료하게 응급실에서 시간을 보내며 이곳저곳을 두리번거렸다. 내가 응급실에 간 날을 되새김질해본다. 모두들 감염의 원흉으로 여겨진 병원을 기피한다고 언론이 보도했지만, 막상 일요일 저녁 대형 병원 응급실에는 마스크를 착용한 사람들과 깁스를 한 아이들, 링거를 꼽은 이들, 이들의 보호자들이 장사진을 치고 있었다. 위급하지 않은 환자가 많이 내원하는 것으로 유명한 한국 대형 병원의 응급실, 특히 일요일 저녁의 응급실은 대개의 시간, 삶과 죽음을 넘나드는 고투의 장소이기보다 무료한 대기의 장소다. 몇몇이 마스크를 하고 있는 모습이 평소와 다르긴 했지만, 이미 병원에 오기로 마음먹을 만큼 아프거나 불편한 사람들은 어서 진료를 받고 바이러스가 가득한 응급실 대기실을 벗어나고 싶은 마음이 더 컸다. 그러니 이는 긴장과 공포감의 외양이라기보다 지루함과 무료함의 외양이었다.

턱 사진을 찍고, 입술 위로 붕대를 붙이고 앉아 치과의사의 진료를 한 시간 남짓 기다리는 내내, 편안할 리도 무료하지 않을 리도 없었다. 나와 다른 대기자들은 모두 청결함을 강조하는 하얀 플라스틱 의자들 20여 개가 사열종대로 배치된 응급환자 대기실에 앉아 있었다. 사열종대의 의자들 왼편에는 텔레비전 수상기가, 맞은편에는 환자 진료 상황과 호출 상황을 알리는 전광판이 배치되어 있었다. 우리나라에서 사람들이 모여 기다리는 곳이면 어디에나 빠지지 않고 있는 텔레비전이 응급 환자 대기실에도 또 있었다. 무료한 응급 환자 대기실 사람들이 위급한 응급실 상황을 전하는 텔레비전 뉴스를 보고 있었다. 이곳에, 어떤 이는 제 발로 걸어 들어왔고, 어떤 이는 부축을 받고 도착했다. 의식을 잃은 채 도착하는 사람이 있는가 하면 고통을 시위하며 들어서는 환자도 있었다. 팔에 응급부목을 하고 실려 들어오던 아저씨 한 분은 응급실 입구에서 '다나까'체로 '진술'했다. 마스크를 한 의료진이 어떤 일로 오셨는지, 어느 진료과를 들렀는지 물었다.

"저는 괜찮습니다. 자전거를 타다가 넘어져 굴러 떨어졌습니다. 오른쪽 다리에는 아무 이상이 없습니다. 왼쪽 팔에는 XX한 것으로 생각됩니다."

아저씨는 큰 소리로 브리핑을 했다.

발목에 하얀 붕대를 감은 앳된 남학생과 그의 보호자 친구는 연신 스마트폰을 만지작거렸다. "한 시간이나 더 기다려야 한단다, 오늘 온 종일 다 버렸다, 너 때문에!"

"빨리 가서 언제 끝나는지 물어봐!"

친구는 스마트폰으로 카카오톡 메시지를 날리고, 페이스북 뉴스피드를 획획 넘기다가 다친 친구를 채근하기를 반복했다. 그렇지만 같이 뛰어다니다가 다친 친구 옆에 끝까지 붙어 있었다. 아주머니 한 분은 전화기에 대고 큰 소리로 지인의 치료 상황과 치료비를 설명했고, 아이 여럿은 칭얼대며 울었다. 그 사람들 위로 번호판의 번호는 계속 바뀌었고, 그 사람들 위에서 뉴스 진행자는 초조하게 전국의 환자수를 읊었다.

대형 병원들이 경쟁하면서 의료기기뿐 아니라 건물 역시 점점 더 으리으리해졌다. 으리으리한 건물의 로비에는 수익을 내려는 체인점이 들어왔다. 병원 밥이며 병원 앞 식당 밥은 군대 배급만큼 맛이 없다는 소리도 옛날 말이 되었다. 번화한 곳에서 볼만한 최신 서양 디저트를 파는 체인점이 병원 안에도 휜칠한 인테리어를 하고 영업을 하고 있었다. 응급처치를 마치고 응급실을 나서 카페 앞을 지나면서 긴장감이 풀리니 디저트라도 먹고 싶다는 생각도 들었지만, 바이러스들의 집산지에서 벗어나 집에 가고 싶다는 바람이 좀 더 컸다. 유행병 때문인지, 비싼 가격 때문인지, 병마와 간호로 모두들 식욕을 잃은 탓인지, 유명한 디저트 카페는 텅 비어 있었다.

동네 병원의 미덕

그다음 주 깨진 이 치료와 수복을 위해 동네 치과 두 곳에 갔다. 오랜 외국 생활 탓에 꾸준히 다니던 치과가 없으니 동네 지하철역 근처 대여섯 개쯤 있는 치과 중 하나를 골라야 했다. 신식 건물에 자리 잡고, 커다란 대기실 한쪽 구석에 스포츠 채널을 틀어놓았던 첫 번째 치과도 크게 나쁘지 않았지만, 마음에 들지 않는 구석이 있었다. 병원은 우리를 고쳐주는 곳이지만, 때로 떳떳치 않은 이유로, 환자가 아닌 이에게 고칠 필요를 강요하기도 한다는 사회적인 인식에서 나도 자유롭지 않다. 재래시장 진입로의 비교적 낡은 건물에 새로 들어선 치과 간판이 눈에 들어왔다. 해당 병원 블로그에서 의사는 치아의 보존에 주력한다는 진료 철학을 밝혔다. 나는 규모가 작은 이 병원을 택했다.

　사회적인 불신 탓에 사람들은 아는 사람이 믿을 만한 사람이라 생각하며 이리저리 연을 댄다. 아는 사람이 없는 사람은 각자의 기준으로 신뢰를 가늠한다. 경기도에 살다 남쪽 지방으로 이사 간 일흔 안팎의 보수적인 친척 어른은 실력을 가늠하는 척도로 동네 치과 의사들이 '어느 학교 출신'인지를 언급했다. 인터넷을 활용한 정보검색 능력이 상대적으로 뛰어난 젊은 세대는 병원의 평판을 검색한다. 나처럼 증상에 대한 정확한 진단과 꼼꼼한 설명 유무를 신뢰의 근거로 삼는 이도 있을 것이다. 응급실에 다녀와서 대형 병원에서 환자를 치료하는 지인에게 요즘 대형 병원은 설명도 잘해주고 서비스가 좋더라고 하니, 환자마다 그도 다 다르단다. 나이 드신 어른들은 이것저것 설명해주면 더 귀찮아하고, 알아서 다 척척 해주는 것을 선호한다고. 나처럼 사태를 납득하는 것을 중요하게 생각하는 이에겐 말없이 이런저런 진료를 하고 돈을 요구하는 병원이 겁만 주고 기본을 결여한 병원으로 여겨진다. 또는 '메디컬 서비스'라는 물건만 파는 모습으로 비친다. 또 다른 누구에겐 이런 병원이 척척 만능의 선생님으로 비쳐지는 것이리라. 최신 기기와 건물의 크기, 값비싼 '보이는' 인테리어를 신뢰의 판단 기준으로 삼는 이들이 많을수록 모든 병원이 이러한 외양을 꾸미는 일에 더욱 몰두하게 될 것이리라.

치아를 더 많이 깎고 뽑기보다 잘 치료해서 쓰라고 권하는 보수적인 의료 철학을 가지고 있다는 동네 치과의 실내를 가만히 들여다보았다. 소소했다. 의사 한 사람, 위생사 한 명이 전부인 작은 병원은 생긴 지 1년 정도 된 곳이라는데, 접수대 뒤로 미색 환자의 진료기록 파일이 깔끔하고 빼곡하게 비치되어 있었다. 디지털 데이터베이스 시스템이 등장한 이후 도서관의 서지 종이와 마찬가지로 빠르게 자취를 감춘 종이 기록카드 위에 위생사가 인적사항을 기록했다. 크지 않은

✕

대형 매장이 동네 상권을 장악하고, 대형 병원
이 적극적으로 소비자를 모집하는 시대에 동네
병원의 역할은 무엇일까? 환자의 상황과 환자
거주지 지역사회에 대한 깊은 이해에 바탕을
둔 진료를 수행하는 1차 의료기관의 역할이 동
네 병원의 역할일 것이다.

대기실에 서너 명이 앉을 수 있는 밝은색 소파 하나와 간이 의자가 테이블을 가운데 두고 배치되어 있었고, 붙박이 책꽂이에 많지 않은 수의 서적이 꽂혀 있었다. 칼 세이건의 《코스모스》와 만화책 《포켓몬스터》가 나란했다. 내가 처음 찾은 날, 작은 진료실에는 초등학생 남자아이가 겁에 질려 기를 쓰고 울고 있었고, 그 소리가 바로 옆 대기실로 다 넘어왔다. 아이 엄마가 아이에게 울음을 멈추라고 재촉하고, 의사는 아이를 구슬렸다. 입을 벌리고 누워 있어야 한다는 치과의 공포를 심하게 느끼는 축에 속하던 아이는 결국 울면서 치료를 포기하고 대기실로 나왔다. 내 건너편에 앉아 엄마에게 야단을 맞으며 침울해하던 아이를 보고 나는 못된 사람처럼 웃었다. 아이들이 많은 치과였다. 육아 커뮤니티에 아이들 진료를 꼼꼼하게 자상하게 본다는 소문이 나면서 아이 손님이 많아진 모양이었다. 틀니를 하러 찾는 노인보다 인터넷 입소문을 듣고 오는 사람이 많은 병원이었다. 고만고만한 동네에서 빠듯한 형편의 어르신들은 외려 새로 생긴 기관이나 물건을 판단할 정보력이 없으니 건물이나 장식, 상담사 고용에 비용을 지출하지 않는 신출내기 병원을 선택할 기회조차 갖지 못한다. 큰 것, 번쩍이는 것이 좋다고 듣고 배웠던 이들은 우선 새 건물, 치과 이름 앞의 출신 대학 이름, 광고 노출도, 규모로 판단하는 데 익숙할 테다.

좁은 자리에 최대한 많은 수로 배치된, 대형 병원 응급실의 단방향의 의자에 긴 시간 동안 대기를 하면서도 사람들은 서로 시선을 교환하지 못한다. 모두가 바라보는 텔레비전 속 인물이 무어라고 말을 한다. 많은 사람을 수용할 필요가 있는 곳에 알맞은 효율적 좌석 배치 방법이 있겠지만, 동네 병원이 모두 거대할 필요는 당연하게도 없다. 전염병 방역에 구멍이 뚫렸다는 보도가 잇따르고 국민이 공포에 떨자 모두 국가가 전염병 방역에 실기를 거듭했던 까닭이 무엇인지, 의료 시스템의 문제는 무엇인지 질문했다. 다른 나라와 견주어, 심지어 의료 서비스의 불평등도가 높다고 알려진 미국에 견주어도 공공 병동의 수가 턱없이 적다는 사실도 지적되었다. 한국에는 공공 병동보다 훨씬 많은 민간 병동, 병원과 의원이 있다고 한다. 이들은 계속 새로 건물을 짓고, 새 기기를 사고, 규모를 불려가며 의료 서비스를 받을 소비자를 모집한다. 이 역할 수행을 위해 동네 병원의 대기실과 진료실은 더더욱 친밀함과 지속적인 상호이해의 공간이 되어야 한다.

서두르지 않고 찬찬히 던지는 문진에, 꽤 오래 걸리는 신경치료를 받고 나오니 아이는 언제 울었느냐는 듯 《포켓몬스터》에 혼을 다 뺏긴 채 소파에 앉아 있었다. 아이는 집에서 더 재미있는 게임을 하고, 텔레비전을 볼 테지만, 병원 대기실에서는 《포켓몬스터》가 최고로 재미있는 모양이었다. 어렸을 때 다녔던 치과 생각이 났다. 어릴 적 기억이 나니, 이 예쁜 기억을 상기하도록 해준 우리 동네, 엘리베이터 없는 옛 건물에 새로 문을 연 작은 치과가 고맙게 여겨졌다. 텔레비전 없는 작은 대기실, 마주보고 앉을 수 있도록 마련된 의자들, 몇 권의 서적과 진료카드에 고마움이 느껴졌다. 병원 밖으로 나오면 서울에 몇 남지 않은 재래시장 골목 빈대떡 가게와 채소 가게가 있다. 동네에 살았던, 사람 좋다고 소문난 가수가 시장 근처 밥집 여기저기 들러 이 가수의 친필 사인이 붙어 있지 않은 곳이 없다. 입담 좋은 과일가게 주인에게서 노란 참외를 샀다. 사람을 고치는 것은, 마주보고 앉은, 지척에 있는 사람이다.

◆ 조르주 비가렐로 지음, 《깨끗함과 더러움》, 정재곤 옮김, 돌베개, 2007.

○ 공공기관과 종교기관을 엄격하게 분리하는 라이시테laïcité의 원칙을 법제화하고 있는 현대 프랑스 사회에서 병원은 과학의 장소일 뿐 아니라 세속성의 장소다. 프랑스에서 의료는 정부가 담당하는 공공복지의 가장 중요한 영역 중 하나이기 때문이다.

은밀하게 위대하게 : 방석집과 피트니스 클럽

2014년 3월, 아현동 고가도로가 철거되었다. 1960년대 말 처음 서울 시내에 공중을 가르는 고가도로로 개통되어 한때 자동차가 쌩쌩 달리는 근대 서울의 상징이었던 아현 고가도로는 반세기가 지난 2011년에 위험 진단을 받는다. 일단의 서울 사람들에게 이제 아현 고가도로는 근방의 개발을 더디게 하고 유지 보수하는 데 비용이 많이 드는 애물단지로 취급받게 되었고, 철거가 결정된다. 고가도로가 철거되자 고가도로 아래에 가려져 있던 단층 건물들이 쉽게 눈에 들어오기 시작했다. 확확 변하지 않았던 탓에 아직도 남아 있던 건물에는 가구 상가도 많이 있지만, 다른 편에는 '장미'나 '순정'과 같은 가게 이름 아래 맥주, 양주 딱 두 단어만 적혀 있는 아현동 '방석집'들도 있다. '방석집'이란 이름은 술 취한 사내들이 좁은 밀실에 방석을 깔고 앉아 궤짝째 술을 마신다고 해서 붙은 속칭이다. 특히 창 없이 단단한 벽이 방석집을 알아보게 하는 외양의 특징이다. 늦은 밤에 아가씨들이 호객 행위를 하고, 창 없이 단단한 벽 뒤로 은밀한 일들이 벌어진다고 한다. 창 없는 벽은 무엇을 의미하는 기호일까?

은밀함과 음란함

아현동처럼 알려진 곳은 아니지만 내가 사는 서울 양화대교 북단 근처에도 2010년대 초반까지 '샤넬', '에너지', '팝콘', '쎄시봉' 등의 이름을 단 방석집들이 있었다. 2015년 무렵부터 연남동 등지의 상권이 포화 상태에 이르고 망원동 상권이 새로 성장하자 오랫동안 2층이나 고작 3층 정도의 낡은 건물을 차지하고 영업을 하던 방석집들도 하나둘씩 문을 닫기 시작했다. 그 자리에는 '프랑스 분식점' 같은 어리숙하나 실은 세련된 이름의 가게들이 문을 연다. 가령 '샤넬'은 값비싼 프랑스 브랜드의 이름을 따왔다. 그 이름에는 그처럼 노골적인 서양 동경의 심리가 들어 있다. '샤넬'이라는 가게 이름을 보고 정말 프랑스를 떠올릴 사람은 없다. 알 듯 말 듯 유럽풍의 상호들과 사뭇 다르게 샤넬이라는 이름은 너무나 직설적인 판타지를 제안한다. 아마도 순진한 이

움탕하고 비루한 지난
시절의 기호는 '첨단의
판타지'로 대체되었다.

들에게. 아직 방석집이 남아 있던 시절을 떠올려본다. 노골적으로 음탕할 뿐 아니라 비루하고 낡은 시대의 상징이 된 방석집은 젊은 거주자가 몰려드는 동네의 혐오 시설이 되었다. 동네 주민들과 상인들은 아무도 발길을 들여놓는 일 없는 음탕하고 비루한 지난 시절의 기호로 전락한 방석집에 대한 민원을 쏟아내기 시작했다. 민원이 속출하면 구청 직원들이 보여주기 행사에 동원되었다. 한밤에 "불법 영업소 이용 근절하자"고 쓰인 피켓을 들고 방석집 거리 앞을 10미터 간격으로 지키고 서 있곤 했다. 인적 없이 조용한 2차선 거리에 피켓을 들고 야간 근무 중인 구청 직원들을 보는 일은 참 기이한 경험이었다. 거의 반쯤 문을 닫은 가게들 앞에 '시위'대가 서 있었다. 몇몇 가게들은 문을 닫고 있다가도 몰래몰래 단골손님을 받으며 가끔 영업을 한다고 했다. 방석집은 이처럼 지방 작은 읍내에 더 많이 남아 있는 퇴락한 유흥업소의 유형이다.

노골적인 상호명의 방석집이 있던 자리에 들어선 가게들은 '프랑스 분식점', '에페메르', '베를린 식당' 같은 이름을 내걸었다. 낯선 어감은 생소하되 판타지를 마련한다. 때로는 판타지 자체를 비틀며 유희하기도 한다. 첨단의 어감과 첨단의 놀이 정신을 갖춘 이들이 이곳을 찾는다. 가령 '프랑스 분식점'이란 이름은 프랑스 요리에 대한 우리의 기대를 살짝 비웃는다. 즉, 프랑스인이 먹는 요리는 거위 간이나 바게트, 달팽이 요리처럼 이국적이고 호사스러울 것이라는 생각을 비웃는다. 일상적인 프랑스 요리를 호출하는 태도는 일상적인 프랑스를 사유할 수 있는 자신감을 내비친다. 새로 들어선 가게들은 하나같이 벽을 허물고 전면에 창을 낸다. 행인들은 젊은 감각으로 아기자기하게 꾸며진 가게 내부를 어렵지 않게 들여다볼 수 있다. 가게 안의 사람들과 가게 밖을 지나는 사람들이 서로에게 눈길을 던진다. 행인이나 손님과 시선을 주고받을 생각이 없던 방석집, 프랑스의 이름난 명품 메이커를 차용했던 방석집은 '최신'을 팔지 않았다. 적절한 거리두기의 게임을 벌일 생각 역시 없다. 방석집은 노골적으로 은밀한 색상의 간판 위로 직설적으로 퇴행적인 자기의 이름을 적었다. 창문 하나 없는 가게 벽은 그 안에서 인생을 보낸 사람을 결박하도록 단단하고, 바닥 인생을 견딘 사람들의 마음처럼 투박하다. 벽 한쪽에는 철제문이나 어두운 유리문이 나 있다. 문이라지만 낮 동안에도 굳게 닫혀 있을 뿐이다. 벽은 가리고 닫는 장치다. 이 은밀한 세계는 안으로 닫혀 있다. 방석집이 알려주듯 은밀함은 때로 음란함과 결부된다. '에너지'라는 노골적인 상호 앞을 지나는 어떤 행인은 분홍색 외벽, 가리고 닫는 장치 뒤에서 일어날 일들을 음란하게 상상한다. 어떤 이는 노골적인 음란함에 더 이상 호기심조차 느끼지 않을 것이다.

가리고 닫는 문, 문 뒤의 세계에 대해 호기심을 느끼거나 불편함을 느끼는 일, 음란한 상상을 하는 일은 문 밖의 사람, 문 앞의 사람, 지나는 행인이다. 문 안쪽 사람들은 문 밖을 어떻게 상상할까? 안으로 닫힌 세계는 어떻게 밖과 고립될까? 한국 도처에 존재하는 모텔은 이 질문에 대한 하나의 대답이다. 한국과 일본 문화를 취재하는 외국 기자들은 간혹 '러브호텔'에 호기심 어린 눈길을 보낸다. 처음 한국을 방문했을 당시 남편 역시 '모텔', '러브호텔'이 한국에서 가장 인상적인 장소였다고 말하기도 했다. 모텔의 가격이나 편리함 때문만은 아니다. 모텔은 은밀함과 음란함, 호기심과 식상함, 판타지가 뒤섞여 있는 장소이기도 하다. 번쩍이는 네온 외관 아래 '벨라지오' 같은 라스베이거스 고급 호텔의 이름을 패기 있게 가져다 쓰는 도처의 모텔들은 방석집과 비할 수 없이 화려하다. 동시에 모텔의 이름이나 외관, 구조는 '순정'이나 '에너지'라는 이름의 방석집과 그리 다르지 않은 노골적인 판타지에 기댄다. 모텔의 폐쇄성을 강화하는 장치들은 무엇인가. 모텔은 이용자의 사생활 보호를 이유로 주차장 입구나 객실 창에 두꺼운 장막을 설치한다. 대체로 함께 가정을 꾸리지 않은 커플이 찾는 모텔 방에는 창이 없다. 이는 우선 건축적 이유다. 모텔 건축주는 옆 건물에 바투 건물을 짓고, 좁은 공간에 최대한 빼곡하게 방을 만들려 하기 때문이다. 다른 한편 모텔 방에 창이 없는 까닭은 모텔이라는 공간의 성격 때문일 것이다. 이곳은 밖과 구분되는 내밀한 장소라는 상상이나 욕망 말이다. 전국 곳곳 모텔이 없는 곳이 없지만, 모텔의 이용 양태는 달라졌다. 특히 지역이나 세대, 사용 계층에 따라 미분화된다. 젊은 층은 마사지 기능이 있는 대형 욕조가 딸린 욕실, 2인용 컴퓨터, 대형 IPTV 등등을 구비하고 있는 모텔 체인을 주로 이용한다. 이들은 인터넷 사이트에서 모텔 체인의 예매 사이트나 모텔 정보들을 검색한다. 이런 사이트에는 '바깥'과 분리된, '밖'을 내다볼 필요가 없는 모

열린 공간에 나란히 있을 때, 타자의 목소리를 들을 수 있다.

텔 방의 편의 시설에 대한 평가가 가득하다. 평가 글들은 반나절 머무르며 즐길 거리가 가득한 모텔 정보를 전한다. 밖에 나갈 필요가 없는 곳, 바깥에서 더 잘 도망칠 수 있는 내부일수록 더 편리하다. 우리만의 공간, 우리만의 즐길 거리, 우리만의 식사. 바깥에서 들여다볼 수 없도록 가려두고 막아두었던 창문 안쪽의 내밀함은 이제 거의 바깥에 대한 무관심으로 굳어지는 모양새다.

은밀함과 안락함

한국인이 유독 '방'을 좋아한다는 이야기는 그리 낯선 것이 아니다. 노래방, 비디오방을 시초로 별의별 '방'이 다 생겼다. 꼭 방석집이나 모텔처럼 남에게 나의 욕망을 적나라하게 노출하기 싫은 곳에서만 '방'이 증식하는 것은 아니다. 가령 최고의 서비스를 자랑하는 한국 식당들의 안락하고 은밀한 별실 역시 증식하는 '방' 가운데 하나다. 서유럽의 유명 식당들은 대체로 '전망view'을 제안한다. 식당이 꼭 경관이 유려한 곳에 있지 않더라도 그렇다. 별다른 풍광이 없는 동네 한복판의 식당이더라도 그렇다. 테라스 자리가 안쪽 구석 자리보다 인기 있다. 남산 서울타워 꼭대기나 바닷가 절벽 옆에 자리한 식당이 아니라면 한국의 식당들은 전망을 내세우거나 밖을 볼 수 있는 자리를 제안하지 않는다. 대신 방과 방 사이에 가벽을 설치하여 별실을 만든다. 밖을 내다볼 수 있는 창은 이곳에서 필수적이지 않다. 대신 직원을 호출할 차임벨이 설치된다. 안으로 닫힌 공간에 일단 자리를 잡고 나면, 우리는 이제 이 안에서 더 이상 일어설 필요가 없다. 문을 열 필요조차 없다. 벨을 누르면 된다. 별실이 없는 곳에는 칸막이가 설치된다. 별실이 설치되어 있는지 혹은 테이블과 테이블 사이를 나누는 칸막이가 설치되어 있는지에 따라 식당의 품격이 구분되기도 한다. 칸막이를 설치한 평범한 동네 밥집과 달리 고급식당에는 '당신을 위한' 별실이 있다! 우리는 이처럼 대체로 별실과 칸막이를 긍정적 기호로 간주한다. 이 공간을 찾는 우리는 아마도 닫힌 공간의 폐쇄성에 답답함을 느끼기보다 닫힌 공간의 은밀함과 안락함을 선호하는 이들일 것이다. 우리는 왜 구태여 창이 없는 곳에서 안락함을 느끼는 것일까? 한편으로 '우리끼리' 나누고, 상의할 일이 많아서일 것이다. 직장 동료, 가족, 동창, 조직 등등이 '우리끼리'를 구성한다. 다른 한편으로 '우리'가 아닌 사람들의 관심과 참견이 버겁기 때문일 것이다. 이를 거부하고 싶은 마음 때문일 것이다. 무관심은 때로 부당한 편견을 낳는다. 우리는 때로 '우리'가 아닌 사람들이 내는 소리를 죄다 소음에 불과한 소리로 여기려 한다. 은밀함에 대한 욕망은 때로 음란한 상상과 관련되고, 때로 음흉한 작당을 위한 요건이 된다. 은밀함에 대한 욕망은 우리와 타자 사이를 단호하게 가르려는 방어적인 태도의 소산이기도 하다.

간혹 한강변을 걷는다. 봄과 여름에 한강변을 걸을 때마다 내 눈을 사로잡는 것은 잔디밭을 가득 메운 텐트들이다. 서울에 얼마 없는 시야 트인 공간, 한강 둔치 잔디밭 위 분명 뛰어난 성능을 자랑할 다양

×

바깥을 보지 말고 정신집중. 앞만 보고 달릴 것을 독려하는 사회에서 칸막이는 유용하다. 칸막이 안에 홀로 고립된 '나'만 있는 사회. 칸막이만 재생산하는 도서관, 자기의 책만 읽을 것을 강요하는 도서관과 같은 사회는 방석집의 사회만큼, 어쩌면 더 유해할지 모른다.

한 크기와 색상, 용도의 텐트들 말이다. 어른들은 텐트 아래 앉거나 누워 잔디에서 뛰어노는 아이들을 기다린다. 텐트 속에 앉아 게임을 하거나 음식을 먹기도 한다. 시원한 강바람을 쐬러온 사람들은 특수 재질로 만들어진 텐트천 덕에 여름철 살인 진드기로부터 틀림없이 보호받을 것이다. 강바람은 텐트 속으로도 흘러들어올 것이다. 강바람을 맞으며 텐트 속에 드러누워 한숨 자고 일어나면 가뿐히 피로에서 회복되지 않겠나. 텐트 속에 앉아 있는 동안 이들은 텐트 밖의 사람들을 바라볼 필요가 없을 것이다. 각자는 틀림없이 자기만의 방을 요구한다. 그런데 자기의 방, 자기의 집을 나와 밖에 이르렀을 때에도 우리는 여전히 칸막이 쳐진 안락한 공간만을 찾고 있는 것은 아닐까? 열린 공간에 나란히 앉아 있을 때 우리에게 일어날 수 있는 일은 무엇일까? 운이 좋으면, 또는 운이 나쁘면 우리는 모르는 이에게 말을 청해야 하고, 무엇을 빌리거나 빌려주어야 할 것이다. 청하는 법을 배울 기회를 얻을지도 모른다. 눈에 낯선 이들의 모습과 목소리를 보고 들을 기회를 얻을지도 모른다. 무슨 음모를 꾸미기 위해 칸막이 친 공간에 들어가는 것은 아니지만, 칸막이는 우리의 눈과 귀를 가로막는다. 가로막힌 세계에서 우리는 더 이상 타자의 목소리를 우연히 듣고 우리의 목소리로 대답할 수 없다. 타자의 얼굴을 보지 못하고 우리의 얼굴을 내보이지 않는다.

자기관리의 나르시시즘을 진열하는 공간

물론 은밀함의 공간이 무조건적인 배제, 궁극적인 차별의 공간인 것은 아니다. 마찬가지로 보여주기의 공간이 무조건 자유의 생산지가 되는 것도 아니다. 일방적인 보기와 보여주기의 공간 역시 나르시시즘의 공간이 되기도 한다. 은밀한 공간이 가득했던 동네에 새로 생긴 피트니스 클럽을 볼 때도 그런 생각이 들었다. 이사 와서 안면을 튼 동네 카페의 젊은 주인은 이 동네에 시끌벅적한 시장도 있지만, 동네에서 제일 오래된 2차선 도로에 옛날 읍내 분위기가 남아 있어 정이 간다고 했다. 길가에서 찍은 사진을 잔뜩 진열해놓은 사진관, 일본식 선술집과 비교할 바 없이 추레한 옛적 호프집, 꼬치구이집, 문방구, 치킨집이 있었다. 방석집은 그 사이사이에 있었다. 방석집이 들어선 건물 위층에는 교회나 학원이 있었다. 이상한 일이었다. 그 사이 유명한 건설회사가 지은 높다란 타워가 지하철역 출구 옆에 몇 동이나 들어섰다. 골목마다 낡은 원룸 건물이나 연립 건물을 부수고 새로 지은 4~5층짜리 빌라들이 즐비하다. 새 건물로 이사온 중산층 주민들의 민원으로 동네 방석집은 거의 다 문을 닫았다. 이곳저곳 주로 꾸밈이 좋은 카페, 바, 패셔너블한 자전거 부품 매장, 동물병원, 피트니스 클럽이 들어섰다. 주택을 개조한 중국집도 하나 들어섰다. 어둑한 저녁 무렵 흰 셔츠를 입은 중년 사내 몇이 중국집에서 회식 중이었나 보다. 밖에 나와 담배를 피우던 사내들은 불을 환히 밝힌 옆 건물 1층, 조그만 카페 크기의 체력관리실을 쳐다보며 실실 웃는다. 안에서 젊은 남성이 어깨근력을 키우는 기구를 열심히 끌어당기고 있다. 유난히 훤한 조명이 남성의 근육과 땀방울을 밖으로 선명하게 중계한다. 여성한 명은 목을 축이는 중이다. 쇼윈도 바로 옆에서 몸에 꼭 맞는 운동복을 입은 여성이 서류를 들여다본다. 아직 끊지 못한 담배를 태우러몰려나온 사내들이 이 모든 것, '건강한 신체와 건강한 정신'을 훤하게, 당당하게 전시하는 가게 안을 구경하는 표정이 한껏 신기하다. 대로변 새 건물 6층에 들어선 피트니스 클럽을 물끄러미 올려다보는 사람들도 마찬가지 표정을 짓는다. 8차선 도로에서 신호등이 바뀌기를기다리는 사람들은 언제나 건너편 새 건물 6층을 올려다본다. 창 바로 앞 러닝머신 위에서 열심히 뛰고 있는 사람들을 올려다본다. 언제부터인가 헬스클럽은 밖에서 훤히 들여다볼 수 있는 실내조명과 전면유리창을 설치하기 시작했다. 그 사이 헬스클럽은 피트니스 클럽으로이름을 바꾸었다. 8차선 도로 횡단보도에는 하루 종일 공부를 하거나격무에 시달린 이들이 잔뜩 서 있다. 종일 시달리다 매점이나 회식 자리에서 자극적이거나 주체할 수 없이 많은 음식을 먹고 귀가하는 저들은 불 켜진 피트니스 클럽에서 열심히 뛰고 있는 이들을 보며 무슨생각을 할까. 아마 자기관리에 실패했다는 자괴감을 느끼지 않을까.

훤한 불빛, 보고 보이는 배치, 은밀하지는 않으나 이곳 역시 노골적이기만 하다. 아주 환한 유리창 아래에서도 우리는 시선을 교환하지 않는다. 우리는 교감을 기대하지 않는다. 열심히 러닝머신 위에서열량을 태우는 피트니스 클럽 회원들은 퇴근길 무거운 발걸음으로 걸어가는 사람들을 바라보지 않는다. 이들은 자기의 스마트폰 위로 플레이 되고 있는 미국 드라마를 시청하거나 자기만의 플레이 리스트에 담긴 음악을 듣는다. 자신의 몸, 외모와 체력이 모두 자산이 되는 시대에 피트니스 클럽은 소시민이 자기 자신을 통제했다는 나르시시스트적인 위대함을 구매하는 공간이기도 하다. 뛰고 땀을 흘리는 인간이 느끼는 당연한 신체의 즐거움과 자기관리의 희열이 포개진다. 이들은 자기계발과 자기관리, 성공을 열망하는 고객을 유인하는 피트니스 클럽의 자발적인 광고모델이 된다.

카페에 앉아 일하기 좋아하는 이들 가운데 많은 이가 칸막이가 설치된 도서실이나 독서실이 불편해서 카페를 찾는다고 한다. 여전히 칸막이가 제일 많이 남아 있는 곳으로 독서실이나 독서실과 다름없는 분위기의 도서관을 꼽을 수 있다. 우리는 왜 칸막이 쳐진 책상 앞에 앉아 공부하려 하는가? 도서관의 칸막이는 아무것도 감추지 않는다. 도서관의 칸막이는 수험 준비 중인 젊은 사내가 옆자리 여학생에게 품은 연정이나 욕정을 감추어주지 않는다. 수험생은 옆자리를 볼 수 없는 칸막이 안에서 자신의 연정이나 욕정을 지우려 할 뿐이다. 이때 칸막이는 '유용'하다. 바깥을 보지 말고 정신집중, 앞만 보고 달릴 것을 독려하는 사회에서 칸막이는 유용하다. 칸막이 안에 홀로 고립된 '나'만 있는 사회. 칸막이만 재생산하는 도서관, 자기의 책만 읽을 것을 강요하는 도서관과 같은 사회는 방석집의 사회만큼, 어쩌면 더 유해할지 모른다.

밥상이 당신을 보살피는 풍경

겨울철 일요일 점심 남편과 함께 바스티유 광장 근처의 오래된 식당에 들렀다. 독일 국경에 면한 알자스 지방 음식을 여럿 파는 곳이었다. 그 지역 출신 사람들이 이곳 바스티유 근처에 살았기에 지역 음식을 파는 식당이 생겼다고 한다. 멋들어진 유리 칸막이 속 계산대, 음료를 준비하는 바텐더 자리, 하얀 천을 덮어둔 수십 개의 테이블, 벽면을 뒤덮은 거울, 꽃 모양의 램프, 색조 유리 천장, 철제 나선형 계단과 벽 위의 마케트Maquette 문양까지 식당 건물 곳곳에 150년 전 레스토랑이 처음 문을 열던 시절의 흔적을 담고 있었다. 19세기의 수도라 부르던

제2제정기 파리의 역사, 한껏 유행하던 당시의 아르누보식 건물과 실내 인테리어의 흔적이었다. 식당의 역사와 식당 건물의 건축적 가치에 대한 설명이 메뉴판에 적혀 있었다. 1년 내내 비바람이 많은 기후로 유명한 프랑스 서북부 브르타뉴 지방 출신 여럿은 파리 센 강 남단 몽파르나스역 근처에 정착했다고 한다. 한국에서 '크레페'라 발음하는 메밀 갈레트galette, 밀 크레이프crêpe를 파는 식당들이 많은 까닭도 이 음식이 브르타뉴 지방의 음식인 탓이다.

남편은 첫 번째 한국 방문에서 3주 동안의 체류 기간 내내 매일 한국 음식을 먹었다. 음식을 대접하는 한국인들은 매번 남편이 매운 음식을 먹을 수 있을지, 김치와 같은 발효 음식이 비위를 상하게 하지 않을지 염려했다. 음식 맛과 상차림 방법으로 따지자면 한국 음식과 프랑스 음식은 각각 정반대쪽에서 특별한 정체성을 가진 음식일 터다. 한국의 지인들은 오래도록 한국 밖에 잘 알려지지 않은 한국 음식의 유례없이 매운맛을 염려했다. 남편은 어려운 임무를 해내겠다는 듯, 자신의 호기심을 입증하려는 듯, 사양하지 않고 낯선 음식을 먹어보려 했다. 시장이 반찬이 되듯 호기심도 반찬이 되는 것이니까!

밥, 공동체, 문화

3주 만에 프랑스로 돌아갈 때 남편은 "내가 과연 다시 프랑스 음식을 먹을 수 있을까?"라고 농담을 하기도 했다. 우리는 프랑스 음식과 한국 음식의 차이를 이리저리 비교하며 즐거워했다. 가령 한국 밥상 위 펼쳐진 반찬들이 우리의 눈에 '공간'의 향연을 제공한다면 프랑스 식탁은 차례차례 음식을 내오며 우리에게 '시간'의 향연을 제공한다. "아마 등산과 같은 일일 거야!" 남편은 '훌륭한' 프랑스 식사란 가벼운 것, 묽은 것, 가느다란 것들로 시작해 무거운 것, 된 것, 두터운 것으로 차츰 나아가는 식사라고 했다. 산 정상을 정복하듯 단단하고 두터운 고기를 입 속에 넣고 난 뒤 우리는 차츰 하산한다. 삼키기 쉬운 달콤한 것들이 우리를 기다린다. 과일이나 커피는 우리의 긴장을 온전히 해소할 것이다.

수십 년 외국에 체류한 프랑스 사람들도 프랑스 음식에 오래도록 집착한다. 프랑스인은 보통 끼니때마다 밥의 역할을 하는 바게트, 프랑스의 기호학자 롤랑 바르트가 "와인과 마찬가지로 피의 신화를 이룬다"◆고 주장한 비프스테이크 등을, 유년 이후 거의 감각에 새겨진 탓에 음식 이상의 의미를 갖는 음식으로 꼽는다. 한국어에서 '밥'이 식사를 환유하듯 프랑스어 '빵Pain'도 먹을 것을 환유한다. 1900년경 프랑스인 한 사람은 매일 900그램의 빵을 먹었다고 한다. 한 끼 식사의 대부분이 빵이었던 셈이다. 프랑스어 낱말들은 빵이 프랑스인의 삶과 생활에서 얼마나 중요한 것이었는지 알 수 있는 흔적을 품고 있다. "빵을 얻는다"는 프랑스어 표현은 "(빵을 사기 위한) 돈을 번다gagner son pain" 는 뜻이고, "compagnon(배우자)"나 "copain(친구)"라는 단어의 뿌리 역시 빵이다. 배우자나 친구는 음식을 나눠먹는 사람이라는 뜻이다.○

이에 더해 매일매일 먹는 음식이 영국이나 독일 등의 주변국 음식보다 풍요로운 데다 건강한 음식이라는 자부심도 크다. 프랑스는 정성껏 만든 자국 요리의 조립법과 식사법을 세계문화유산으로 등재하기도 했다. 그러므로 식사란 프랑스인에게 단순한 생명유지 활동이거나 소비 이상의 활동이다. 사람들이 모여앉아 수다스런 이야기를 나누며 프랑스 국토 곳곳에서 생산한 풍부한 식재료의 맛을 살려 조리한 음식을 먹는 일은 무엇보다 일종의 상징적 의례다.

한국 사람에게도 밥은 중요하다. 좀 더 정확히 말하자면, 한국인에게 중요한 것은 식당이라는 장소나 식사법이라는 형식 자체가 아니라 밥이었다. 그러니까 밥을 먹는 일, 밥을 통한 보살핌이었을지도 모른다. 가령 외국 유학 시절, 몇 년에 한 번씩 한국에 들어와 하는 가장 긴급한 일은 지인들과 밥 약속을 잡는 것이었다. 모두들 "밥이나 한 번 먹자"고 했다. 밥 대접과 차 대접, 밥상과 술상 사이에는 우정과 친밀성의 위계서열 같은 것이 있다. 가까운 친구나 지인은 차를 사거나 저녁 대신 점심을 사면 자신들의 선의와 우정, 윗사람의 도리를 증명하지 못한 듯 여기며 미안해했다. 오랫동안 맛보지 못했을 한국 음식을 필히 사주겠다는 고마운 이들이 많았다. 엄마나 친구, 친척, 동료들 모두 한결같이 (남의 나라에서) 먹고 싶은 것은 없는지, 밥은 제대로 먹는지 물었다. '맛있는 것' 사준다는 공언은 대체로 의심할 바 없는 애정과 관심의 징표다. 예전의 옷도 집도 다 쉽게 내던지고 포기했지만, 음식만은 쉽게 버리지 않았던 탓에 한국 밥상에만 있는 특별한 것이 있다. 같은 파리 하늘 아래 사는 한국인과 아프리카 이민자들을 비교해보면 차이는 좀 더 뚜렷해진다. 한국인이 한국 음식에서 고유한 문화, 고향, 고국이라는 기의를 발견하는 것과 달리 아프리카 출신 이민자들은 복장에서 이러한 기의를 발견하는 것으로 보이기 때문이다. 주말 교회나 모임에 가는 길에 커다란 호랑이나 야자수가 원색으로 그려진 전통의상을 차려입은 이민자들은 빈번히 마주치지만, 외출복으로 한복을 차려 입고 파리의 거리에 나서는 한국인을 마주칠 일은 거의 없다. 이민자 수에 비해 아프리카 대륙 음식을 전문으로 하는 식당은 파리 시내에 거의 없어 세네갈 식당이나 에티오피아 식당 몇을 손에 꼽을 정도다.

밥과 공동체의 정체성을 연결하고, 밥을 함께 먹는 일로 마음을 나누는 일이 오랜 문화인 것과 달리 밥을 음미하는 미식가들이 늘어난 것은 최근의 일이다. 이들이 기록하는 음식 사진은 신묘한 자태의 고양이 사진만큼이나 SNS 사용자들의 이목을 끈다. 냉면 면발의 쫄깃함이나 네모난 쟁반 위에 연출된 '요리'의 미장센은 '먹을거리' 사진의 홍수에 피로감을 표하는 사람들을 제외하고 거의 모든 사람의 환호를 이끌어낸다. 음식을 음미하는 사람들은 음식 사진 바깥의 맥락—음식을 만들어주는 사람, 음식을 함께 나누는 사람—보다 프레임 안의 음식 자체를 보아야 한다고 주장한다. 반면 그릇에 담긴 음식 사진에 피로감을 표하는 이는 먹을 것이 싫다기보다, 먹을 것을 담은 사진의 프레임이 너무 좁다고 느낀다. 이 프레임 바깥의 풍경이 궁금하다. 스

잘 차린 밥상은 먹을 것을 음미하거나, 예의를 지키며 서로 사교를 행하는 자리라기보다 대접하는 자리, 돌봄의 자리였다.

타 셰프 예능이나 캠핑하며 끼니를 해결하는 예능 역시 프레임 바깥을 보여준다는 '착각'을 만들며 인기를 끌지 않나. 여하튼 밥상의 풍경에는 밥보다 더 많은 것이 담긴다.

음식은 돌봄의 수단

음식 이상의 것을 의미했던 음식의 사례는 적지 않다. 가령 유럽의 초기 기독교 교회의 신도들은 모임에서 예수의 최후의 만찬을 재현하며 집에서 빚어온 빵을 먹었다. 초기 기독교 공동체는 서로가 빵을 삼키는 모습을 지켜보며 예수의 사랑으로 서로가 평안하게 살아 있음에 감사했다. 빵의 상징적인 의미는 함께 모여 먹으며 생겨났다. 9세기가 되면 신도들은 더 이상 스스로 빵을 만들지 않는다. 사제들이 수도원에서 신도들이 먹을 빵을 만들었다. 오늘날은 이조차 만들지 않는다. 미사 시간에 밀전병이 빵을 대신한다. 신도들은 아무 맛도 나지 않는 밀전병 조각을 녹이며, 이를 예수의 몸이라 여긴다. 가톨릭 성당의 관행과 달리 유대인은 지금도 박해받던 시기 먹던 빵('맛조^{matzo}')을 의례에 사용한다. 유대인 공동체는 쫓기며 떠돌아다니던 시대에 빵을 구울 오븐이나 빵을 발효시킬 시간을 내지 못했다. 그 때문에 유대인은 발효 과정이 필요 없는 '맛조'을 만들어 먹었다. '맛조'에는 디아스포라의 기억이 서려 있다. 우리도 적지 않은 음식에 상징성을 부여한다.

견주고 경쟁하는 오늘날 한국 사회에서 남아 있는 공동체의 풍습은

공동체는 음식을 매개로 결속한다. 유대인의 빵인
'맛조'에는 디아스포라의 기억이 서려 있다.

그래도 거의 먹을 것과 관련된다. 생일날 장수를 기원하는 국수를 나눠먹거나 보름날 부스럼을 깨는 풍습 같은 것. 거창한 결혼식장에서 하객의 식대와 부조금을 더하고 빼며 비교하는 계산이 지나치게 노골적일 때 마음이 불편한 까닭도 같은 것이다. 빵의 사례가 알려주듯 상징성은 음식 자체에 있는 것이 아니라 음식을 함께 먹는다는 행위에서 생겨난다. 우리 문화에서 음식은 약藥이기도 했고, 권세가 강제하는 기호의 표현이기도 했으며, 정情의 표현이기도 했다. 그러나 음식은 무엇보다 돌봄의 수단이었다. 권세의 표현으로 음식을 내는 사람도 돌봄을 가장했던 것이리라. 약으로 음식을 쓰는 이도 병자를 돌보려 했던 것이리라. 정을 표현하는 것과 돌보는 일은 거의 구분되지 않는 일이었을 테고. 다시 말해 잘 차린 밥상은 먹을 것을 음미하거나,

예의를 지키며 서로 사교를 행하는 자리라기보다 대접하는 자리, 돌봄의 자리였다. 음식을 마련하고 밥상을 차렸던 이가 밥상의 의미를 만들었다. 조촐하거나 거창한 결혼 피로연에서 누가 만들었는지 알 수 없는 점심을 먹으며 '대접'과 '돌봄'의 의미를 반추하는 사람은 드물다. 결혼식의 값비쌌던 식대 가격을 누누이 강조하는 혼주의 관심은 손님 대접이 아니다. 유행하는 '수제' 요리는 음식에서 솜씨 못지않게 정성이 중요한 일이라고 웅변한다. 그러나 막연한 '손'의 정성이 아니라 내가 밥상에 마주하고 앉은 이의 정성이 요리의 의미를 바꾼다. 밥보다 잠이 고파 짜증을 내는 아침 밥상의 손주에게 할머니는 묻는다. "내가 세상에서 제일 좋아하는 일이 뭐라고?" "손주 입에 밥 들어가는 거 보는 거." 소년은 자동으로 답을 하며 숟가락을 든다. 동료 학생의 집단성폭행에 연루된 손주를 둔 할머니의 이야기, 영화 〈시〉의 한 대목이다. 밥상은 내 앞의 사람이 먹는 것이 내가 먹는 것보다 더 기쁜, 네 몸과 내 몸이 거의 하나라고 여기는 사람들이 감응하는 장소다.

다른 무엇보다 음식으로 보살피고 감응했던 한국에서 단란한 저녁 밥상은 거의 상상 속에서나 볼 수 있게 되었다. (무엇보다도 이 나라의 사람들이 무조건 열심히 일해야 했던 탓이다.) 사람 사는 곳, 일하는 곳, 뜨는 곳이면 어디든 식당이 제일 먼저 들어섰다가 때로 봄꽃 피고 지듯 사라진다. 우리는 가족 대신 친구, 동료 등의 유사가족과 함께 식당 테이블에 둘러앉는다. 동네 밥집의 텔레비전을 놓고 함께 둘러앉는다(김치보다 피클을 주는 식당은 텔레비전 대신 진열용 책장 인테리어를 마련하기도 한다). 제일 먼저 집 밖의 식당이 필요했던 이들은 유산계급보다는 하루 종일 집에 돌아갈 수 없었던 노동자였다는 점을 상기해보자. 점심시간에 집에 돌아갈 시간이 없는 사람들, 일하는 사람들이 서비스를 구매하며 '손님'이 되었다. 그러나 손님도 여전히 밥으로 타인을 돌본다. 비록 구매한 서비스라고 하더라도 돌보는 일이다. 자신의 끼니를 챙기러, 거래처 직원을 대접하러, 친구의 생일을 축하하러, 단합을 위해 총알처럼 카드를 긋는 일도 어떤 의미에서는 돌봄이다. '업무의 연장선'이기도 한 회식이 비일비재한 한국 사회에서 식당은 여전히 돌봄의 장소다. 때로는 진정한 우애와 돌봄의 장소이고, 때로는 강제된 돌봄의 장소이며, 마음에 없는 가식의 연기를 펼치는 장소이기도 하다.

어쩌면 시청자 역시 손님이자 소비자다. 시청자는 손님이 되기 위해 요리 프로그램을 본다. 보통 인기 있는 '쿡방', '먹방'에서 진정 시청자 손님의 즐거움을 이끌어내는 것은 출연진의 요리 솜씨가 아니다. 대개의 인기 프로그램은 요리 이상의 이야기로 승부한다. 한국의 요리 프로그램의 출연자들은 유독 자주 카메라 앞에서 만들고 있는 음식을 한 술 떠서 다른 출연자에게 먹인다. 보살핌의 밥상을 갈구하는 시청자는 음식을 떠먹이고, 남의 집에 가서 음식을 만들어주는 출연자에게 열광한다. 화면 속 인물이 밥상머리에 앉아 밥 먹는 내 모습을 흐뭇하게 바라보던 할머니를 대신한다. 물론 화면을 가로지르는 감응은 일어나지 않는다.

사라져가는 밥상의 윤리

부슬비 내리는 어느 일요일 늦은 점심, 동네 유명한 국숫집에서 매운 국수를 먹었다. 천연재료로 맛을 냈다는 얼얼한 비빔국수를 삼키던 나는 점잖은 행색의 할머니 한 사람이 국수를 다 들고 계산대로 다가가는 모습을 발견했다. 일요일 점심 한강변 국숫집에서 국수 값을 계산하는 할머니의 고운 얼굴과 단정한 핸드백이 문득 내 시선을 잡아끌면서, 파리 골목길의 한 식당에서 만오천 원쯤 하는 고기와 몇천 원가량의 와인을 들이키던 할머니의 이미지를 복기시켰다. 일요일 점심, 잘 차려입거나 식당에 가는 일은 오래된 프랑스 사람의 습관 중하나다. 이를 가리키는 동사도 있다. 's'endimancher'인데, '일요일 일을 하다'라는 뜻이다. 오래전 프랑스의 농민들은 일요일에 가장 좋은 옷을 차려입고 미사에 참석했다. 이제 이 동사는 일요일 옷을 차려입고 레스토랑에 가는 일을 칭한다. 주로 평범한 동네의 서민 식당이나 전통에 충실한 구식 레스토랑들은 여전히 일요일 점심 특별 메뉴를 선보인다. 젊은이들이 붐비는 핫 플레이스의 식당은 일요일 점심이면 뉴욕 스타일의 브런치 메뉴를 선보이는 편이니까. 일요일 이른 점심이면 서민 식당에서 혼자 소고기 스테이크나 생선 요리를 먹는 노인을 심심치 않게 볼 수 있다. 두셋이 어울려 먹는 경우도 있지만 혼자 오는 이들도 적지 않다. 혼자 사는 노인이 많으니 당연한 일이기도 하다. 파리 시내 번화한 곳 바로 뒷골목에 있는 작은 식당에서 마주쳤던 할머니는 검정 레이스 원피스를 입고 천천히 그리고 열심히

고기와 와인을 들었다. 연신 주위를 살피며 지나는 손님에게도 웨이터에게도 한두 마디씩 건넸다. 거리의 악사가 들어와 연주를 하자 자신도 젊은 시절 가수였다며 노래를 불렀다. 웨이터가 웃고, 악사가 장단을 맞췄다. 대개의 할머니, 할아버지들은 일요일 식당에서 '스스로' 점심을 대접할 때 양복에 넥타이를 매고, 투피스를 갖춰 입는다. 세련되었다는 뜻이 아니다. 이들이 다른 사람의 이목을 의식한 옷차림을 갖춰 입는 것은 여전히 사회 속에 속하고자 하기 때문이다. 자식이 떠나고 혼자 사는 노인들은 일요일 식당에서 타인들과 어울리고자 한다. 타인들의 목소리를 듣고, 타인의 움직임을 가만히 관찰한다. 웨이터가 가져다준 고기를 천천히 썰며 여전히 세상 속에 있다고 자부한다. 노인은 손님이었다. 일요일 점심 식당에서, 나는 외롭더라도 빈곤하지 않은 노인이 세상에 속하는 방식을 보았다.

반도 곳곳에 낡거나 좋은 식당 없는 곳이 없다. 식당과 '먹방'이 늘어나는 동안 혼자 손수레에 종이뭉치를 싣고 있는 할머니나 놀이터에 우두커니 앉아 있는 할머니도 늘어났다. 혼자 사는 할머니는 보통 열렬한 텔레비전 시청자들이다. 할머니들이 어떻게 밥을 먹을지 상상할 수 없으나 식당에서 자신에게 밥을 사는 반도의 할머니의 모습은 너무 낯설다. 손수 소문난 동네 국숫집에서 삼천 오백 원짜리 국수 값을 계산하는 할머니는 그렇게 낯설었다. 이는 한편으로 절대적으로 빈곤한 한국의 노인문제 때문이기도 하지만, 빈곤이 유일한 이유는 아니다. 반도에서 밥상이 중요한 까닭은 밥상의 풍경에 밥으로 돌보는 사

할머니는 저 자리에서 국수를 돌았다. 밥상의 풍경은 보살핌의 풍경이어야 한다.

람이 있었기 때문이다. 그러나 이제 밥상은 돌봄의 상징이기보다 음미와 취향, 오락의 대상이 되었다. 애초에 밥상의 윤리를 실천했던 이들 역시 밥상을 즐기고 있을까? 젊은이들이 밥상을 음미하고, 카드로 밥을 사며 음식 사진을 찍는 동안 지난 시절 밥을 차리던 이들은 무엇을 하고 있을까? 이들은 그저 멀뚱멀뚱한 시청자가 되고만 것은 아닐까? 이들은 사회에서 스스로 물러난다. 빈곤하거나 외로운 이들, 홀로 사는 이들에게 끝없이 응석을 부리며 말을 거는 이는 텔레비전 속 연예인이나 셰프뿐이다. 화면 속 밥상의 풍경이 아무리 휘황찬란하며 함께 먹는 일을 선전하여도, 이 밥상의 풍경이 보살핌의 풍경으로 느껴지지 않는 까닭이다. 보살핌은 사회가 존재하는 요건이다.

◆ 롤랑 바르트의 《신화론》 참조. 기독교 성찬식에서 와인은 예수의 피를 상징한다는 것을 상기하는 표현이기도 하다. 바르트는 비프스테이크를 두고, 그 선연하고 단단한 소고기의 시각적 감각, 후각, 청각, 미각의 세한 감각을 유려하게 기술했다.

○ 유럽에서 빵에 대한 집착은 프랑스에만 고유한 것은 아니다. 고대 로마제국은 민중이 필요로 하는 두 가지는 '빵과 스펙터클 panem et circenses'이라고 주장했다.

모두에게 평등한 모래사장

프랑스에서 삼십대를 다 보내고 마흔이 넘어 서울과 파리 사이에서 엉거주춤 가정을 꾸리고 일을 하는 나는 가끔 얼마나 프랑스 사람 흉내를 잘 내고 있나 스스로 짓궂게 질문할 때가 있다. 여름 바캉스 계획을 짤 때면 나는 어김없이 이 질문을 한다. 나는 여름휴가를 위해 일 년 내내 일한다는 프랑스 사람 흉내를 낼 준비가 되어 있나? 여름이면 바다다. 해수욕장, 해변이다. 태양, 바다, 번듯하고 저렴한 숙소를 찾는 프랑스 사람은 제일 먼저 스페인을 떠올린다. 프랑스 동남부에서 국경을 넘어 이어지는 스페인 지중해변 코스타 브라다Costa Brada는 여름이면 가족 단위 여름휴가를 보내는 프랑스인들로 붐빈다. 모래사장 바닷바람을 느끼며 일광욕을 하는 휴가보다 좀 더 '문화'적인 휴가를 꿈꾸는 프랑스인은 알프스 산맥을 넘는다. 알프스 산맥 남쪽에는 로마제국의 옛 영토가 있다. 남부 유럽 르네상스 인문주의자들의 자취가 있다. 해수욕 문화에 대한 경험이 일천한 나나 일광욕을 싫어하는 나의 배우자는 자연스레 이탈리아 반도의 오래된 도시들을 거닐며 여름을 보낼 생각에 더 쉽게 들뜨곤 한다.

이탈리아의 비싼 풍광

유럽 문화의 자취에 관심을 기울이는 프랑스인에게 이탈리아는 동경의 대상이다. 알프스 산맥을 넘어 이탈리아로 들뜬 여행을 떠나는 나는 마치 프랑스인의 선망을 모방하는 데 성공한 듯 느낀다. 프랑스인에게 이탈리아 문화는 이국의 문화인 동시에 이해 가능한 문화다. 꼭 서울 일부의 일식 우동집이나 라멘집 직원들이 큰 소리로 일본어 인사를 외치듯 이탈리아 사람이 피자를 굽는 파리 시내 식당 주인이나 직원도 흔히 아무에게나 천연덕스럽게 이탈리아어로 말을 건다. (충분히 익숙해) 이해 가능한 (이곳이 아닌) 이국의 소리들이 이곳에 '쉽게' 욕망할 수 있는 이국의 판타지를 생산한다. 고대 로마제국의 유적이 비록 잔해이더라도 도처에 남아 있는 로마, 피렌체의 박물관뿐 아니라 토스카나 어느 작은 도시의 교회에서나 쉽게 볼 수 있는 르네상스 화

지중해 입장료는 없지만 모래사장을 즐길 비용은
필요한 이탈리아의 휴양지(위)와 사람들이 저마다
들고 온 파라솔을 자유롭게 펼쳐놓은 프랑스의 해
변(아래)

가들의 작품, 코페르니쿠스며 갈릴레이 같은 이들이 실험하고 강의했다는 대학, 지방 귀족들이 투박한 '성' 대신 지어올렸던 곳곳의 화려한 '궁Palazzo', 프랑스 샴페인과 와인의 명성에 도전하는 프로세코와 이탈리안 와인, 올리브 나무와 포도를 심은 산비탈, 사이프러스 나무를 심은 능선이 만드는 토스카나 언덕의 풍경, 선명하게 푸른 하늘에 작열하는 태양, 지중해, 베스파Vespa라는 이탈리안 스쿠터에 두 발을 올리고 유유자적 출퇴근을 하는 이탈리아 사람들의 이미지가 상징하는 '라 돌체 비타La Dolce Vita(달콤한 인생)'의 낙관, 파졸리니Pier Paolo Pasolini, 비스콘티Luchino Visconti, 안토니오니Michelangelo Antonioni, 이루 다 셀 수 없는 이탈리아의 감독들이 모두 내게 이탈리아에 관한 심상心象을 제공한다. 대문호 괴테, 스탕달부터 스페인 내전에 참여하고 제2차 세계대전 때 레지스탕스 운동을 펼쳤던 철학자 시몬 베유에 이르기까지, 이탈리아를 여행하고 이곳의 인간의 풍경과 자연의 풍경을 기록한 문인, 지식인, 저명한 인사들의 이름은 다 꼽기조차 힘들다.

몇 해 전 여름에는 이탈리아 동부 아드리아 해변에 잠시 들렀다. 지중해 '아드리아' 해변이라니 얼마나 멋진 낱말인가. 중세 이후 동서 무역을 독점하며 강성했던 역사 속의 베네치아 공화국이 면한 바다가 아드리아 해다. 바다 건너 크로아티아 해변 역시 관광지로 명성을 얻고 있다. 마치 초등학교 5학년 때 처음 보았던 동해바다의 짙은 푸른 빛이 그리 놀라웠던 것처럼, 아드리아 바다의 잔잔한 옥색도 나를 설레게 했다. 그러나 나를 더 설레게 했던 것은 옥빛 바다가 아니라 바닷가 모래사장을 가득 채운 원색 파라솔과 일광욕 베드들이었다. 아드리아 바다를 볼 수 있는 영화로는 가령 이탈리아 루치노 비스콘티 감독이 토마스 만을 모델로 삼아 만든 〈베니스에서의 죽음〉이 있다. 영화 속 아드리아 해변을 원색은 아니지만 간이 텐트와 의자들이 채운다. 제1차 세계대전이 일어나기 전 세기말 부르주아지의 휴양지였던 리도 섬을 배경으로 한 이 영화에서 중절모를 쓰고 정장을 갖춰 입은 주인공은 바닷가 간이 텐트 옆 책상에 앉아 일기를 적곤 했다. 역병이 돌아 모두 떠난 텅 빈 바닷가에는 무수한 간이 의자들만 남았다. 간이 의자 위에서 주인공이 숨을 거두던 마지막 장면은 이해할 수 없는 생소한 시대와 장소의 감각적 이미지로 내게 남았다.

사람 없는 해수욕장에 남아 무상하게 자리를 지키던 영화 속 무채색의 간이 의자들과 달리 21세기 아드리아 해수욕장의 파라솔과 의자들은 하나같이 원색이었다. 한쪽에서 수십 개의 짙은 푸른색과 노란색이 태양을 받아 빛났다. 바로 옆에는 초록색과 오렌지색이 배합된 파라솔들이 경쟁하듯 빛났다. 그 아래에서 원피스 수영복을 입었던 영화 속 100년 전 부르주아 가문의 금발 소년과 사뭇 다른 평범한 체격과 차림의 이탈리아 남녀노소가 거의 온몸을 다 드러내고 오일을 바르고 있었다. 모래사장은 원색의 파라솔과 일광욕 베드로 정말 발 디딜 틈이 없었기에 이탈리아 해수욕장을 잘 알지 못하는 나와 프랑스인 식구는 혹시 이 파라솔과 일광욕 베드가 한강 시민공원의 체육시설처럼 누구나 무료로 사용할 수 있는 것인가 싶었다. 좌르륵 색을 맞춰 해변을 빈틈없이 차지하고 있던 수십 수백 개의 파라솔과 일광욕 베드들은 그러나 모두 유료였다. 내 눈을 사로잡은 일군의 푸른색과 초록색은 복수의 파라솔 임대 사업자를 상징하는 기호였다. 지중해 바다에 들어가기 위해 입장료를 내야 하는 것은 아니다. 문제는 바닷가 해변이다. 바다 입장료는 없지만 몇만 원의 파라솔과 일광의자 사용료를 내지 않고는 모래사장에 누워 세상 어디에서도 볼 수 없는 푸른빛 하늘을 올려보기 힘든 것이 이탈리아 바닷가의 사정이었다. 유료시설이 바닷가 모래사장 대부분을 차지하는 곳이 많은 탓에 이탈리아 휴양지는 옥색 바다에도 불구하고 사유화된 곳이 많고 비싸다는 평판을 얻었다고 한다.

센 강변의 무료 모래사장

알프스 산맥 너머 프랑스 바닷가의 사정은 이와 같지 않다. 프랑스에서 해변은 사회적 평등의 원칙이 강조되는 공간이기 때문이다. 해수욕장 모래사장에는 각자의 비치 수건을 깔고 누운 사람들이 대다수다. 그다지 눈길을 끌지 못하는 파라솔 무리는 한쪽 구석을 차지하고 있을 뿐. 비아리츠 같은 프랑스 서남부의 호사스런 휴양지 해수욕장의 경우에도 사정은 마찬가지다. 피레네 산맥 너머 스페인 국경에서 멀지 않은 비아리츠 해수욕장 바로 옆에는 19세기 프랑스 제2제정의 나폴레옹 3세가 향수병에 시달리는 스페인 출신의 아내를 위로하기 위해 지은 적색의 황궁이 있다. 아내를 위로하기 위해 황제는 갯벌 옆 단단한 땅 위에 새로 궁을 짓고 조금 떨어진 곳에 예배당을 지었다. 이 황궁이 지어진 이후 근방에 사람들이 모여들기 시작했고, 이후 비아리츠는 값비싼 휴양지로 개발되었다. 제국이 사라지고도 한참이 지난 지금, 황궁은 근처에서 제일 비싼 임페리얼 호텔이 되었다. 호텔 투숙객은 호텔 정원 안쪽의 야외 수영장을 이용할 수 있다. 아마 호텔에서 해변으로 빠르게 이동할 수 있는 통로도 있을 게다. 그러나 황궁이었던 호텔이라 하더라도 바로 앞 모래사장이나 바다 일부를 마음대로 사유화하지는 못한다. 모든 것이 프랑스대혁명이 일어나기 전 왕정 시대에 이미 정한 해변에 대한 규칙 덕분이다. 루이 14세 치하였던 1681년, 재상 콜베르는 해변(밀물 시기 바닷물이 들어오는 땅)은 프랑스 국가의 땅이라는 칙령을 선포한다. 이후 지금까지 프랑스는 해변이 사적으로 소유될 수 없다는 원칙을 버린 적이 없다. 프랑스 법규는 "특수한 조치를 요구하는 환경 보호나 국가 방위, 보안의 정당한 이유"가 없다면 모든 보행자는 해변에 자유롭게 접근할 수 있고, "해변은 근본적으로 양식이나 어업의 목적과 마찬가지로 공중이 자유롭게, 무료로 사용하기 위한 목적으로" 존재한다고 명시한다.

1936년 집권에 성공한 좌파 정부 인민전선Front Popoulaire은 15일간의 노동자 유급휴가의 법제화를 시도했다. 이후 한 세기 넘는 시간이 흘렀지만 차별받지 않고 휴가를 떠날 권리는 차별받지 않고 일할 권리만큼 가장 중요한 노동자의 권리로 간주된다. 여름 바캉스는 일반적이고 절대적인 프랑스 사회의 상징적 의례가 되었고, 특히 해변은 가장 대중적인 바캉스 장소가 되었다. 이 덕에 소수의 열렬한 관객층을 둔 에릭 로메르의 에세이풍 영화(〈해변의 폴린느〉, 〈여름 이야기〉, 〈녹색 광선〉 등)나 여름철이면 극장가를 장식하며 관객몰이를 하는 가족용 대중 코미디 영화(이를테면 2006년 이래 10년간 총 세 편의 속편을 제작한 〈캠핑〉 등)에 이르기까지 많은 프랑스 영화가 여름 바캉스철 해변을 사건의 공간이자 시간으로 다룬다. 해변 휴양지에 모인 대가족, 친구 사이의 다툼, 일탈, 화해의 사건들 말이다. 이처럼 여름휴가가 일반화될 수 있었던 것은 대중교통의 확대 덕분이다. 국토 이곳저곳을 연결한 철로를 이용해 파리에 거주하던 상인이나 공장 노동자, 서민들은 두 시간이면 프랑스 북쪽 노르망디 해변에 가서 바다를 볼 수 있었다. 공공교통, 유급휴가, 무료 해변은 프랑스 민중이 누릴 수 있는 평등의 어떤 상징이 되었다. 자가용이나 여름휴가가 드물었던 1980년대 초입, 바다를 보고 싶다고 부모를 몇 해간 조른 끝에 처음 고속버스를 타고 동해바다에 가서 그 끝없이 넓고 푸른 바다를 보았던 어린 나처럼 1930년대의 프랑스 노동자들도 바다를 보고 경이를 맛보지 않았겠는가. 제2차 세계대전 이후 프랑스의 경제 호황기였던 1950년대와 1960년대 프랑스인의 여름 바캉스 풍경은 다시 한 번 큰 변화를 경험한다. 점점 더 많은 프랑스 가구가 자가용을 소유하게 되었기 때문이다. 1950년 프랑스 국내에 231만 대가 보급되었던 자가용은 1960년대 들어서는 624만 대로 증가한다. 파리의 우리 집 앞을 지나는 도로

이 모래사장이 엄밀히 말해
판타지의 철학을 실현하기 위
한 선택이 아니라 사회복지의
철학을 공공장소에 구현하기
위한 선택이었음을 알려준다.

는 '아베뉴 디탈리Avenue d'Italie'(이탈리아 가街)다. 아베뉴 디탈리는 유명한 바캉스 도로인 7번 국도로 이어진다. 7번 국도를 따라 남쪽으로, 남쪽으로 달리면 정말 이탈리아에 이른다고 한다. 자가용을 구입한 프랑스 서민들은 여름철 차에 장기간 휴가 장비를 싣고 7번 국도로 프랑스 남쪽 마르세유, 니스, 더 멀리 이탈리아 해변을 향해 출발했다. 설날 무렵 한국 텔레비전이나 인터넷 뉴스가 귀성길 교통 체증 뉴스를 쉼없이 전하듯 1960년대 여름철 프랑스 텔레비전 뉴스는 7번 국도의 교통 체증 상황을 보도하곤 했단다.

프랑스의 평범한 남녀노소 서민 대다수는 그을린 피부색을 '만드는' 일을 여름휴가 최고의 임무로 여긴다. 공공의 장소, 모두의 장소, 자신의 비치 수건을 깔고 누울 수 있는 무료 모래사장을 어떻게 쉽게 포기할 수 있겠는가. 부자이건 빈민이건 대양으로 통하는 땅 위에서 평등하다는 것은 프랑스의 상식일지 모른다. 2000년대 사회당 출신 들라노에 파리 시장은 재임 초 휴가를 떠나지 못하는 파리지앵을 위해 7~8월 바캉스 시기, 센 강변 도로의 차량 통행을 막고 바다 모래사장을 설치해 전 세계의 주목을 끌었다. 바로 '파리 플라주Paris Plage(파리 해변)'이다. 이 행사는 여러 가지 아이디어가 덧붙여지며 15년이 넘도록 계속되고 있다. 북적이는 대도시, 19세기 오스만식 건물이 가득한 파리 시내 한복판의 모래사장이라니! 파리 플라주를 둘러싼 프랑스의 정치적 논란은 한국의 학교 내 무상급식 논란과 비슷한 양상을 띠었다. 일부 정치인은 '파리 플라주' 행사를 준비하는 일에 "지나치게 많은 비용이 든다"며 비난하기도 했다. 이 논란은 이 모래사장이 엄밀히 말해 판타지의 철학을 실현하기 위한 선택이 아니라 사회복지의 철학을 공공장소에 구현하기 위한 선택이었음을 알려준다.

모두의 해변

이탈리아 북부의 큰 항구도시 제노바에서 여름 여행을 시작했던 그해 여름, 우리는 언제나처럼 감탄했다. 해변 비탈에 섬세한 이파리를 매단 올리브 나무가 늘어선 지중해변은 아름다웠다. 그러나 옥색 바다 앞, 파란 하늘, 형형색색의 파라솔들 아래에 고작 한 시간 동안 머물기 위해 몇만 원을 지불해야 한다니. 북부의 고도^{古都}로만 돌다가, 대기가 투명한 날이면 알프스 산맥을 가늠할 수 있는 피에몬테 지방의 주도 토리노에서 여행은 마침표를 찍었다. 이탈리아 북부 공업지대의 중심지 토리노에서 니체는 온전한 정신을 상실하고 대로에서 말에게 입을 맞추었고, 파시스트 치하에서 역경을 겪었던 빼어난 문학도 몇은 목숨을 끊었다. 토리노는 동시에 19세기 이탈리아 첫 통일 왕국이 건설되었을 때 처음 몇 해간 왕국의 수도이기도 했다. 과거의 왕궁이 남아 있는 토리노에서 나는 오늘날에도 존재하는 왕가의 소란스런 바캉스 소식을 들었다. 남프랑스 발로리스^{Vallauris}라는 작은 해안도시에서 한 달여간의 바캉스를 예정했던 사우디아라비아의 살만 국왕 소식이었다. 국왕 일가는 1970년대 해변가의 거대한 빌라를 구매했다고 한

센 강변의 공공 모래사장은 사회복지를 구현하고
자 하는 위정자의 의지의 산물이다.

다. 발로리스는 본래 프랑스인에겐 피카소가 도자기를 구우며 아틀리에에서 여생을 보낸 곳으로 기억되는 곳이다. 수십 년 만에 이곳을 찾은 국왕 일가는 불행하게도 휴가를 보낼 마을에 도착하기도 전에 도자기 비엔날레가 열리는 마을의 해변, "모두가 무료로 자유롭게 이용"해야 할 해변을 사유화한다는 혐의를 받으며 구설수에 올랐다. 사우디 왕가는 관의 허락을 받기 전 통행을 제한하는 울타리를 치고 간이 계단, 빌라에서 해변으로 통하는 전용 엘리베이터를 설치했다고 한다. 프랑스 정부는 사우디 국왕의 신변 보호를 위해 법령에서 언급하는 보안의 이유로 인한 예외적 조치의 가능성을 근거로 해변에 대한 공중의 출입을 제한했지만 "부자, 가난한 자, 프랑스인, 외국인 누구에게나 자유롭게 열려 있어야" 할 "모두의 해변"을 사유화하는 것에 반대한다는 온라인 서명운동은 몇일 만에 십만 명 이상의 참여를 이끌어냈다. 결국 대규모 수행단과 함께 도착한 국왕 일행은 프랑스 국내 여론이 시끄러워지자 프랑스를 떠나 모로코로 이동했다고 한다.

살만 국왕이 프랑스를 떠난 뒤 이탈리아 주요 일간지 《라스탐파La Stampa》는 이 사건을 전하며 이탈리아의 병폐를 슬쩍 비꼬기도 했다. 만일 사우디 국왕이 이탈리아에 왔다면 공공 지대의 사유화에 분노하는 여론이 일었을까? 외려 부패한 관료, 왕가의 사진을 찍어 돈을 벌려는 파파라치, 바가지 상술이 극성을 부리지는 않았을까? 《라스탐파》는 이렇게 질문하며 이탈리아의 현실을 비꼬았다. 《라스탐파》는 "프랑스 국민은 (힘 있는 자들의 목을 칠) 기요틴을 가졌으나 이탈리아 국민들은 (힘 있는 자들이 모습을 드러낼) 발코니를 가졌다"고 적었다. 구중 궁궐도 왕도 없는 한국의 해변을 생각해본다. 우리에겐 무엇이 남았을까. 이탈리아만큼 많은 국토가 바다에 면한 우리의 해변은 여전히 안녕한가.

모두에게 평등한 모래사장

* 아래 목록 이외의 사진 자료는 저자가 직접 찍은 것이다.

81쪽
https://www.juso.go.kr/CommonPageLink.do?link=/street/GuideBook

124쪽
https://en.wikipedia.org/wiki/Ascent_of_Mont_Ventoux

164쪽
Olivier Ortelpa, cc-by-2.0 (Creative Commons Attribution 2.0 Generic), https://commons.wikimedia.org/wiki/File:Nuit_Debout_-_Paris_-_41_mars_01.jpg

175쪽
서울시 총무과, CC-BY-SA-4.0 (Creative Commons Attribution-Share Alike 4.0 International license), https://commons.wikimedia.org/wiki/File:%EC%84%9C%EC%9A%B8%EA%B4%91%EC%9E%A5_%EC%A0%84%EA%B2%BD.JPG

178쪽
voisinicolas, 11 April 2016, CC-BY-2.0 (Creative Commons Attribution 2.0 Generic) https://commons.wikimedia.org/wiki/File:Nuit_Debout_-_Paris_-_41_Mars_10.jpg

192쪽
https://weeklyhitch.wordpress.com/2015/03/13/week-26-suspicion-1941/

212쪽
(위) https://www.shutterstock.com/ko/image-photo/seoul-february-16-shoppers-pass-through-147744128?src=library
(아래) https://www.shutterstock.com/ko/image-photo/seoul-korea-april-6-2017-food-663530674?src=library

226쪽

https://en.wikipedia.org/wiki/Grande_Roue_de_Paris

250쪽

http://www.rtl.fr/actu/societe-faits-divers/en-images-paris-le-parc-des-rives-de-seine-inaugure-7787923979

256쪽

http://news.heraldcorp.com/view.php?ud=20151021000510&md=20151022003555_BL

272쪽

(위) http://www.france-voyage.com/tourisme/musee-hotel-dieu-hospices-beaune-2663.htm

(아래) https://www.petitfute.com/v6379-beaune-21200/c1173-visites-points-d-interet/c937-monuments/269503-l-hotel-dieu-les-hospices-de-beaune.html

273쪽

https://fr.wikipedia.org/wiki/Le_Jugement_dernier_(Rogier_van_der_Weyden)

305쪽

https://www.shutterstock.com/ko/image-photo/matzo-flatbread-jewish-high-holiday-celebrations-582179383?src=library

314쪽

(위) https://www.shutterstock.com/ko/image-photo/top-view-on-sandy-beach-rimini-231706741?src=library

323쪽

https://www.shutterstock.com/ko/image-photo/paris-france-august-13-2014-public-245349922?src=library

사진출처

류은소라

연세대학교 불어불문학과 및 동대학원에서 공부했다. 프랑스 파리 8대학 불어불문학과에서 롤랑바르트 후기 저작의 텍스트성에 관한 연구로 M2 학위를 받고 현재 파리에 거주하며 프리랜서 통번역 및 시민 단체 활동을 하고 있다. 옮긴 책으로 《페미니스트, 마초를 말하다》가 있다.

풍경의 감각
파리·서울 두 도시 이야기

초판 1쇄 발행 2017년 8월 24일

지은이 이나라Lee Nara · 티에리 베제쿠르Thierry Bezecourt
옮긴이 류은소라
펴낸이 성의현

책임편집 박민수
디자인 김다정

펴낸곳 미래의창
등록 제10-1962호(2000년 5월 3일)
주소 서울시 마포구 잔다리로 62-1 미래의창빌딩(서교동 376-15, 5층)
전화 02-338-6064(편집), 02-338-5175(영업) **팩스** 02-338-5140
ISBN 978-89-5989-478-9 03300

※ 책값은 뒤표지에 표기되어 있습니다. 잘못된 책은 바꿔드립니다.
※ 제3의공간은 도서출판 미래의창의 인문·역사 브랜드입니다.

이 도서의 국립중앙도서관 출판예정도서목록(CIP)은 서지정보유통지원시스템 홈페이지(http://seoji.nl.go.kr)와 국가자료공동목록시스템(http://www.nl.go.kr/kolisnet)에서 이용하실 수 있습니다. (CIP제어번호: CIP2017019986)

미래의창은 여러분의 소중한 원고를 기다리고 있습니다. 원고 투고는 미래의창 블로그와 이메일을 이용해주세요. 책을 통해 여러분의 소중한 생각을 많은 사람들과 나누시기 바랍니다.
블로그 www.miraebook.co.kr 이메일 miraebookjoa@naver.com